高等职业教育"十三五"规划教材
立信精品教材

成本核算实务

(第二版)

刘　萍　王鸿雁　主编

立信会计出版社
LIXIN ACCOUNTING PUBLISHING HOUSE

图书在版编目(CIP)数据

成本核算实务 / 刘萍,王鸿雁主编. —2版. 上海:
立信会计出版社,2018.1
高等职业教育"十三五"规划教材立信精品教材
ISBN 978-7-5429-5679-8

Ⅰ.①成… Ⅱ.①刘… ②王… Ⅲ.①成本计算—高等职业教育—教材 Ⅳ.①F231.2

中国版本图书馆CIP数据核字(2018)第027626号

策划编辑　　陈旻
责任编辑　　陈旻

成本核算实务(第二版)
Chengben Hesuan Shiwu

出版发行	立信会计出版社
地　址	上海市中山西路2230号　邮政编码　200235
电　话	(021)64411389　传　真　(021)64411325
网　址	www.lixinaph.com　电子邮箱　lxaph@sh163.net
网上书店	www.shlx.net　电　话　(021)64411071
经　销	各地新华书店
印　刷	常熟市梅李印刷有限公司
开　本	787毫米×1 092毫米　1/16
印　张	15.25
字　数	366千字
版　次	2018年1月第2版
印　次	2018年1月第1次
印　数	1—3 100
书　号	ISBN 978-7-5429-5679-8/F
定　价	35.00元

如有印订差错,请与本社联系调换

第二版前言

《成本核算实务》教材自发行以来,为许多院校所采用。为了紧跟国家相关会计准则的变化,我们对本教材第一版的相关内容进行了修订。另外,对本教材模块五的内容由王鸿雁重新进行了编排改动,使分步法的计算过程更加突出,便于读者理解和掌握。

由于编者水平有限,书中有不当之处,敬请读者指正。

编者

2018 年 2 月

前　言

　　《成本核算实务》是应职业教育教学改革的需要而编写的，集做、教、学为一体的工学结合教材。本教材的编写宗旨是紧紧围绕职业教育的培养目标，力求符合"以能力为本位，以就业为导向，以学生为主体"的教学指导思想，以循序渐进、项目导向、任务驱动、工作过程为原则，注重学生知识、能力、素质的培养，采用单元项目化的课程体系，以应具备的知识和能力为内容，以工作过程为主线，在系统介绍制造业成本核算与管理岗位应掌握的各种基本技能及应具备的职业素养的基础上，重点介绍制造业几个主要类型企业的成本核算方法。本教材主要内容包括六个模块，分别是成本会计概述、成本会计的基本技能、大量大批单步骤生产企业成本核算——品种法、单件小批量生产企业产品成本核算——分批法、大量大批多步骤生产企业的产品成本核算——分步法以及编制成本会计报表。每个模块均以任务引入、任务分析、相关知识、任务实施为主线形成完整体系，并附有思考与练习。学生通过本教材的运用，可以更好地理解基础知识，掌握基本技能，提高动手能力，提升职业素养。

　　与同类教材相比，本教材体系新，针对性强，突出实务上的操作性。教材选取了三个典型企业作为学习情境，完全基于三个不同行业工作过程进行成本核算，以成本核算岗位的工作过程为导向进行课程内容设计，重新整合、序化教学内容，使独立、分散的知识点得到有机连接，真正做到理实一体化；以具体工作项目为载体，将取材于企业实际发生的业务整理、简化后融入教材。学生通过成本核算真实业务的实习，可以掌握成本核算理论，学会成本核算技能，培养职业能力。

　　本教材具有以下鲜明特色。

　　1. 编写思路新

　　编写时，注重以使用者需要掌握的成本核算技能来安排教材内容，以最新的成本核算资料贯穿于案例中，并将新《企业会计准则》的变更运用到教材编写中。

　　2. 突出实践性

　　学生通过大量的案例及每个模块后的练习，可以提高动手能力，满足职业教育需要。

　　3. 强调系统性

　　本教材以三个典型企业的真实工作过程为主线进行成本核算，使理论与实践完美结合。

　　4. 注重操作性

　　每个典型企业设为一个模块，每个模块的成本核算都是由生产费用的归集与分配、完工产品成本核算等内容组成，前后各成完整体系。

　　本教材由天津商务职业学院副教授刘萍、天津滨海职业学院副教授王鸿雁任主编，天津城市职业学院副教授赵晨霞任副主编。本教材具体编写分工如下：模块一由天津商务职业学院讲师樊颖编写，模块二由天津商务职业学院副教授刘萍编写，模块三由天津滨海职业学院副教授王鸿雁编写，模块四由天津工程技术职业学院副教授范可心编写，模块五由天津工程技术职业学院副教授运乃通编写，模块六由天津城市职业学院副教授赵晨侠编写。天津商务职业学院刘萍老师负责制定教材大纲及编写要求并完成统稿工作。

　　本教材的编写得到了天津商务职业学院会计系主任于强教授的大力支持。于教授对本教材的编写提出了非常有价值及具有实际意义的建议，并最终审定了全部书稿，为本教材的整体完成作出了极大的贡献，特此感谢！

　　由于作者水平有限，不妥之处恳请各位专家、同行给予批评指正。

2013 年 2 月

目 录

模块一　成本会计概述 ·· 1
任务1　成本及成本会计 ··· 1
任务2　成本会计岗位设置 ··· 7
任务3　成本核算的基本要求与一般程序 ·· 13
任务4　企业生产类型与产品成本计算的基本方法 ······························· 20

模块二　成本会计的基本技能 ·· 32
任务1　分配要素费用 ··· 32
任务2　归集与分配辅助生产费用 ·· 55
任务3　归集与分配制造费用 ··· 68
任务4　归集与分配生产损失 ··· 75
任务5　归集与分配生产耗费，计算并结转完工产品成本 ····················· 83

模块三　大量大批单步骤生产企业成本核算——品种法 ···················· 109
任务1　品种法概述 ·· 109
任务2　生产费用的归集与分配 ··· 117
任务3　生产费用在完工产品与在产品之间的归集与分配 ····················· 133
任务4　结转完工产品成本 ·· 137

模块四　单件小批量生产企业产品成本核算——分批法 ···················· 165
任务1　分批法概述 ·· 165
任务2　生产费用的归集与分配 ··· 169
任务3　完工产品成本的结转 ··· 178

模块五　大量大批多步骤生产企业的产品成本核算——分步法 ·········· 193
任务1　分步法概述 ·· 193
任务2　逐步结转分步法 ··· 196

任务3　平行结转分步法 ………………………………………………… 208

模块六　编制成本会计报表 ……………………………………………… 227
任务1　编制生产成本报表 ………………………………………………… 227
任务2　编制产品单位成本报表 …………………………………………… 230
任务3　编制制造费用明细表 ……………………………………………… 232

模块一 成本会计概述

任务1 成本及成本会计

任务引入

小李、小张、小王在上大学时同修营销专业,毕业后合伙开办了名欧手表厂。根据需要,他们确定厂址后,购置了一批新型的生产设备,招聘了20名技术工人和管理人员。手表厂开张后,摆在仅具备初级财务知识的三人面前的一道难题就是,工厂正式成立后,每天因为产品生产会发生各种成本费用,只靠登记流水账,根本无法分清手表型号及其应承担的成本费用。那么成本和费用有区别吗?区别又是什么呢?

任务分析

很多会计初学者往往混淆了费用和成本的概念。其实,费用和成本本质上有很大的区别。要正确区分费用和成本,应首先学习以下相关知识。

相关知识

一、成本的含义

(一) 成本和费用的概念

1. 费用

费用是指企业在日常活动中发生的、会导致所有者权益减少的、与向所有者分配利润无关的经济利益的总流出。

【费用包含以下特征】

——费用最终将会减少企业的资源。这种减少具体表现为企业资金支出,从这个意义上说,费用本质上是企业的一种资产流出,它与资产流入企业所形成的收入相反。

——费用最终会减少企业的所有者权益。通常,企业的资金流入(收入)会增加企业的所有者权益;相反,资金流出会减少企业的所有者权益,即形成企业的费用。但是,企业在生产经营过程中,有的支出是不应归入费用的。例如,企业以银行存款偿付一项债务,只是一项资产和一项负债的等额减少,对所有者权益没有影响,因此,不构成费用。又如,企业向投资者分配股利或利润,这一资金流出虽然减少了企业的所有者权益,但其属性是对利润的分配,不是经营活动的结果,也不应作为费用。

2. 成本

成本是商品经济的价值范畴,是商品价值的组成部分。人们要进行生产经营活动或达到一定的目的,就必须耗费一定的资源(人力、物力和财力),其所费资源的货币表现及其对象化称为成本。

【成本包含以下特征】

——成本属于商品经济的价值范畴,即成本是构成商品价值的重要组成部分,是商品生产中生产要素耗费的货币表现。

——成本具有补偿的性质,是为了保证企业再生产而应从销售收入中得到补偿的价值。

——成本本质上是一种价值牺牲,它作为实现一定目的而付出资源的价值牺牲,可以是多种资源的价值牺牲,也可以是某些方面资源的价值牺牲;甚至从更广的含义看,成本是为达到一种目的而放弃另一种目的所牺牲的经济价值,在经营决策中所用的机会成本就有这种含义。

成本的构成内容要服从管理的需要,并且随着管理的发展而发展。国家规定成本的构成内容主要包括:原料、材料、燃料等费用,表现商品生产中已耗费的劳动对象的价值;折旧费用,表现商品生产中已耗费的劳动资料(手段)的价值;工资,表现生产者的必要劳动所创造的价值。

在实际工作中,为了促使企业厉行节约,减少损失,加强企业的经济责任,对于一些不形成产品价值的损失性支出(如工业企业里的废品损失、停工损失等),也列入产品成本之中。此外,对某些应从社会创造的价值中进行分配的部分(如财产的保险费用等)也列入产品成本。这说明产品成本的实际内容,一方面要求反映成本的客观经济实质,另一方面又要按照国家的分配方针和财务管理制度规定,把某些不属于C+V的内容列入成本,而是把某些属于活劳动耗费性质的费用列入营业外支出或从留利中开支。

(二) 费用与成本的关系

生产费用和成本都体现了生产过程中的耗费。生产费用以时期为归集对象,反映企业一定时期内发生的、用货币表现的生产消耗;产品成本以产品为归集对象,反映企业为生产一定种类和一定数量产品所支出的生产费用的总和。

广义地讲,费用包括成本,成本是对象化了的费用。狭义地讲,费用是指企业的期间费用,即管理费用、营业费用、财务费用。而成本是计入产品生产成本的支出,构成产品的价值。

二、成本会计的含义

(一) 成本会计的概念

成本会计是成本会计人员协助管理计划及控制公司的经营,制定长期性或策略性的决策,并建立有利的成本控制方法、降低成本与改良品质,是为了求得产品的总成本和单位成本而核算全部生产费用的会计。成本会计的中心内容为成本核算,成本会计关注的是成本而不是费用。

(二)成本会计的职能

成本会计的职能是指成本会计作为一种管理经济的活动,在生产经营过程中所能发挥的作用。由于现代成本会计与管理紧密结合,因此,它实际上包括了成本管理的各个环节。现代成本会计的主要职能有成本预测、成本决策、成本计划、成本控制、成本核算、成本分析和成本考核。

成本会计的主要职能可以概括为反映职能和监督职能,下面分别说明成本会计职能的基本内容。

1. 反映职能

反映职能是成本会计的首要职能。成本会计的反映职能,就是从价值补偿的角度出发,反映生产经营过程中各种费用的支出,以及生产经营业务成本和期间费用等的形成情况,为经营管理提供各种成本信息的功能。就成本会计反映职能的最基本方面来说,是以已经发生的各种费用为依据,为经营管理提供真实的、可以验证的成本信息,从而使成本分析、考核等工作建立在有客观依据的基础上。随着社会生产的不断发展,经营规模的不断扩大,经济活动情况的日趋复杂,在成本管理上就需要加强计划性和预见性。因此,对成本会计提出了更高要求,需要通过成本会计为经营管理提供更多的信息,即除了要提供能反映成本现状的核算资料外,还要提供有关预测未来经济活动的成本信息资料,以便于正确地作出决策和采取措施,达到预期的目的。由此可见,成本会计的反映职能,从事后反映发展到了分析预测未来。只有这样,才能满足经营管理的需要,才能更好地发挥其在经营管理中的作用。

应当指出的是,反映过去和预测未来是密切联系的。要进行成本预测,首先必须了解能够反映成本水平现状和历史的各项指标以及它们之间的内在联系,才能据以分析未来的成本状况,以及为实现预期的成本管理目标应具备的条件和应采取的措施。因此,对实际发生的生产经营耗费的反映,提供实际的成本资料,是成本会计提供成本信息的基础。

2. 监督职能

成本会计的监督职能是指按照一定的目的和要求,通过控制、调节、指导和考核等,监督各项生产经营耗费的合理性、合法性和有效性,以达到预期的成本管理目标的功能。

在社会主义市场经济中,任何企业为了达到自己预期的经营目标,不仅要制定计划、分配资源和组织计划的实施,而且必须进行有效的监督,以使各项经济活动符合有关规定的要求。成本会计的监督是会计监督的重要组成内容,是对经济活动进行监督的一个重要方面。

成本会计的监督,包括事前、事中和事后监督。首先,成本会计应从经济管理对降低成本、提高经济效益的要求出发,对企业未来经济活动的计划或方案进行审查,并提出合理化建议,从而发挥对经济活动的指导作用;在反映各种生产经营耗费的同时,进行事前的监督,即以国家的有关政策、制度和企业的计划、预算及规定等为依据,对有关经济活动的合理性、合法性和有效性进行审查,限制或制止违反政策、制度和计划、预算等的经济活动,支持和促进增产节约、增收节支的经济活动,以实现提高经济效益的目的。其次,成本会计要通过成本信息的反馈,进行事中、事后的监督,也就是通过对所提供的成本信息资料的检查分析,控制和考核有关经济活动,从中及时总结经验,发现问题,提出建议,促使有关方面采取措施,调整经济活动,使其按照规定的要求和预期的目标进行。

成本会计的反映和监督两大职能是辩证统一、相辅相成的。没有正确、及时的反映,监督就失去了存在的基础,就无法在成本管理中发挥制约、控制、指导和考核等作用;而只有进行有效的监督,才能使成本会计为管理提供真实可靠的信息资料,使反映的职能得以充分发挥。可见,只有把反映和监督两大职能有机地结合起来,才能更为有效地发挥成本会计在管理中的作用。

(三) 成本会计的分类

1. 按成本会计制度分类

按成本会计制度分类,可分为以下三类:

(1) 实际成本制度。实际成本制度是根据实际发生的各项支出计算成本的一种成本会计制度。

(2) 标准成本制度。标准成本制度是以预先制定的产品标准成本为基础,用实际产量的标准成本同实际成本相比较并记录和分析成本差异的一种成本制度。

(3) 估计成本制度。估计成本制度是在产品生产前预先估算单位产品成本,凭以确定售价,然后通过复式记账将算出实际产量的估计成本与账上实际成本比较,据以修改估计成本的一种历史上曾采用过的、不完整的成本会计制度。

2. 按成本计算模式分类

按成本计算模式分类,可分为两类:

(1) 完全成本计算模式。完全成本计算模式又称"吸收成本"计算模式,是按照传统的成本观念,将包含变动成本和固定成本在内的所有制造成本都吸收到产品成本中去,用来进行存货的估价和确定已售产品成本的一种计算模式。

(2) 变动成本计算模式。变动成本计算模式是指产品成本中只包括变动制造成本而不包括固定制造成本的一种成本计算模式。

三、成本会计的发展过程

成本会计先后经历了早期成本会计、近代成本会计、现代成本会计和战略成本会计四个阶段。成本会计的方式和理论体系,随着发展阶段的不同而有所不同。

(一) 早期成本会计阶段(1880—1920 年)

成本会计起源于英国,后来传入美国及其他国家。随着企业生产规模的进一步扩大,市场竞争日趋激烈,生产成本越来越得到普遍的重视。这个时期的成本会计是早期发展阶段。这一阶段成本会计在实务方面取得以下进展:

(1) 建立了材料核算和管理办法。设立材料账户和材料卡片,标明"最高库存量"和"最低库存量",以确保材料既能保证生产的需要,又可以节约使用资金;实行材料管理的永续盘存制,采取领料单制度控制材料耗用量。

(2) 建立了工时记录和人工成本计算方法。对人工使用卡片记录工作时间和完成产量;将人工成本先按部门归集,再分配给各种产品,以便控制和准确计算人工成本。

(3) 确立了间接费用的分配方法。随着生产设备的大量增加,间接费用也快速增长,先后提出了按实际数额进行分配和按间接费用进行分配的理论。

(4) 利用分批成本计算法和分步成本计算法计算产品成本。根据制造业的生产工艺特点，选择分批计算产品成本或分步骤计算产品成本。

(5) 出现了专门的成本会计组织。1919年，美国成立了全国成本会计师联合会；同年，英国也成立了成本和管理会计师协会。他们对成本会计进行了一系列的研究，为奠定成本会计的理论基础和完善成本会计方法作出了重大贡献。

(二) 近代成本会计阶段(1921—1945年)

成本会计的理论和方法在这一阶段得到了进一步的完善与发展，成本会计有了以下方面的进展：

(1) 标准成本制度的实施。19世纪末20世纪初，以泰勒为代表的"科学管理"思想，对成本会计的发展产生了深刻的影响。1906年，美国会计师J. Whtmore第一次提出的"标准成本"概念，为生产过程成本控制提供了条件。标准成本制度实施后，成本会计不只是事后计算产品的生产成本和销售成本，还要事先制定成本标准，并据以控制日常生产消耗与定期分析成本。这样，成本会计增加了事前控制的新职能，形成了管理成本会计的雏形。它标志着成本会计已经进入一个新阶段。

(2) 预算制度的完善。预算控制的开始是采用固定预算方法，即根据预算期间某一业务量确定相应的预算数。1928年，美国一公司的会计师和工程师根据成本与产量的关系，设计了一种弹性预算方法，分别编制固定预算和弹性预算。这就使相关费用项目的实际数与预算数更具有可比性，而且可使企业合理地控制不同属性的费用支出，便于有效地控制成本，考核经营者的工作业绩。所以，弹性预算是近代成本会计的重大进步，也是节约间接费用的最好办法。

(3) 成本会计的应用范围更广泛。在这一阶段，成本会计的应用范围从原来的工业企业扩大到各个行业，并深入应用到一个企业内部的各主要部门，特别是应用到企业经营的销售环节。在近代成本会计的后期，《工厂成本》《标准成本》等成本会计著作的出版，使成本会计具备了完整的理论和方法，形成了独立的成本会计学科。

(三) 现代成本会计阶段(1945—1980年)

第二次世界大战以后，科学技术迅速发展，生产自动化程度大大提高，产品更新速度加快；企业规模越来越大，跨国公司大量出现，市场竞争愈演愈烈。为了适应社会经济出现的新情况，考虑现代化生产的客观要求，提高管理的现代化，运筹学、系统工程和电子计算机等各种科学技术就在成本会计中得到了广泛的应用，从而使成本会计发展到了一个新阶段，即成本会计发展重点由如何事中控制成本、事后计算和分析成本转移到如何预测、决策和规划成本，形成了新型的注重管理的经营性成本会计。其主要表现有：

(1) 开展成本预测与决策。为了控制成本，现代成本运用预测理论和方法，建立数字模型，对未来成本发展变动趋势进行估计和测算；运用决策理论和方法，依据成本预测资料，选取最优成本方案，作出正确的成本决策。变动成本法完成了成本性态的分析，将企业产品划分为变动成本和固定成本，对企业成本、业务量和利润之间各变量关系进行分析，有利于企业进行成本预测。

(2) 实行目标成本管理。随着目标管理理论的应用，成本会计有了新的发展。在产品设计前,按照客户所能接受的价格,确定产品售价和目标利润,然后确定目标成本管理,使成本会计与工程技术等有机结合,有助于企业形成产品品质和功能优化、成本降低的竞争优势。

(3) 实施责任成本。1952年,美国会计学家倡导责任会计,提出建立成本中心、利润中心和投资中心相结合的会计制度,将成本目标进一步分解为各级责任单位的责任成本,进行责任成本核算,使成本控制更为有效。

(4) 推行质量成本。随着全面质量管理的深入开展,到20世纪60年代,质量成本概念基本形成,并确定了质量成本项目,质量成本的计算和方法,扩大了成本会计的研究领域,促使企业在提高产品质量的同时,进一步注重质量成本的分析。

(5) 施行作业成本管理。美国会计学家在20世纪80年代后期提出了作业成本法,即以作业为基础的成本计算制度,施行作业成本管理。作业成本计算是一种真正具有创新意义的成本计算方法,是适应当代高新科学技术制造环境而形成和发展起来的。

(四) 战略成本会计阶段(1981年以后)

20世纪80年代以来,随着电脑技术的进步,生产方式的改变,产品生命周期的缩短,以及全球性竞争的加剧,大大改变了产品成本结构与市场竞争模式。英国学者西蒙首先提出了战略成本管理。成本管理的视角应由单纯的生产经营过程管理和重视股东财富,扩展到与顾客需求及利益直接相关的、包括产品设计和产品使用环节的产品生命周期管理,更加关注产品的顾客可察觉价值;同时要求企业更加注重内部组织管理,尽可能地消除各种增加顾客价值的内耗,以获取市场竞争优势。此时,战略相关性成本管理信息已成为成本管理系统不可缺少的部分。

三位大学生创业者为了更好地进行手表的成本费用分析,特别聘请了有着丰富经验的老赵担任财务负责人,并虚心进行了请教。老赵为他们做了具体的解析。

1. 内容不同

费用包括生产费用、管理费用、销售费用和财务费用等。工业企业产品成本只包括为生产一定种类或数量的完工产品的费用,不包括未完工产品的生产费用和其他费用。

2. 计算期不同

费用的计算期与会计期间相联系,产品成本一般与产品的生产周期相联系。

3. 对象不同

费用的计算是按经济用途分类,产品成本的计算对象是产品。

4. 计算依据不同

费用的计算是以直接费用、间接费用为依据确定,依据的是生产过程中取得的各种原始凭证。产品成本是以一定的成本计算对象为依据,依据的是成本计算单或成本汇总表及产品入库单等。

5. 总额不同

一定时期内,费用总额不等于产品成本总额。这是因为两者的内容和价值量不同。产品成本是费用总额的一部分,不包括期间费用和期末未完工产品的费用等。

6. 作用不同

费用指标,分析其比重,了解结构变化从而加强费用管理等。产品成本指标,一是反映物化劳动与活劳动的耗费;二是资金耗费的补偿;三是检查成本和利润计划;四是表明企业工作质量的综合指标。

思考与练习

1. 成本的概念是什么?成本与费用有何区别?
2. 成本会计的概念是什么?成本会计的职能有哪些?

任务2 成本会计岗位设置

任务引入

名欧手表厂在大家的努力下顺利开始生产经营了,随着生产的扩大,老赵提出建议:为了严格控制每个月的成本费用,更好地计算产品成本,做好成本的核算工作,应该取消由会计兼任成本核算岗,单独设置成本核算岗位。这个建议提出后,三位大学生创业者提出疑问:成本会计应承担哪些具体的任务?岗位职责又是什么呢?

任务分析

不同的行业,不同的企业,会有不同的财务管理制度与会计岗位设置,也就有不同的岗位工作与职责,并不拘一。但是,对于一个财务健全的企业,建议单独设置成本会计核算岗位,对企业生产经营进行核算并分析各项成本,对公司的现金和支票进行管理,保证公司现金的使用安全、有序无差错,对国内销售业务进行相关的核算和考核等。要细致了解成本会计岗位设置,应首先学习以下相关知识。

相关知识

一、成本会计的工作流程

(一)成本会计的具体任务

1. 正确计算产品成本,及时提供成本信息

成本数据正确可靠,才能满足管理的需要。如果成本资料不能反映产品成本的实际水平,不仅难以考核成本计划的完成情况和进行成本决策,而且还会影响利润的正确计量和存货的正确计价,歪曲企业的财务状况。及时编制各种成本报表,可以使企业的有关人员及时了解成本的变化情况,并作为制定售价、作出成本决策的重要参考资料。

2. 优化成本决策，确立目标成本

优化成本决策，需要在科学的成本预测基础上收集整理各种成本信息，在现实和可能的条件下，采取各种降低成本的措施，从若干可行方案中选择生产每件合格产品所消耗活劳动和物化劳动最少的方案，使成本最低化作为制定目标成本的基础。为了优化成本决策，需增强企业员工的成本意识，使之在处理每一项业务活动时都能自觉地考虑和重视降低产品成本的要求，把所费与所得进行比较，以提高企业的经济效益。

3. 加强成本控制，防止挤占成本

加强成本控制，首先是进行目标成本控制。目标成本控制主要依靠执行者自主管理，进行自我控制，以促其提高技术，厉行节约，注重效益。其次是遵守各项法规的规定，控制各项费用支出、营业外支出等挤占成本。

4. 建立成本责任制度，加强成本责任考核

成本责任制是对企业各部门、各层次和执行人在成本方面的职责所作的规定，是提高职工降低成本的责任心，发挥其主动性、积极性和创造力的有效办法。建立成本责任制度，要把完成成本降低任务的责任落实到每个部门、层次和责任人，使职工的责、权、利相结合，职工的劳动所得同劳动成本相结合；各责任单位与个人要承担降低成本之责，执行成本计划之权，获得奖惩之利。实行成本责任制度时，成本会计要以责任者为核算对象，按责任的归属对所发生的可控成本进行记录、汇总、分配整理、计算、传递和报告，并报各责任单位或个人的实际可控成本与其目标成本相比较，揭示差异，寻找发生的原因，据以确定奖惩并挖掘进一步降低成本的潜力。

（二）成本会计的工作流程设置

1. 负责公司的成本核算

（1）整理各项费用并进行归集和分配。

（2）编制记账凭证并登账。

（3）月末对费用进行核算。

（4）统计各项费用的指标考核结果并上报经理。

2. 进行公司的成本分析

（1）根据成本构成和历史发生情况以及计划指标进行比较。

（2）成本分析报告。

3. 负责公司的固定资产账

（1）负责每月提取折旧。

（2）负责固定资产报废、清理的账务登记。

（3）新购入固定资产的入账。

（4）年终汇总。

4. 负责账账核对

（1）汇总总账，进行试算平衡。

（2）与明细账的核对。

5. 负责应付账款往来核算

（1）接收原材料入库单、销售发票，核算、审核付款清单和各种应付账款，审核各项记录。

(2) 审核各业务部门转交的发票及单据。

(3) 登账,记账。

6. 负责国内销售应收账款往来业务核算

(1) 核算各国内销售客户应收账款和记录。

(2) 凭发票登记,记账。

(3) 定期与销售人员核对销售明细及监督汇款。

7. 负责有关报表的报送工作

(1) 每10天向总经理报送银行存款余额明细。

(2) 月底向部门负责人报送本月销售明细、应收账款明细和费用分类、罚息明细等。

(3) 月底报外销部外销回款统计。

8. 现金与支票管理

(1) 保管单据(支票、支票报销单、支票申请单、收据等)、财务专用章及现金。

(2) 填写现金支票、转账支票及汇款凭证。

(3) 办理汇款、取现和支票转账手续。

(4) 办理国际收支申报手续。

(5) 每日对库存现金进行盘点与结算。

(6) 开立还款收据、交款收据及客户回款收据。

(7) 初步审核现金报销单据的合法性和真实性,办理现金报销手续。

9. 财务档案的整理、装订

(1) 整理、核对成本类财务档案。

(2) 按照统一要求和格式进行装订,送档案部保管。

10. 完成上级委派的其他任务

(1) 应对临时性检查。

(2) 解决财务突发事件。

二、成本会计岗位职责

(一) 成本会计岗位明细职责设置

(1) 审核公司各项成本的支出,进行成本核算、费用管理、成本分析,定期编制成本分析报表。加强成本控制,促进降低成本。

(2) 进行有关成本管理工作,主要做好成本的核算和控制。负责成本的汇总、决算工作。

(3) 协助各部门进行成本核算,并分解下达成本、费用、计划指标。收集有关信息和数据,进行有关盈亏预测工作。

(4) 评估成本方案,及时改进成本核算方法。

(5) 负责统计成本明细账,编制成本报表。保管好成本、计算资料并按月装订,定期归档。

(6) 做好各相关成本类资料的整理、归档、数据库的建立、查询、更新工作。

(7) 负责配合制定成本核算方法,编制成本预算、决算报表。

(8) 负责拟定公司成本实施细则,审批后组织执行。

(9) 加强产成品与半成品的核算,每月月末进行成本分配,及时与生产、销售部门核对

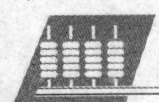

在产品、产成品并分析差异原因上报。

（10）配合财务主管做好公司会计制度、内控制度程序的设计、建立、健全。

（11）配合财务主管做好公司财务预算、决算及财务状况分析。

（12）组织、督促相关人员及时按要求开展财务清查、盘点等工作。

（13）不断监督、调查各部门执行成本情况，并就出现问题及时上报。

（14）学习、掌握先进的成本管理和成本核算方法及计算机操作，提出降低成本控制措施与建议。

（15）负责检查、督促与成本有关的管理制度、内部控制制度与监督方面的规章制度的执行情况。

（16）负责分析、跟踪、监督库存管理。

（17）负责对公司积压库存与原料处理等情况进行统计分析，不定期地对库存账、实际情况进行抽查。

（18）参与公司资产的清查盘点，审核盘点报表，并按时报送盘点报表；会同有关部门制定库存商品的最低、最高限额。

（19）负责公司资产的监督与检查工作。

（20）对公司财务数据必须保密，认真完成总经理及财务主管安排的其他工作。

（二）成本会计直接责任

（1）对本职工作完成情况及工作质量负责。

（2）对所出具的加工产品成本数据的准确性负责。

（3）对所出具成本报表的及时性负责。

（4）对提出建议的存在性负责。

（5）对主管交代的工作完成情况负责。

（6）对分析报表的合理性负责。

（7）对工厂财务资料保密负责。

（三）成本会计工作绩效标准

（1）成本核算方法科学合理。

（2）成本计算准确，能如实反映生产状态，无差错。

（3）总账及固定资产账登记准确，无差错。

（4）应收及应付账款的核算清晰明确，各种单据合法有效。

（5）提供的销售考核数据准确。

（6）对销售回款的状态监督有力，无差错。

（7）向管理层提供内容翔实、数据准确的分析报告，并能从中及时发现问题。

（8）现金收支相符，差错率为零。

（9）现金与账目相符，差错率为零。

（10）保证现金报销单据合法、真实，符合公司的各项规章制度。

（11）安全稳妥地保管现金、单据、财务专用章，不出现遗失。

（12）认真填写有关财务单据，做到字迹工整，易于辨认。

（13）安全稳妥地保管原始凭证并按月装订成册，保证财务档案完整，寻找方便。

三、成本会计的基础工作

（一）健全原始记录

原始记录是指按照规定的格式，对企业的生产、技术经济活动的具体事实所作的最初书面记载。原始记录是进行各项核算的前提条件，是编制费用预算，严格控制成本费用支出的重要依据。成本会计有关的原始记录主要包括反映生产经营过程中物化劳动消耗的原始记录，反映活劳动消耗的原始记录，反映在生产经营过程中发生的各种费用支出的原始记录以及其他原始记录等内容。

原始记录是一切核算的基础，成本核算更是如此。因此，原始记录必须真实正确，内容完整，手续齐全，要素完备，以便为成本计算、控制、预测和决策提供客观的依据。

（二）健全存货的计量、验收、领退和盘点制度

为了保证入库材料物资数量与质量，必须搞好计量与验收工作，准确的计量和严格的质量检测是保证原始记录可靠性的前提；为了保证领、退的材料物资准确无误，还必须及时办好领料和退料凭证手续，使成本中的材料费用相对准确。由于材料物资等存货品种、规格多，进出频繁，尽管严格管理，但由于种种原因，账实不符的现象还经常存在。所以对材料物资必须进行定期或不定期的清查盘点，进行账面调整，以保证账实相符，确保成本核算的准确性。

（三）实施有效的定额管理

定额是指在一定生产技术组织条件下，对人力、财力、物力的消耗及占用所规定的数量标准。科学先进的定额，是对产品成本进行预测、核算、控制和考核的依据。与成本核算有关的消耗定额，主要包括工时定额、产量定额、材料、燃料、动力、工具等消耗的定额；有关费用的定额，如制造费用的预算等。消耗定额的制定是作为企业产品生产发生耗费应该掌握的标准。但由于消耗定额服务于不同的成本管理目的，可表现为不同的消耗水平。当企业编制成本计划时，是根据计划期内平均消耗水平所制定的定额；当定额作为分配实际成本标准时，是以能体现现行消耗水平的定额为依据来衡量的；当企业为实现预期利润而控制成本时，是根据企业实现预期利润必须达到的消耗水平作为衡量的尺度。定额制定后，为了保持它的科学性和先进性，还必须根据生产的发展、技术的进步、劳动生产率的提高，不断地进行修订，使它为成本管理与核算提供客观的依据。

（四）建立适合企业内部的结算价格

在生产经营过程中，企业内部各单位之间往往会相互提供半成品、材料、劳务等，为了分清企业内部各单位的经济责任，明确各单位工作业绩以及总体评价与考核的需要，应制定企业内部结算价格。

制定结算价格的主要依据有：内部转移的材料物资等，应以当时的市场价格作为内部结算价格；材料物资、劳务等也可以以市场价格为基础，双方协商定价，即我们通常所说的"议价"，作为内部的结算价格；企业生产的零部件、半成品等在内部转移时，可以用标准成本或计划成本作为内部结算价格；在原有成本的基础上，加上合理的利润（即一定利润率计算）作为内部的价格。除上述计价方法外，企业也可以根据生产特点、管理要求以及结算上的具体情况，来确定其合理的结算价格。

(五)颁布科学、完善的规章制度

规章制度是企业为了进行正常的生产经营和管理而制定的有关制度、章程和规则。规章制度是人们行动的准绳,是实施有效的成本管理的保证。

企业与成本会计有关的规章制度主要包括:计量验收制度、定额管理制度、岗位责任制、考勤制度、质量检查制度、设备管理和维修制度、材料收发领用制度、物资盘存制度、费用开支规定以及其他各种成本管理制度等。各种规章制度的具体内容应随着生产发展、经营情况的变化、管理水平的提高等客观条件和变化,不断改进,逐步完善。

面对大家的疑问,财务负责人老赵细心地为大家作出解析:

任何一个企业的成功,小到社区的便利商店,大到跨国公司,都离不开成本会计。成本会计不仅能够提供产品、服务和客户等方面的成本信息,而且能够为管理者编制计划、控制和决策提供信息。

1. 设置成本会计机构的必要性

成本会计机构是处理成本会计工作的职能单位。是单独设置成本会计科、室或组等,还是只配备成本核算人员专门处理成本会计工作,应根据企业规模和成本管理的要求来考虑。

2. 配备必需的成本会计人员的必要性

成本会计人员是指在会计机构或专设成本会计机构中所配备的成本工作人员,对企业日常的成本工作进行处理。例如,处理成本计划、费用预算成本预测、决策、实际成本计算和成本分析、考核等工作。成本核算是企业核算工作的核心,成本指标是企业一切工作质量的综合表现,为了保证成本信息质量,对成本会计人员业务素质要求比较高。这些素质要求具体包括:

(1) 会计知识面广,有较好的成本理论和实践基础。

(2) 熟悉企业生产经营的流程。

(3) 刻苦学习和任劳任怨。

(4) 良好的职业道德。

3. 确定成本会计工作的组织原则和组织形式的必要性

任何工作的组织都必须遵循一定的原则,成本会计工作也不例外,它的组织原则主要有成本核算必须与成本管理相结合;成本会计工作必须与技术相结合;成本会计工作必须与经济责任制相结合。

成本会计工作的组织形式,主要是方便成本工作的开展和及时、准确地提供成本信息的需要。按成本要素不同,可划分为材料成本、人工成本和间接费用成本组织核算。

(1) 材料组:一般由企业厂部成本会计人员与仓库材料管理人员共同负责,主管材料物资和低值易耗品的采购、入库、领用、结存的明细分类核算,定期盘点清查,计算材料成本费用,并对全过程进行控制和监督。

(2) 工资组:主管应付职工的工资、奖金的计算与分配的明细分类核算,并对全过程进行严格的控制和监督。

(3) 间接费用组:间接费用的核算一般是由厂部成本会计人员负责进行,这部分费用可按成本习性分为变动费用和固定费用,而变动费用以弹性预算进行控制,固定费用则以固定预算进行控制。

4. 制定成本会计制度的必要性

成本会计制度是对进行成本会计工作所做的规定。它的内涵与外延随着经济环境的变化不断发展变化。商品经济条件下,现代企业的成本会计制度包括成本预测、决策、规划、控制、计算、分析和考核等所作出的有关规定,指导着成本会计工作的全过程,即广义的成本会计制度。

具体的成本会计制度有:关于成本预测、决策的制度;关于计划(或标准成本)成本编制的制度;关于成本核算的制度;关于成本控制的制度;关于成本分析、考核的制度等。

在市场竞争日益加剧的情况下,成本会计不再局限于确定存货成本,企业需要更加精确、更加相关的成本信息以整合产品的开发、生产、营销和售后服务,成本会计必将扮演着重要的角色。

思考与练习

1. 成本会计的具体任务包括哪些?
2. 成本会计的岗位职责包括哪些?

任务3 成本核算的基本要求与一般程序

任务引入

名欧手表厂财务部门人员配置和分工在老赵的指导下逐渐健全了。这一天,财务部新招聘的应届大学生小刘问道:"主管,负责成本核算的工作比我这出纳工作真是复杂多了,其基本要求能不能给我做一下讲解呢?"

任务分析

工业企业的生产经营过程主要包括供应、生产和销售三个阶段。在这三个阶段中,都要进行成本计算,即材料采购成本的计算、产品生产成本的计算和产品销售成本的计算。成本计算过程实际上就是费用的归集和分配过程,做好成本计算工作,必须正确归集和分配各种费用。要细致了解成本核算的基本要求与一般程序,应首先学习以下相关知识。

相关知识

一、成本核算的基本要求

企业的生产经营过程,同时也是费用发生、成本形成的过程。成本核算,就是对实际发

生各种费用的信息进行处理。企业规模有大有小,经营性质和项目各不相同,如何组织成本的计算,如何确定成本计算对象,只能具体问题具体分析,依实际情况而定。而一个企业发生的费用种类繁多,制造某个对象的过程又是由各个部门、各项生产要素密切配合,经过很多环节才最终形成的。所以,记录归类汇集和分配企业发生的各种生产费用,是一项比较复杂的工作。但是,不管是哪一种类型的企业,也不论计算什么成本,成本计算的基本原理、一般原则和基本程序却是共同的。总的来看,成本计算都要遵守以下要求(注:具体解析详见任务4)。

(一)合理确定成本计算对象

成本计算对象是指计算产品成本过程中,确定归集与分配生产费用的承担客体。为了正确计算产品成本,首先就是要确定成本计算对象,以便按照每一个成本计算对象,分别设置产品成本明细账(或成本计算单),来归集各个对象所应承担的生产费用,计算出各对象的总成本和单位成本。因此,正确确定成本计算对象,是保证成本核算质量的关键问题。

(二)恰当确定成本计算期

成本计算期是指产品成本计算所确定的特定期限,产品成本计算期的确定一般与企业所生产产品的特点有密切联系。

成本计算期与会计核算期是不同的概念,不论成本计算是否定期,会计核算期总是按月进行的,也就是说,在任何情况下,各月发生的生产费用必须按月进行归集。成本计算期与产品生产周期不一致。如果成本计算期与产品生产周期一致,则成本计算过程可以与生产过程同步进行,否则就取决于管理要求,或按月进行计算,或到生产周期结束时计算,以及其他计算方法。

(三)正确选择成本计算的方法

由于企业的情况千差万别,成本的具体计算方式也不可能有一个统一的模式。经过人们的长期实践,形成了几种常用的成本计算方法,即品种法、分批法和分步法等。

恰当地确定成本计算的对象,不是一件容易的事。因为企业的规模、生产组织形式和技术特点不同,成本计算的对象也会不一样。例如,有的企业只生产最终的产成品,而有的企业除生产最终的产成品外,还生产各种各样的半成品。

(四)合理设置成本项目

为了比较全面、系统地反映产品的成本耗费情况,使成本计算能提供比较丰富的信息,在计算产品成本时,不仅要计算产品的总成本和单位成本,而且要对总成本按用途分类,以反映产品成本的组成和结构。为了便于归集生产费用,正确计算产品成本,需要对生产费用进行合理分类。

(五)合理选定费用分配标准

生产过程往往是比较复杂的,一项费用发生后,其用途往往不止一个,生产的产品不止一种,成本计算的对象也不止一个。这样,一项费用发生后,往往不能直接地、全部地记入反映某一个对象的明细账户,而需要把这项费用在几个对象之间进行分配。

一般的分配原则是:"谁耗费,谁负担",或者是"谁受益,谁负担"。但要对费用进行精确的分配是比较困难的,要对一定对象所发生的成本消耗(受益)情况进行准确计量,同样比较困难。在对费用进行具体分配时,一般是选择一定的标准来进行分配。另外,某一种标准一旦被选定,不要轻易变更,否则就违反了一致性原则。因为分配标准的不同,也会人为地造成计算出来的成本不一样。

二、对费用进行合理地分类

(一) 费用按经济内容的分类

费用按经济内容(性质)划分,可分为劳动对象、劳动手段和活劳动方面的耗费,统称制造企业生产费用的三大要素。具体可分为以下各项费用要素:

(1) 外购材料。它是指企业为进行生产经营管理而耗用的从外部购入的原料及主要材料、半成品、辅助材料、修理用备件、包装物和低值易耗品等。

(2) 外购燃料。它是指企业为进行生产经营管理而耗用的从外部购入的各种燃料,包括固体燃料、液体燃料、气体燃料。

(3) 外购动力。它是指企业为生产耗用而从外部购进的各种动力。

(4) 职工薪酬。它是指企业为获得职工提供的服务而给予各种形式的报酬以及其他相关支出。职工薪酬包括:职工工资、奖金、津贴和补贴;职工福利费;医疗保险费、养老保险费、失业保险费、工伤保险费和生育保险费等社会保险费;住房公积金;工会经费和职工教育经费;非货币性福利;因解除与职工的劳动关系给予的补偿;其他与获得职工提供的服务相关的支出等。

(5) 折旧费。它是指企业按照规定方法计提的固定资产折旧费。

(6) 利息支出。它是指企业按规定计入财务费用的借款利息支出减去利息收入后的金额。

(7) 其他支出。它是指不属于以上各要素,但应计入产品成本或期间费用的费用支出,如差旅费、办公费、租赁费、外部加工费、保险费和诉讼费等。

(二) 费用按经济用途的分类

产品生产成本项目——为具体反映计入产品成本的生产费用的各种用途,提供产品成本构成情况的资料,还应进一步划分为若干个项目,即产品生产成本项目。产品生产成本项目简称产品成本项目或成本项目,就是生产费用按其经济用途分类核算的项目。工业企业一般应设置以下几个成本项目:

(1) 直接材料。它是指直接用于产品生产、构成产品实体的原材料、主要材料以及有助于产品形成的辅助材料。

(2) 直接人工。它是指直接参加产品生产的工人薪酬。

(3) 制造费用。它是指间接用于产品生产的各项费用,以及虽直接用于产品生产,但不便于直接计入产品成本,因而没有专设成本项目的费用(如机器设备的折旧费用)。

工业企业的期间费用按经济用途划分,可分为管理费用、财务费用和销售费用。

(1) 管理费用。它是指企业为组织和管理生产经营活动所发生的各种管理费用,包括企业在筹建期间发生的开办费、公司经费、工会经费、劳动保险费、待业保险费、董事会费、咨询费(含顾问费)、聘请中介机构费、审计费、诉讼费、排污费、绿化费、土地使用费、土地损失补偿费、技术转让费、技术开发费、矿产资源补偿费、无形资产摊销、业务招待费、研究费用、存货盘亏或盘盈以及企业生产车间（部门）和行政管理部门发生的固定资产修理费等。

（2）财务费用。它是指企业为筹集生产经营所需资金而发生的筹资费用，包括利息支出（减利息收入）、汇兑损益、调剂外汇手续费、金融机构等手续费以及企业发生的现金折扣或收到的现金折扣等。

（3）销售费用。它是指企业在销售产品和材料、提供劳务过程中发生的各项费用，以及为销售本企业产品而专设的销售机构的各项经费，包括运输费、装卸费、包装费、保险费、委托代销手续费、广告费、展览费、租赁费（不包括融资租赁费）和销售服务费，以及为销售本企业产品而专设的销售机构（含销售网点、售货服务网点等）的销售部门人员工资、职工福利费、办公费、差旅费、折旧费、修理费、物料消耗、低值易耗品摊销以及其他经费等。

三、正确划分各项费用的界限

1. 正确划分计入产品成本与不计入产品成本的界限，确定成本费用范围

企业发生的费用有很多项目，根据谁受益（或谁消耗）、谁负担的原则，凡生产过程中消耗的各种材料、人工和其他费用都应计入生产成本。否则，就不能计入生产成本。例如，支付的各种滞纳金、赔款、捐赠、赞助款等，应计入营业外支出；支付股利，应计入利润分配；管理费用、财务费用等，均不应计入生产成本，而应计入期间费用。

2. 正确划分各个月份的费用界限

根据分期原则，为了及时反映和考核费用开支情况，需要定期分月进行成本计算。根据权责发生制原则，发生的费用应该按受益原则分配到有关的月份中去。

（1）凡已开支但应由以后月份负担的费用，应记入"待摊费用"账户。

（2）本月支付但应由以前月份负担的费用，由于在以前月份已经把费用作了预计，并记入"预提费用"账户，所以应冲减"预提费用"账户。

（3）应由本月负担的费用，不管是否已经支付，都应计入本月费用（注：目前《企业会计准则》中未列示"待摊费用"和"预提费用"账户，但在实际工作中，许多中小企业仍然运用这两个账户进行成本核算）。

3. 正确划分产品成本和期间费用的界限

在企业发生的各种费用支出中，凡应该计入本月由当月负担的费用，应进一步区分产品成本和期间费用的界限。凡在产品生产中发生的费用，属于产品成本的，应该记入"生产成本"账户，产品完工后转入"库存商品"账户，销售后再转入"主营业务成本"账户，期末结转本年利润。凡在非生产领域中发生的管理费用、销售费用和财务费用都属于期间费用，其处理方法比较简单，在期末一次全部转入"本年利润"账户，一次冲减当期损益。

4. 正确划分不同产品的成本界限

如果企业只是生产一种产品，那么全部生产成本就是这种产品的成本。但一般的企业都不止生产一种产品，这就需要把全部生产成本在几种产品之间进行分配，凡能分清应由哪种产品负担的费用，应直接计入该种产品的成本。凡由几种产品共同负担的费用，则要采用恰当的标准（根据谁受益、谁负担的原则）进行分配。最终把各种产品的成本计算出来。

5. 正确划分完工产品与在产品成本的界限

通过前一步骤我们已经计算出了每一种产品的总成本。如果这种产品已经全部完工，

则其成本全部为产成品成本;如果这种产品全部未完工,则其成本全部为在产品成本。但通常情况下,往往是既有产成品,又有在产品,这就需要把总的产品成本在产成品和在产品之间进行分配,一般来说,一件在产品应该比一件产成品负担的成本要少,因为在产品尚未完工,消耗的资源比产成品要少,完工产品与在产品之间的成本分配要考虑完工程度。

四、成本核算的一般程序

(一)产品成本核算的账户设置

为了核算和监督企业生产过程中发生的费用,正确计算产品成本,企业需设置有关成本费用的账户,计算产品的总成本和单位成本。工业企业一般应设置以下账户。

1. "生产成本"账户

为了核算产品成本,应设置"生产成本"账户。"生产成本"账户用于核算工业企业进行工业性生产,包括生产各种产品(包括产成品、自制半成品、提供劳务等)、自制材料、自制工具、自制设备等所发生的各项生产费用。为了分别核算基本生产成本和辅助生产成本,还应在"生产成本"账户下分别设置"基本生产成本"和"辅助生产成本"两个二级账户。企业根据需要,也可以将"生产成本"账户分设为"基本生产成本"和"辅助生产成本"两个一级账户。

(1)"基本生产成本"二级账户。基本生产是指为完成企业主要生产目的而进行的产品生产。为了归集基本生产所发生的各种生产费用,计算基本生产产品成本,应设置"基本生产成本"二级账户。

基本生产所发生的各种生产费用,记入该账户的借方;完工入库的产品成本,记入该科目的贷方;该账户的余额,就是基本生产在产品的成本,即基本生产在产品占用的资金。

该账户应按产品品种或产品批别、生产步骤等成本计算的对象分设基本生产成本明细账(或称基本生产明细账、产品成本计算单),账内按产品成本项目分设专栏或专行,登记该产品的各成本项目的月初在产品成本、本月发生的成本、本月完工产品成本和月末在产品成本。

(2)"辅助生产成本"二级账户。辅助生产是指为基本生产服务而进行的产品生产和劳务供应。辅助生产所提供的产品和劳务,有时也对外销售,但这不是它的主要目的。为了归集辅助生产所发生的各种生产费用,计算辅助生产所提供的产品和劳务的成本,应设置"辅助生产成本"二级账户。

该账户的借方登记为进行辅助生产而发生的各种费用;完工入库产品的成本或分配转出的劳务成本,记入该账户的贷方;该账户的余额,就是辅助生产在产品的成本,即辅助生产在产品占用的资金。"辅助生产成本"二级账户应按辅助生产车间和生产的产品、劳务分设明细分类账,账内按辅助生产的成本项目或费用项目分设专栏或专行进行明细登记。

2. "制造费用"账户

为了核算企业为生产产品和提供劳务而发生的各项制造费用,应设置"制造费用"账户。

该账户借方登记实际发生的制造费用;贷方登记分配转出的制造费用;除季节性生产企业外,该账户月末应无余额。"制造费用"账户,应按车间、部门设置明细分类账,账内按费用项目设立专栏进行明细登记。

3. "销售费用"账户

为了核算企业在产品销售过程中发生的各项费用,以及为销售本企业产品而专设的销售机构的各项经费,应设置"销售费用"账户。

该账户借方登记实际发生的各项产品销售费用;贷方登记期末转入"本年利润"账户的产品销售费用;期末结转后该账户应无余额。"销售费用"账户的明细分类账,应按费用项目设置专栏,进行明细登记。

4. "管理费用"账户

为了核算企业行政管理部门为组织和管理企业生产所发生的各项费用,应设置"管理费用"账户。

该账户借方登记发生的各项管理费用;贷方登记期末转入"本年利润"账户的产品管理费用;期末结转后该账户应无余额。"管理费费"账户的明细分类账,应按费用项目设置专栏,进行明细登记。

5. "财务费用"账户

为了核算企业为筹集生产经营所需资金而发生各项费用,应设置"财务费用"账户。

该账户借方登记发生的各项财务费用;贷方登记应冲减财务费用的利息收入、汇兑收益以及期末转入"本年利润"账户的财务费用;期末结转后该账户应无余额。"财务费用"账户的明细分类账,应按费用项目设置专栏,进行明细登记。

(二) 成本核算的基本程序

成本核算的基本程序,是指对企业生产经营过程中发生的各项费用,按照成本核算的要求,逐步进行归集和分配,最终计算出各种产品的成本和各项期间费用的基本过程。产品成本核算过程,就是将生产过程中发生的生产费用计入产品成本的过程。

1. 确定成本计算对象,设置生产成本明细账

成本计算对象是生产费用的承担者,即归集和分配生产费用的对象。确定产品成本计算对象是计算产品成本的前提。由于企业的生产特点、管理要求、规模大小、管理水平的不同,企业成本计算对象也不同。企业应根据自身的生产特点和管理要求,选择合适的产品成本计算对象设置生产成本明细账。

2. 对生产费用进行确认和计量

对生产费用进行确认和计量,即对企业的各项支出进行严格的审核和控制,并按照国家有关规定确定其应否计入产品成本和期间费用。

3. 将计入本期产品成本的费用在各种产品之间进行归集和分配

应计入本期产品成本的各项生产费用,还要在各种产品之间分配和归集,按成本项目分别反映,计算出按成本项目反映的各种产品成本,即将应计入本月产品成本的各要素费用在各有关产品之间按照成本项目进行归集和分配。

4. 将计入各种产品成本的费用在本期完工产品和在产品之间进行归集和分配

对既有完工产品又有月末在产品的产品,应将计入各种产品成本的费用,在其完工产品和在产品之间采用适当的方法进行划分,求得完工产品和月末在产品的成本。

月初在产品成本、本月生产费用、本月完工产品成本和月末在产品成本之间关系如下:

$$月初在产品成本 + 本月生产费用 = 本月完工产品成本 + 月末在产品成本$$

月末会出现三种情况,即产品全部完工;产品全部未完工;产品部分完工,部分未完工。

产品成本核算账户之间的对应关系,这种对应关系是以相关的业务发生为主线的,如图 1-1 所示。

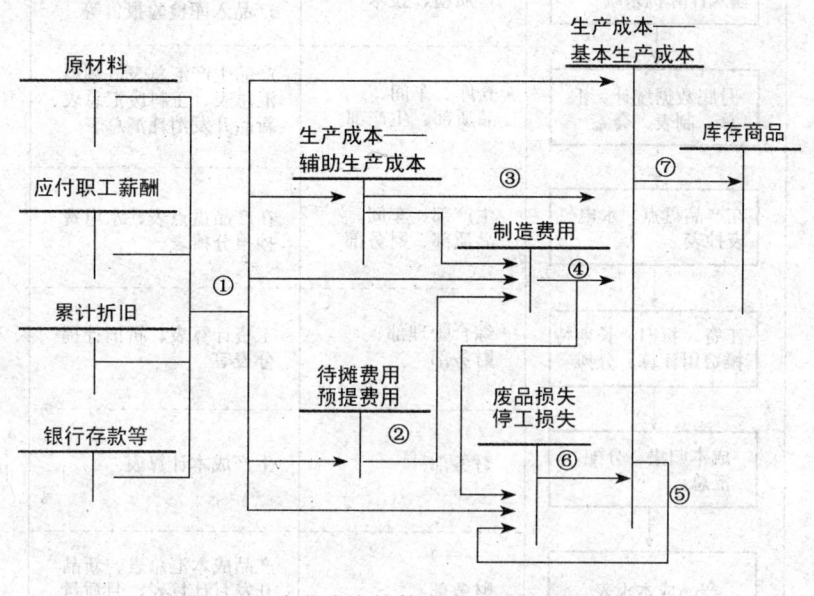

图 1-1 产品成本核算账户之间的对应关系

面对小刘的提问,财务负责人老赵哈哈一笑:"请教谈不上,不过我可以给你大致介绍一下成本核算的基本要求……"

产品成本核算流程,如图 1-2 所示。

如图 1-2 所示,财务部的主要职责分工是收集整理各项报表,参与在产品盘点,复核各项记录报表和单据的正确合规性,复核各项记录汇总表之间关系的合理性,根据产品的工艺和消耗定额对各项费用计算、归集、分配,及时编制产品成本报表、新品开发月结算表和月质量成本报表。

产品成本核算的内容包括费用支出的核算和产品成本的计算。产品成本核算应满足以下要求:

(1)加强对费用的审核和控制,做到算管结合,算为管用。

(2)正确划分各种费用的界限,包括划分应计入产品成本和期间费用与不应计入产品成本和期间费用的界限;各个月份的费用界限;产品成本与期间费用的界限;不同产品成本的界限,以及产品成本与在产品成本的界限。

(3)正确确定财产物资的计价和价值结转方法。

(4)做好各项基础工作,包括定额的制定和修订;材料物资的计量、收发、领退与盘点;原始记录以及厂内计划价格的制定与修订工作等。

(5)适应生产特点和管理要求,采用适当的成本计算方法。

老赵的简单归纳,你能理解吗?

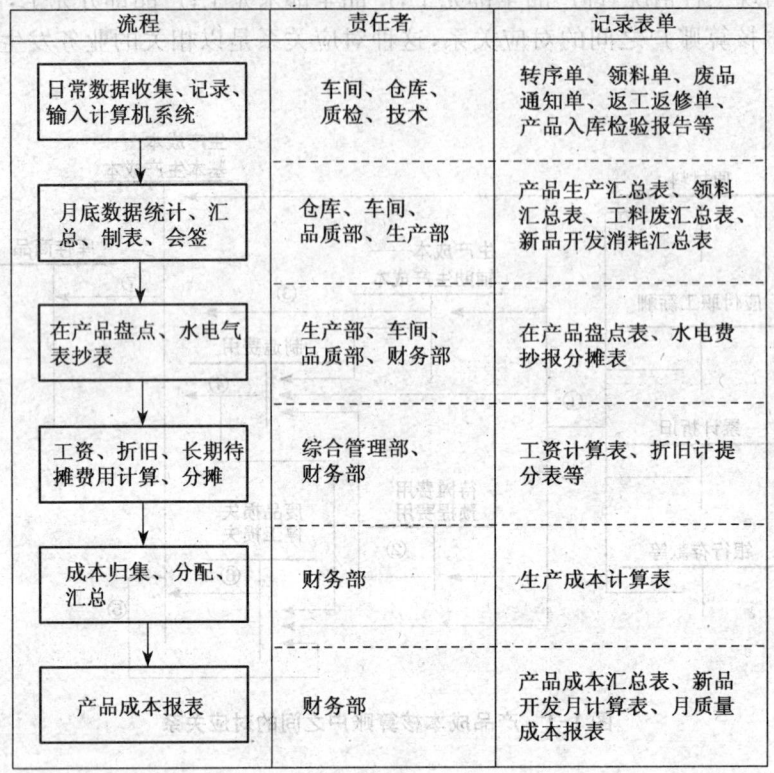

图 1-2 产品成本核算流程

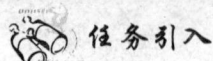 思考与练习

1. 成本核算的基本要求包括哪些？
2. 成本核算的一般程序是什么？

任务 4　企业生产类型与产品成本计算的基本方法

任务引入

名欧手表厂生意逐渐扩大，财务部门也彰显其重要性。这天，几个年轻人又围着老赵"取经"了，"主管，成本核算有好几种方法，可是为什么要根据企业类型来选择呢？为什么不统一成一种方法，这样不是核算起来更加方便吗？"

任务分析

不同部门、行业的企业生产千差万别。就工业企业来说，可以根据生产工艺过程和生产组织的特点，划分为以下类型：按照生产工艺过程的特点，可分为单步骤生产和多步骤生产两种类型;按照生产组织的特点,可分为大量生产、成批生产和单件生产三种类型。要细致了解在我国实际工作中采用的各种成本计算方法,应首先学习以下相关知识。

我们知道,不同的企业,其生产过程有不同的特点,其成本管理的要求也是不一样的,这对成本计算的具体方法带来了很大的影响。也就是说,只有根据企业生产的特点和成本管理的不同要求,选择不同的成本计算方法,才能正确地计算产品成本。

一、生产的主要类型和成本管理要求

不同企业按生产工艺过程和生产组织的不同,可以分为不同的类型。

(一) 按生产工艺过程的特点来分

1. 单步骤生产

单步骤生产又称简单生产,是指生产工艺过程不能间断,不能分散在不同的工作地点进行的生产,即不分阶段,不能间断的生产。例如,发电、采掘、铸造、糖果、罐头食品生产企业等。单步骤生产的生产周期较短,通常没有自制半成品,只能由一个企业独立完成。

2. 多步骤生产

多步骤生产又称复杂生产,是指产品的生产工艺技术过程由简短的若干个生产步骤所组成的生产,即技术上可以间断,由若干步骤组成的生产。多步骤生产的生产周期较长,通常有中间产品,可由一个或多个企业完成。

按照加工方式的不同,分为连续式复杂生产和装配式复杂生产。如果这些步骤按顺序进行,不能并存,不能颠倒,要到最后一个步骤完成后才能生产出产成品,这种生产就称为连续式复杂生产。例如,纺织、冶金、造纸等。如果这些步骤不存在时间上的继起性,可以同时进行,每个步骤生产出不同的零配件,然后再经过组装成为产成品,这种生产就称为装配式复杂生产。例如,汽车、机床、飞机、船舶、钟表、自行车等。

(二) 按生产组织的特点来分

1. 大量生产

大量生产是指连续不断地重复生产同一品种和规格产品的生产。这种生产一般品种比较少,生产比较稳定。例如,发电、采煤、冶金等。大量生产的产品需求一般单一稳定,需求数量大。例如,造纸、糖果、发电等。大量生产品种较少,产量较大,生产稳定,专业化程度高。

2. 成批生产

成批生产是指按照预先确定的产品批别、数量,轮番进行若干种产品的生产。这种生产组织是现代企业生产的主要形式。成批生产品种较多,产量较大,具有间断性与重复性。

按照生产批量的大小可以分为大批生产(大批→大量)和小批生产(小批→单件)。

3. 单件生产

单件生产是指根据各订货单位的要求,生产某种规格、型号、性能等特殊产品的生产。

这种生产组织形式并不多见,主要适用于一些大型而复杂的产品。例如,专用模具、重型设备、造船等。单件生产品种多,每一订单产品数量少,一般不重复生产,专业化程度不高的个别、特殊的商品(很少重复生产同种产品)。

一般情况下,单步骤是大量生产;多步骤连续式是大量大批生产;多步骤装配式是大量生产、成批或单件生产。单步骤大量生产或品种不多的多步骤生产,采用"品种法";多步骤大量大批生产,并要求按照步骤核算的,采用"分步法";多步骤、单件小批生产的,采用"分批法"。

不同的企业,成本管理的要求也不完全一样。例如,有的企业只要求计算产成品的成本,而有的企业不仅要计算产成品的成本,而且还要计算各步骤半成品的成本。有的企业要求按月计算成本,而有的企业可能只要求在一批产品完工后才计算成本等。成本管理要求的不同,也是影响选择成本计算方法的一个因素。

二、生产类型对成本计算的影响

生产类型不同,对成本进行管理的要求也不一样。而生产特点和管理要求又必然对产品成本的计算产生影响,这一影响主要表现在以下方面。

1. 对成本计算对象的影响

受生产类型特点和管理要求的影响,在产品成本计算工作中有三种不同的成本计算对象:以产品品种为成本计算对象;以产品批别为成本计算对象;以产品生产步骤为成本计算对象。

2. 对产品成本计算日期的影响

在不同生产类型中,产品成本计算日期也不同,这主要决定于生产组织的特点。在单件和小批生产中,产品成本有可能在某件或某批产品完工以后计算,因而成本计算是不定期的,而与生产周期相一致。但在大量、大批生产中,由于生产活动连续不断地进行,因而产品成本要定期在每月月末进行,而与生产周期不一致。

3. 对在完工产品与在产品之间分配费用的影响

生产类型的特点,还影响到月末在进行成本计算时,有没有在产品,是否需要在完工产品与在产品之间分配费用的问题。

成本计算方法除了受企业生产类型特点的影响外,还受企业管理要求的影响。例如,企业虽然是多步骤的复杂生产,但管理上不要求分步骤计算产品成本时,企业就可以不采用分步法计算产品成本。

三、产品成本的计算方法

不同的企业,由于生产的工艺过程、生产组织,以及成本管理要求不同,成本计算的方法也不一样。不同成本计算方法的区别主要表现在三个方面:一是成本计算对象不同;二是成本计算期不同;三是生产费用在产成品和半成品之间的分配情况不同。常用的成本计算方法主要有品种法、分批法和分步法。

(一) 品种法

品种法是指以产品的品种作为成本的核算对象,从而归集费用并计算产品生产成本的方法。由于品种法不需要按批计算成本,也不需要按步骤来计算半成品成本,因而,这种成

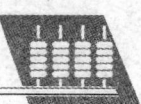

本计算方法比较简单,也是企业产品成本计算最基本的方法。

品种法广泛使用于大量大批单步骤生产,如发电、供水、采掘等。在大量大批多步骤生产下,如果企业或车间的规模较小,且管理上又不要求按照生产步骤计算成本,也可采用品种法计算产品成本。例如,小型水泥厂、造纸厂、砖瓦厂等,虽然是大量大批多步骤生产,但也可以采用品种法计算产品成本。企业的辅助生产单位,如供水车间、供电车间、供气车间等,也可采用品种法计算其产品成本。

品种法的特点表现在以下几方面。

(1) 以产品品种作为成本核算对象,设置成本明细账。在产品品种单一的大量大批单步骤生产企业,由于只生产一种产品,只有一个成本核算对象,生产过程中发生的应计入产品成本的费用都是直接计入,不存在在各成本核算对象之间分配的问题。如果企业生产周期较短,期末在产品没有或极少,也不存在在本期完工产品和期末在产品之间分配费用的问题。如果生产多种产品,则应该按照产品品种分别设置成本明细账,发生的直接费用可以直接记入各种生产成本明细账,间接费用应另行归集,然后采用适当的分配方法在各成本核算对象之间分配,再记入各品种生产成本明细账。

(2) 成本计算定期按月进行。采用品种法计算成本的企业是大量大批生产组织形式,不可能在产品全部完工以后计算成本,成本计算是定期按月进行的,与会计报告期一致,与产品生产周期不一致。

(3) 有期末在产品时,需要在本期完工产品和期末在产品之间分配费用。工业企业的成本计算一般应当按月进行。在月末计算产品成本时,如果没有在产品或者在产品数量很少,则不需要计算月末在产品成本。如果月末有在产品,而且数量比较多,还需要将归集于生产成本明细账的生产费用,采用一定的方法,在本月完工产品与月末在产品之间进行分配,以便计算出本月完工产品的实际总成本和单位成本。

(二) 分批法

分批法又称订单法,是指以产品的批别作为成本核算对象,用于归集费用并计算产品生产成本的方法。

分批法主要适用于单件小批类型的生产,如重型机械、船舶等的生产。分批法的适用范围主要包括:按产品批别组织生产的企业;提供机器设备修理等劳务的企业或生产单位(车间、分厂);从事新产品试制、自制设备、自制工具、自制模具等生产任务的生产单位(车间、分厂)。

分批法的特点表现在以下几方面:

(1) 以产品批别作为成本核算对象。

(2) 成本计算期与生产周期一致。分批法的成本计算期是不固定的,一般把一个生产周期(即从投产到完工的整个时期)作为成本计算期,定期计算产品成本。

(3) 一般不需要在完工产品和在成品之间分配生产费用。由于在未完工时没有产成品,完工后又没有在产品,产成品和在产品不会同时并存,因而也不需要把生产费用在产成品和半成品之间进行分配。

(三) 分步法

分步法是指按产品的生产步骤归集生产费用、计算产品成本的一种方法。采用分步法计算产品成本时,由于不同企业对于生产步骤成本管理有不同要求,产品成本计算的分步法也就分为逐步结转分步法和平行结转分步法两种。

分步法主要适用于大量大批生产组织形式的多步骤生产,包括冶金、纺织、造纸和机械制造等。计算半成品成本的逐步结转分步法,主要适用于半成品可以加工为不同产品或者有半成品对外销售和需要考核半成品成本的企业,特别是大量大批连续式多步骤生产企业。不计算半成品成本的平行结转分步法,主要适用于在成本管理上要求分步骤归集费用,但不要求计算半成品成本的企业,特别是没有半成品对外销售的大量大批装配式多步骤生产的企业。在某些连续式多步骤生产企业,如果各生产步骤所生产半成品仅供本企业下一步骤继续加工,不准备对外出售,也可以采用平行结转分步法。

分步法的特点包括:

(1) 以产品的品种及所经生产步骤作为成本核算对象。

(2) 成本计算定期按月进行,与产品生产周期不一致。

(3) 通常需要在本月完工产品与月末在产品之间分配生产费用。

平行结转分步法与逐步结转分步法的区别表现为:成本管理的要求不同;产品成本的计算方式不同;产品的含义不同。

分步法由于生产的数量大,在某一时间上往往既有已完工的产成品,又有未完工的在产品和半成品,不可能等全部产品完工后再计算成本。因而分步法一般是按月定期计算成本,并且要把生产费用在产成品和半成品之间进行分配。

表 1-1　　成本计算的基本方法

计算方法	计算对象	成本计算期	月末在产计算	适用范围	
				生产特点	管理要求
品种法	产品品种	月计算 与报告期一致	单步骤不计算 多步骤需计算	大量大批大 步骤多步骤	管理上不要求 分步计算成本
分批法	批别订单	不定期 与生产周期一致	一般不计算	单件小批	管理上不要求 分步计算成本
分步法	品种步骤	月计算 与报告期一致	需计算	大量大批 多步骤	管理上要求 分步计算成本

任务实施

面对大家的提问,老赵侃侃而谈:"其实我和你们一样,都不能只停步于眼前的工作,应该利用业余时间多充电,掌握不同类型的企业应采用各种成本计算方法,做到多才……"

一、生产特点和管理要求对产品成本计算的影响

(一) 生产特点对产品成本计算的影响

工业企业生产特点是指产品生产工艺过程的特点和生产组织的特点。

按生产工艺过程的特点,工业企业的生产可分为单步骤生产和多步骤生产两种。多步骤生产按其产品的加工方式不同,又可分为连续加工式生产和装配式生产。

按生产组织的特点,工业企业生产可分为大量生产、成批生产和单件生产三种。

将上述生产工艺过程的特点和生产组织的特点相结合,可形成不同的生产类型。单步骤生产和多步骤连续加工式生产,一般是大量大批生产,可分别称为大量大批单步骤生产和大量大批连续式多步骤生产。多步骤平行式加工生产,可以是大量生产,也可以是成批生产,还可以是单件生产,前一种可称为大量大批平行式加工多步骤生产,后两种可统称为单件小批平行式加工多步骤生产。以上四种生产类型是就整个企业而言的,主要是基本生产车间的特点及类型。

构成产品成本计算方法的主要因素有:成本计算对象、成本计算期及生产费用在完工产品与在产品之间的分配。生产特点对这三方面因素都有影响。

1. 对成本计算对象的影响

从生产工艺过程特点看:

(1) 单步骤生产由于工艺过程不能间断,必须以产品为成本计算对象,按产品品种分别计算成本。

(2) 多步骤连续加工式生产,需要以步骤为成本计算对象,既按步骤又按品种计算各步骤半成品成本和产品成本。

(3) 多步骤平行式加工生产,不需要按步骤计算半成品成本,而以产品品种为成本计算对象。

从产品生产组织特点看:

(1) 在大量生产情况下,只能按产品品种为成本计算对象计算产品成本。

(2) 大批生产,不能按产品批别计算成本,而只能按产品品种为成本计算对象计算产品成本。

(3) 如果大批生产的零件、部件,可按产品批别投产,也可按批别或件别为成本计算对象计算产品成本。

(4) 小批、单件生产,由于产品批量小,一批产品一般可以同时完工,可按产品批别为成本计算对象计算产品成本。

2. 对成本计算期的影响

在大量、大批生产中,由于生产连续不断地进行,每月都有完工产品,因而产品成本计算要定期在每月月末进行,与生产周期不一致。在小批、单件生产中,产品成本只能在某批、某件产品完工以后计算,因而成本计算是不定期进行的,但与生产周期一致。

3. 对完工产品与在产品之间费用分配的影响

在单步骤生产中,生产费用不必在完工产品与在产品之间进行分配。

在多步骤生产中,是否需要在完工产品与在产品之间分配费用,很大程度上取决于生产组织的特点。在大量、大批生产中,由于生产不间断进行,而且经常有在产品,因而在计算成本时,就需要采用适当的方法,将生产费用在完工产品与在产品之间进行分配。

在小批、单件生产中,如果成本计算期与生产周期一致,在每批、每件产品完工前,产品成本明细账中所登记的生产费用就是月末在产品的成本;完工后,所登记的费用就是完工产品的成本,因而不存在完工产品与在产品之间分配费用的问题。

上述三方面是相互联系、相互影响的,其中生产类型对成本计算对象的影响是主要的。不同的成本计算对象决定了不同的成本计算期和生产费用在完工产品与在产品之间的分配。因此，成本计算对象的确定，是正确计算产品成本的前提，也是区别各种成本计算方法的主要标志。具体来说包括以下三种：以产品品种为成本计算对象；以产品批别为成本计算对象；以产品生产步骤为成本计算对象。

(二) 管理要求对产品成本计算的影响

管理要求对成本计算方法的影响主要有以下几方面：

(1) 单步骤生产或管理上不要求分步骤计算成本的多步骤生产，以品种或批别为成本计算对象，采用品种法或分批法。

(2) 管理上要求分步骤计算成本的多步骤生产，以生产步骤为成本计算对象，采用分步法。

(3) 在产品品种、规格繁多的企业，管理上要求尽快提供成本资料，简化成本计算工作，可采用分类法计算产品成本。

(4) 在定额管理基础较好的企业，为加强定额管理工作，可采用定额法。

二、产品成本计算的主要方法

(一) 产品成本计算的基本方法

为了适应各类型生产的特点和不同的管理要求，在产品成本计算工作中存在着三种不同的成本计算对象，从而有三种不同的成本计算方法。

(1) 以产品品种为成本计算对象的产品成本计算方法，称为品种法。

(2) 以产品批别为成本计算对象的产品成本计算方法，称为分批法。

(3) 以产品生产步骤为成本计算对象的产品成本计算方法，称为分步法。

受企业生产类型特点和管理要求的影响，将产品成本计算对象分为分品种、分批和分步骤三种，所以上述以不同成本计算对象为主要标志的三种成本计算方法是产品成本计算的基本方法，属计算产品实际成本必不可少的方法。

品种法是成本计算基本方法中最基本的一种方法。

(二) 产品成本计算的辅助方法

在产品品种、规格繁多的工业企业，为了简化成本计算工作，还应用着一种简便的成本计算方法——分类法。

在定额管理基础较好的工业企业，还应用着一种将符合定额的生产费用和脱离定额差异分别核算，保证成本计划、定额的完成的一种产品成本计算方法——定额法。

产品成本计算的辅助方法，一般应与基本方法结合起来使用，而不能单独使用。

老赵的详细解析，你能理解吗？

思考与练习

思考题

1. 不同企业按生产工艺过程和生产组织的不同，可以分为哪些类型？
2. 产品成本的计算方法都有哪些？区别是什么？

实训题

一、单项选择题

1. 构成商品的理论成本包括(　　)。
   A. 已耗费的生产成本资料转移的价值
   B. 劳动者为自己劳动所创造的价值
   C. 劳动者为社会劳动所创造的价值
   D. 已耗尽的生产资料转移的价值和劳动者为自己劳动所创造的价值

2. 成本的经济实质是(　　)。
   A. 生产经营过程中所耗尽生产资料转移价值的货币表现
   B. 劳动者为自己劳动所创造价值的货币表现
   C. 劳动者为社会劳动所创造价值的货币表现
   D. 企业在生产经营过程中所耗尽的资金的总和

3. 成本会计的对象是(　　)。
   A. 各项期间费用的支出及归集过程
   B. 产品生产成本的形成过程
   C. 诸会计要素的增减变动
   D. 企业生产经营过程中各种费用的支出,以及产品生产成本和期间费用的形成

4. 成本会计的首要职能是(　　)的职能。
   A. 反映　　　　B. 反映和监督　　　　C. 监督　　　　D. 计划和考核

5. 成本会计的监督是(　　)。
   A. 包括事前、事中和事后的监督　　　　B. 包括事前和事后的监督
   C. 是事后的监督　　　　D. 是事前的监督

6. 成本会计最基本的任务和中心环节是(　　)。
   A. 进行成本预测,编制成本计划
   B. 审核和控制各项费用的支出
   C. 进行成本核算,提供实际成本的核算资料
   D. 参与企业的生产经营决策

7. 正确计算产品成本,应该做好的基础工作是(　　)。
   A. 正确划分各种费用界限　　　　B. 确定成本计算对象
   C. 建立和健全原始记录工作　　　　D. 各种费用的分配

8. 下列各项中,属于产品成本项目的是(　　)。
   A. 外购燃料和动力　　　　B. 提取的折旧基金
   C. 工资和福利费　　　　D. 期间费用

9. 下列各项中,不能计入产品成本的费用是(　　)。
   A. 燃料和动力　　　　B. 生产工人工资及福利费
   C. 车间、分厂管理人员工资及福利费　　　　D. 期间费用

10. 下列各项中,计入产品成本的费用是(　　)。
    A. 管理费用

B. 财务费用
C. 销售费用
D. 直接用于产品生产的燃料和动力费用

11. 下列各项中,应计入产品成本的费用是（   ）。
    A. 分厂、车间机器设备的修理费
    B. 企业行政管理部门设备的折旧费
    C. 工会经费和公司经费
    D. 离退休职工的退休金

12. 下列各项中,不应计入产品成本的费用是（   ）。
    A. 直接用于产品生产构成产品实体的原材料
    B. 生产过程中发生的废品损失
    C. 生产车间固定资产的折旧费和修理费
    D. 专设销售机构人员的工资及福利费

13. 下列各项中,不应计入产品成本的费用是（   ）。
    A. 职工教育经费
    B. 生产工人工资及福利费
    C. 制造费用
    D. 生产车间的劳动保护费

14. "生产成本"科目核算的内容是（   ）。
    A. 销售产品发生的广告费
    B. 工业产品、自制材料、自制工具等发生的各项费用
    C. 按规定支付的房产税、印花税等
    D. 企业的产品参加展销活动支付的费用

15. 不属于"生产成本"科目核算的内容是（   ）。
    A. 生产经营期间发生的汇兑损失
    B. 生产工人工资及福利费
    C. 直接用于产品生产的燃料和动力费用
    D. 企业生产单位（分厂、车间）发生的管理费用

16. 下列各项中,属于工业企业费用要素的是（   ）。
    A. 废品损失
    B. 直接材料
    C. 直接人工
    D. 外购动力

17. 下列各项中,不属于工业企业成本项目的是（   ）。
    A. 燃料及动力
    B. 直接人工
    C. 制造费用
    D. 折旧费

18. 生产经营费用按费用的（   ）分类形成要素费用。
    A. 经济内容
    B. 经济性质
    C. 经济用途
    D. 经济作用

19. 下列各项中,不能计入产品成本的费用是（   ）。
    A. 企业管理人员的工资及福利费
    B. 企业支付的动力费用
    C. 生产工人的工资及福利费
    D. 车间管理人员工资及福利费

20. 在收入既定的情况下,企业产品销售利润多少,主要取决于（   ）的高低。
    A. 成本
    B. 价格
    C. 税金
    D. 管理费用

二、多项选择题

1. 成本的主要作用包括（　　）。
   A. 补偿生产耗费的尺度
   B. 综合反映企业工作质量的重要指标
   C. 企业对外报告的主要内容
   D. 制定产品价格的重要因素和进行生产经营决策的重要依据

2. 成本会计的反映职能包括（　　）。
   A. 提供反映成本现状的核算资料的功能
   B. 提供有关预测未来经济活动的成本信息资料的功能
   C. 控制有关经济活动的功能
   D. 考核有关经济活动的功能

3. 成本会计的任务包括（　　）。
   A. 成本的预测和计划
   B. 成本核算和控制
   C. 成本考核和分析
   D. 参与生产经营决策

4. 一般来说，企业应根据（　　）来组织成本会计工作。
   A. 本单位生产经营的特点
   B. 对外报告的需要
   C. 本单位生产规模的大小
   D. 本单位成本管理的要求

5. 为了正确计算产品成本，应该做好的基础工作有（　　）。
   A. 正确选择各种分配方法
   B. 定额的制定和修订
   C. 建立和健全原始记录
   D. 制定和修订厂内计划价格

6. 下列各项中，不属于生产费用要素的有（　　）。
   A. 外购材料
   B. 提取的应付福利费
   C. 工资和福利费
   D. 制造费用

7. 下列各项中，属于产品成本项目的有（　　）。
   A. 外购材料
   B. 废品损失
   C. 制造费用
   D. 管理费用

8. 生产费用要素中的外购材料费用，包括为进行生产耗用的一切从外部购进的（　　）。
   A. 原料及主要材料
   B. 辅助材料
   C. 产成品
   D. 燃料

9. 要素费用中的外购材料费用，可能计入（　　）成本项目。
   A. 原材料
   B. 工资和福利费
   C. 废品损失
   D. 制造费用

10. 使当期生产费用与当期完工产品不一致的原因有（　　）。
    A. 存在期初在产品
    B. 存在月末在产品
    C. 既有期初在产品又有月末在产品
    D. 都没有在产品

11. 下列各项中，属于生产费用要素的工资有（　　）。
    A. 工人工资
    B. 车间管理人员工资
    C. 技术人员工资
    D. 学徒工资

12. 制造费用（　　）。

A. 可能是间接计入费用
B. 可能是直接计入费用
C. 一定是间接计入费用
D. 一定是直接计入费用
E. 既有直接计入费用，又有间接计入费用

13. 生产费用要素中的税金包括( )。
    A. 房产税
    B. 车船税
    C. 印花税
    D. 土地使用税
    E. 增值税

14. 选择完工产品与在产品之间费用分配方法时，应考虑的条件有( )。
    A. 定额管理基础的好坏
    B. 各月在产品数量变化的大小
    C. 在产品数量的多少
    D. 原材料是否一次性投入
    E. 各项费用比重的大小

15. 工业企业确定产品成本计算方法时，要考虑的因素有( )。
    A. 生产组织
    B. 生产特点
    C. 工艺过程
    D. 管理要求
    E. 成本核算要求

16. 制造企业一般设置的三项产品成本项目有( )。
    A. 直接材料
    B. 直接人工
    C. 燃料及动力
    D. 制造费用

17. 下列各项中，构成理论成本的有( )。
    A. 生产中耗费的生产资料价值
    B. 劳动者为自己劳动创造的价值
    C. 劳动者为社会劳动创造的价值
    D. 企业交纳的税金

18. 根据成本核算要求，正确核算成本必须做好的基础工作包括( )。
    A. 建立和健全定额管理制度
    B. 建立和健全物资的计量验收制度
    C. 建立和健全原始记录制度
    D. 建立和健全合理分配制度

19. 月初在产品成本、本月生产费用、本月完工产品成本和月末在产品成本四者之间的关系有( )。
    A. 月初在产品成本＋本月生产费用＝本月完工产品成本＋月末在产品成本
    B. 月初在产品成本＋月末在产品成本＝本月完工产品成本＋本月生产费用
    C. 月初在产品成本＝本月生产费用＋本月完工产品成本－月末在产品成本
    D. 本月完工产品成本＝本月生产费用＋月初在产品成本－月末在产品成本

20. 下列各项中，属于生产费用要素的有( )。
    A. 外购燃料
    B. 外购动力
    C. 折旧费
    D. 制造费用

三、判断题

1. 成本的经济实质，是生产经营过程中所耗费生产资料转移价值的货币表现。( )
2. 在实际工作中，确定成本的开支范围应用以成本的经济实质为理论依据。( )

3. 概括地讲,成本会计的对象就是产品生产成本的形成过程。　　　　　　(　)
4. 成本会计的监督,包括事前、事中和事后的监督。　　　　　　　　　　(　)
5. 成本预测和计划是成本会计最基本的任务。　　　　　　　　　　　　　(　)
6. 为了正确地计算产品成本,应该,也可能绝对正确地划分各个会计期间的费用界限。
　　　　　　　　　　　　　　　　　　　　　　　　　　　　　　　　　(　)
7. 为了正确地计算产品成本,应该正确地划分各种产品成本的费用界限。　(　)
8. 企业生产经营活动的原始记录,是进行成本预测、编制成本计划、进行成本核算的依据。
　　　　　　　　　　　　　　　　　　　　　　　　　　　　　　　　　(　)
9. 工资和福利费用是产品成本项目。　　　　　　　　　　　　　　　　　(　)
10. 企业借款的利息支出,应该计入产品的生产成本,因为利息支出是产品成本项目。
　　　　　　　　　　　　　　　　　　　　　　　　　　　　　　　　　(　)
11. 期间费用包括管理费用、财务费用和制造费用。　　　　　　　　　　　(　)
12. 按照生产费用计入产品成本的方法分类,可分为直接费用和一般费用。　(　)
13. 企业某一会计期间实际发生的费用总和,一定等于该会计期间产品成本的总和。
　　　　　　　　　　　　　　　　　　　　　　　　　　　　　　　　　(　)
14. 企业根据实际需要,"生产成本"科目可以分设为"基本生产"和"辅助生产"两个科目。
　　　　　　　　　　　　　　　　　　　　　　　　　　　　　　　　　(　)
15. 制造费用属于间接费用,与产品生产无直接联系,不计入产品成本,可直接计入当期损益。　　　　　　　　　　　　　　　　　　　　　　　　　　　　　　(　)
16. 每个企业或车间在计算产品成本时,都应根据生产特点和管理要求来确定适宜的成本计算方法。　　　　　　　　　　　　　　　　　　　　　　　　　　　　(　)
17. 成本计算对象是区分产品成本计算方法的主要标志。　　　　　　　　　(　)
18. 在多步骤生产中,为了加强各生产步骤的成本管理,都应当按照生产步骤计算产品成本。　　　　　　　　　　　　　　　　　　　　　　　　　　　　　　　(　)
19. 品种法、分步法和分类法是产品成本计算的三种基本方法。　　　　　　(　)
20. 单步骤生产由于工艺过程不能间断,因而只能按照产品的品种计算成本。(　)

模块二　成本会计的基本技能

任务1　分配要素费用

任务引入

20××年7月,张言从某大学会计专业毕业,应聘到宏运设备制造公司从事会计工作。20××年8月,该企业财务部门让他从事成本会计岗位的工作,为其提供了该企业8月份发生的各项费用的原始凭证,具体资料如下所述。

一、材料费用消耗情况

(1) 该企业为生产A、B两种产品共同耗用甲材料12 500千克,单价8元,共计100 000元。两种产品的投产量分别为200件和400件。两种产品所耗甲材料单耗定额分别为40千克和30千克。共同耗用甲材料费用情况,如表2-1所示。

表2-1　　　　　　　　共同耗用甲材料费用情况

材料名称:甲材料　　　　　　　20××年8月

产品名称	单位	投入产量	单位产品消耗定额(千克)	定额耗用量
A产品	件	200	40	8 000
B产品	件	400	30	12 000
合计		600		20 000

(2) 该企业除上述A、B两种产品共同耗用甲材料100 000元外,A产品单独耗用甲材料160 000元,B产品单独耗用甲材料40 000元,基本生产车间领用机物料2 500元,机修车间领用备件3 000元,企管部门领用甲材料1 500元。

要求:(1) 分析该企业目前采用的材料费用的分配方法是否合理。

(2) 根据资料编制材料费用分配汇总表。

(3) 填制记账凭证。

二、外购动力费用消耗情况

20××年8月,该企业耗用电力200 000度,单价0.5元,共计100 000元。其中,基本生产车间用电150 000度,管理部门用电6 000度,机修车间用电30 000度,管理部门用电6 400度,厂部管理用电7 600度。据统计,基本生产车间为生产A、B两种产品分别耗用10 000工时和20 000工时。

要求：(1) 在 A、B 两种产品之间分配基本生产车间耗用电费。
　　　(2) 填制记账凭证。

三、职工薪酬耗费情况

20××年 8 月，支付职工工资 112 000 元。其中，基本生产车间生产工人工资 90 000 元，车间管理人员工资 4 000 元，机修车间生产工人工资 12 000 元，厂部管理人员工资 6 000 元（A、B 两种产品生产工时分别为 10 000 小时、20 000 小时）。

要求：(1) 在 A、B 两种产品之间分配共同耗用的工资费用。
　　　(2) 填制记账凭证。

四、折旧费用情况

该企业 20××年 8 月的固定资产折旧计算分配表，如表 2-2 所示。

表 2-2　　　　　　　　　　　固定资产折旧计算分配表

固定资产使用车间、部门	应计提折旧固定资产总值	月折旧率(%)	月折旧额
基本生产车间	2 500 000	0.4	10 000
机修车间	1 000 000	0.3	3 000
企业管理部门	1 000 000	0.2	2 000
合　计	4 500 000		15 000

要求：填制记账凭证。

五、其他费用消耗情况

20××年 8 月，该企业以银行存款支付办公费用 4 000 元，其中，基本生产车间 940 元，辅助生产车间 520 元，厂部 2 540 元。

要求：填制记账凭证。

成本核算岗位核算的内容是对产品在生产过程中发生的各项耗费进行正确的归集与分配，通过一定的方法最终核算出完工产品的成本，其中要素费用的核算是成本核算过程中最重要的环节，要正确核算要素费用，应首先学习以下相关知识。

一、要素费用核算概述

（一）主要内容及需要设置的账户

1. 要素费用主要内容

要素费用是对企业生产经营过程中所发生的各种耗费按经济内容进行的分类，是企业最初始的支出，主要包括材料费用、燃料费用、外购动力费用、薪酬耗费、固定资产折旧费用、税金及利息支出等费用。

要素费用的核算,就是对企业在生产经营管理过程中发生的各项要素费用进行审核、控制并加以归集,然后按谁受益谁负担的原则在有关产品和部门之间进行分配的过程。要素费用的核算是计算各种产品成本和各项期间费用的基础,是整个成本核算工作的第一步,要素费用核算的正确与否,直接影响着整个成本核算结果的真实性和可靠性,是成本核算重要的内容。

2. 要素费用核算需要设置的账户

制造业按照成本核算的一般程序归集与分配相关费用,应设置"基本生产成本""辅助生产成本""制造费用"等账户,并设置相应的明细账,明细账中按成本或费用项目设专栏登记。

(二) 要素费用的归集与分配原则

企业发生的要素费用,视不同情况作不同的归集、分配。

(1) 凡是直接用于产品生产,专门设有成本项目,并能辨认为哪种产品所耗用的费用,直接记入"基本生产成本"账户中。

(2) 凡是直接用于辅助生产,专门设有成本项目,并能辨认哪种辅助产品或劳务耗用的费用,需要记入"辅助生产成本"账户中。

(3) 凡是直接用于产品生产,但没有专设成本项目,或是间接用于产品生产的费用,都先记入"制造费用"总账及其所属明细账;月末将"制造费用"通过一定程序、方法分配转入"基本生产成本"账户。

(4) 凡是用于行政部门管理和组织生产经营、筹集资金及销售所耗用的要素费用,不需分配计入产品成本,而是作为期间费用,即管理费用、财务费用、销售费用,直接计入当期损益。

(5) 用于固定资产建设而耗用的要素费用,属于非生产经营管理费用的,应记入"在建工程"账户中。

在实际工作中,各项要素费用的分配,都需编制相应的费用分配表,分配表中应列示费用的分配去向及金额,根据费用分配表编制会计分录,并据以登记各种成本、费用总账及明细账。

二、材料费用的归集与分配

产品成本中的材料费用是指产品生产工艺中直接消耗的原料及主要材料、辅助材料、外购半成品、燃料、修理用备件、周转材料(包括包装物、低值易耗品等)等。材料费用是产品生产过程中必不可少的要素费用,而且所占产品成本比重较大,因此,材料费用的核算尤为重要。

1. 原料及主要材料

原料及主要材料是指经过加工后能够构成产品主要实体的各种原料和材料。

2. 辅助材料

辅助材料是指用于生产,有助于产品形成或便于生产进行,但不构成产品主要实体部分的材料,如维护机器用的机油、生产加工的催化剂等。

3. 外购半成品

外购半成品是指从外部购入需要本企业进一步加工或装配,并经过外单位加工过的原材料。

4. 燃料

按其在生产中的作用归类,燃料也应属于辅助材料,但由于现代生产中燃料消耗较大,作用显著,为了方便核算,所以将其单列。

5. 修理用备件

修理用备件是指为修理企业机器设备和运输工具而专门持有的各种备件,如齿轮和轴承等。

6. 周转材料

周转材料是指企业能够多次使用、逐渐转移其价值,但仍保持原有形态不确认为固定资产的材料,如包装物和低值易耗品。

（一）原材料费用的归集与分配

在会计核算上,原料及主要材料、辅助材料、修理用备件配件等耗费均反映在"原材料"账户上。在生产经营中发生的这些费用,按其不同的经济用途归集。

1. 原材料费用的归集

材料费用的归集就是按材料品种和规格计算确定本期耗用的材料总成本,进行材料发出的核算。正确计算各种材料的发出数量及发出材料的单位成本是保证材料费用归集顺利进行的基础。

本期各种材料的发出数量应根据各部门的领料单、领料登记表等发料凭证和退料单等退料凭证进行汇总计算。成本核算部门应该对发料凭证所列材料的种类、数量和用途等进行审核,检查所领材料的种类、用途是否符合规定,只有经过审核、签章的发料凭证才能据以发料,并据以计算本期发出材料的成本,归集材料费用。

在实际工作中,材料的日常收发有按实际成本计价和按计划成本计价两种核算方式,因此,各期发出材料成本的归集核算分如下两种情况。

1) 按实际成本计价材料发出的核算

在按实际成本计价的情况下,企业应设立"原材料""在途物资"等总账账户进行总账核算,并按材料的类别、品种设置材料明细账,账内按数量金额反映材料的收发结存情况。材料明细账中收入材料的金额,应根据按实际成本计价的收料凭证进行登记;明细账中发出材料的金额,应按照先进先出法、个别计价法、加权平均法或移动平均法等方法计算出材料的实际单位成本,再进一步对发出材料进行计价。企业可以根据具体情况选择材料发出的计价方法,但方法一经确定不得随意变更,如有变更,应在会计报表附注中说明变更的理由及影响数额,以保持前后各期一致。成本核算岗位人员应根据收料凭证和发料凭证定期汇总编制收料凭证汇总表和发料凭证汇总表,并据以登记"原材料"总账账户。

【例 2-1】 宏运公司原材料按实际成本计价核算,用先进先出法计算发出材料的实际成本,20××年6月发料凭证汇总表,如表 2-3 所示。

表 2-3　　　　　　　　　　　　发料凭证汇总表

宏运公司　　　　　　　　　　20××年6月　　　　　　　　　　单位:元

应 借 科 目		应 贷 科 目		
		甲材料	乙材料	合计
基本生产成本	A产品	21 544	16 592	38 136
	B产品	10 312	17 480	27 792

(续表)

应 借 科 目		应 贷 科 目		
		甲材料	乙材料	合计
辅助生产成本	机修	3 502		3 502
	供水	970	1 190	2 160
制造费用	一车间	1 278		1 278
销售费用		500		500
管理费用		860		860
合　　　计		38 966	35 262	74 228

根据发料凭证汇总表,编制会计分录如下:

借:基本生产成本——A产品　　　　　　　　　　　　　　　38 136
　　　　　　　——B产品　　　　　　　　　　　　　　　27 792
　　辅助生产成本——机修车间　　　　　　　　　　　　　3 502
　　　　　　　——供水车间　　　　　　　　　　　　　2 160
　　制造费用——一车间　　　　　　　　　　　　　　　　1 278
　　销售费用　　　　　　　　　　　　　　　　　　　　　500
　　管理费用　　　　　　　　　　　　　　　　　　　　　860
　贷:原材料——甲材料　　　　　　　　　　　　　　　　38 966
　　　　　　——乙材料　　　　　　　　　　　　　　　35 262

2) 按计划成本计价材料发出的核算

在按计划成本计价的情况下,材料收发凭证都按材料的计划单位成本计价,材料明细账中收发材料的金额都应按计划成本登记。为了反映成本费用的实际数额,应及时计算原材料实际成本与计划成本的差异。月末,根据计算求得的材料成本差异,将发出材料的计划成本调整为实际成本。因此,企业除了应设置"原材料""材料采购"总账账户外,还应设置"材料成本差异"总账账户,并应按材料的类别设置材料采购明细账和材料成本差异明细账,分别核算原材料的计划成本、实际成本和计划成本与实际成本的差异。

本期材料成本差异率的计算公式如下:

$$\text{本期材料成本差异率} = \frac{\text{期初结存材料的成本差异} + \text{本月验收入库材料的成本差异}}{\text{期初结存材料的计划成本} + \text{本月验收入库材料计划成本}} \times 100\%$$

根据本期材料成本差异率和发出材料的计划成本,可计算出发出材料的成本差异和实际成本。

发出材料应负担的成本差异 = 发出材料计划成本 × 材料成本差异率

发出材料实际成本 = 发出材料计划成本 ± 发出材料应负担的成本差异

上列公式中的材料成本差异,如为超支差异,按正数计算;如为节约差异,按负数计算。为了汇总反映发出材料的计划成本和成本差异,发料凭证汇总表中的材料成本应按计划成本和成本差异分列,如表2-4所示。

【例 2-2】 假定宏运公司原材料按计划成本计价,材料成本差异率为1%,本月发料凭证汇总表,如表 2-4 所示。

表 2-4 发料凭证汇总表

宏运公司　　　　　　　　　　　　　20××年6月　　　　　　　　　　　　　单位:元

应借科目		应贷科目:原材料		
		计划成本	成本差异	合计
基本生产成本	A产品	27 000	270	27 270
	B产品	12 800	128	12 928
辅助生产成本	机修	10 000	100	10 100
	供水	950	9.5	959.5
制造费用	一车间	3 000	30	3 030
销售费用		15 000	150	15 150
管理费用		5 000	50	5 050
合　计		73 750	737.5	74 487.5

根据发料凭证汇总表,编制会计分录如下:

借:基本生产成本——A产品　　　　　　　　　　　　　　　　　　　　27 000
　　　　　　　——B产品　　　　　　　　　　　　　　　　　　　　12 800
　辅助生产成本——机修车间　　　　　　　　　　　　　　　　　　　10 000
　　　　　　　——供水车间　　　　　　　　　　　　　　　　　　　　950
　制造费用——一车间　　　　　　　　　　　　　　　　　　　　　　3 000
　销售费用　　　　　　　　　　　　　　　　　　　　　　　　　　　15 000
　管理费用　　　　　　　　　　　　　　　　　　　　　　　　　　　5 000
　贷:原材料　　　　　　　　　　　　　　　　　　　　　　　　　　　73 750

借:基本生产成本——A产品　　　　　　　　　　　　　　　　　　　　270.0
　　　　　　　——B产品　　　　　　　　　　　　　　　　　　　　　128.0
　辅助生产成本——机修车间　　　　　　　　　　　　　　　　　　　　100.0
　　　　　　　——供水车间　　　　　　　　　　　　　　　　　　　　　9.5
　制造费用——一车间　　　　　　　　　　　　　　　　　　　　　　　30.0
　销售费用　　　　　　　　　　　　　　　　　　　　　　　　　　　　150.0
　管理费用　　　　　　　　　　　　　　　　　　　　　　　　　　　　50.0
　贷:材料成本差异　　　　　　　　　　　　　　　　　　　　　　　　737.5

2. 原材料费用的分配

企业生产经营过程中耗用的所有材料,不论是自制材料,还是外购材料,都应根据审核无误的领、退料凭证,按材料的具体用途进行分配:生产产品直接耗用的材料,计入产品生产成本;辅助生产车间耗用的材料,计入辅助生产成本;生产车间一般消耗的材料,计入制造费用;管理部门消耗的材料,计入管理费用;专设销售机构消耗的材料,计入销售费用。

计入产品成本中的原材料费用,企业在使用时通常是按产品分别领用的,属于直接计入费用,应根据领料凭证直接记入各种产品的"基本生产成本"明细账中"直接材料"成本项目中。但有时一批材料为几种产品共同耗用,属于间接计入费用,则要采取适当的方法,将原材料费用在各种产品之间进行分配,分配后记入各种产品的"基本生产成本"明细账。

几种产品共同耗用原材料耗费常用的分配方法有以下几种。

1) 按原材料消耗定额分配

原材料消耗定额制定比较准确的企业,可采用此类标准分配材料费用,具体分为以下两种方法:

(1) 定额消耗量比例分配法。其计算公式如下:

某种产品原材料定额消耗量 = 该种产品实际产量 × 单位产品原材料消耗定额

$$原材料消耗量分配率 = \frac{原材料实际消耗量}{各种产品原材料定额消耗量之和}$$

某种产品应负担的原材料数量 = 该种产品的原材料定额消耗量 × 原材料消耗量分配率

某种产品应负担的原材料费用 = 该种产品应负担的原材料数量 × 原材料单价

【例 2-3】 假设宏运公司生产甲、乙两种产品,共同耗用原材料 9 000 千克,每千克 10 元,共计 90 000 元。生产甲产品 1 000 件,单件甲产品原材料消耗定额为 6 千克;生产乙产品 500 件,单件乙产品原材料消耗定额为 3 千克。

原材料费用分配计算如下:

① 计算甲产品原材料定额消耗量 = 1 000 × 6 = 6 000(千克)
   计算乙产品原材料定额消耗量 = 500 × 3 = 1 500(千克)
② 计算原材料消耗量分配率 = 9 000 ÷ (6 000 + 1 500) = 1.2(倍)
③ 计算甲产品应负担的原材料数量 = 6 000 × 1.2 = 7 200(千克)
   计算乙产品应负担的原材料数量 = 1 500 × 1.2 = 1 800(千克)
④ 计算甲产品应负担的原材料费用 = 7 200 × 10 = 72 000(元)
   计算乙产品应负担的原材料费用 = 1 800 × 10 = 18 000(元)

按此方法分配材料费用,可以同时考核产品各种材料消耗定额的执行情况,有利于进行材料消耗的数量管理,但这种方法只适用于各种产品共同耗用材料种类较少的情况。否则,按材料种类分别进行材料费用的分配,工作量过大。

(2) 定额费用比例分配法。其计算公式如下:

某种产品原材料定额费用 = 该种产品实际产量 × 单位产品该种原材料定额费用

$$原材料费用分配率 = \frac{各种产品原材料实际费用总额}{各种产品原材料定额费用之和}$$

某种产品应负担的原材料费用 = 该种产品原材料定额费用 × 原材料费用分配率

【例 2-4】 假设宏运公司生产甲、乙两种产品,共同领用 A、B 两种主要材料,共计 115 500 元。本月投产甲产品 400 件,乙产品 500 件。甲产品材料消耗定额:A 材料 10 千克,B 材料 8 千克;乙产品材料消耗定额:A 材料 5 千克,B 材料 6 千克。A 材料单价 6 元,B 材料单价 15 元。计算分配如下:

甲产品: A 材料定额费用 = 400 × 10 × 6 = 24 000(元)
        B 材料定额费用 = 400 × 8 × 15 = 48 000(元)

甲产品材料定额费用合计　　　　　　　　　　　　　　　72 000(元)

乙产品：　　　　　A 材料定额费用 = 500×5×6 = 15 000(元)

　　　　　　　　　B 材料定额费用 = 500×6×15 = 45 000(元)

乙产品材料定额费用合计　　　　　　　　　　　　　　　60 000(元)

原材料费用分配率 = 115 500÷(72 000+60 000) = 0.875(倍)

甲产品应负担的原材料费用 = 72 000×0.875 = 63 000(元)

乙产品应负担的原材料费用 = 60 000×0.875 = 52 500(元)

在各种产品共同耗用原材料的种类较多的情况下，采用此法分配材料费用可简化分配计算工作，但不能同时考核材料消耗定额的执行情况。

2) 按生产成果标准分配

生产成果分配标准主要包括产品重量标准和产量标准等。当材料耗用量与产品重量、体积、产量有明显的正比例关系时，其共同费用的分配可采用该类标准。

以重量比例为例来说明此种分配方法的应用。其计算公式如下：

$$原材料费用分配率 = \frac{共同耗用原材料费用}{各种产品重量之和}$$

某种产品应负担的原材料费用 = 该种产品的重量 × 原材料费用分配率

【例 2-5】假设宏运公司某月生产 A、B 两种产品，A 产品重 10 000 千克，B 产品重 5 000 千克，共耗用原材料 30 000 元。

要求：采用重量比例分配法分配材料费用。

原材料费用分配率 = 30 000÷(10 000+5 000) = 2(元/千克)

A 产品应负担的原材料费用 = 10 000×2 = 20 000(元)

B 产品应负担的原材料费用 = 5 000×2 = 10 000(元)

各种材料费用的分配是通过编制材料费用分配表进行的，材料费用分配表是按车间、部门和材料的类别，根据归类后的领退料凭证和其他有关资料编制的。材料费用汇总分配表，如表 2-5 所示。

表 2-5　　　　　　　　　　材料费用汇总分配表

20××年 6 月　　　　　　　　　　　金额单位：元

应借科目		成本项目	直接计入金额	分配计入金额 (分配率:1.2)		材料费用合计
				定额消耗量(千克)	分配金额	
基本生产成本	甲产品	原材料	1 500	6 000	72 000	73 500
	乙产品	原材料	900	1 500	18 000	18 900
	小计		2 400	7 500	90 000	92 400

(续表)

应借科目		成本项目	直接计入金额	分配计入金额（分配率：1.2）		材料费用合计
				定额消耗量（千克）	分配金额	
辅助生产成本		运输 材料	600			600
		供水 材料	900			900
		小计	1 500			1 500
制造费用	基本生产车间	机物料消耗	400			400
管理费用		物料消耗	300			300
销售费用		物料消耗	200			200
合 计			4 800		90 000	94 800

根据材料费用分配表编制会计分录，据以登记有关总账和明细账。编制会计分录如下：

借：基本生产成本——甲产品　　　　　　　　　　　　　　　　　　　73 500
　　　　　　　　——乙产品　　　　　　　　　　　　　　　　　　　18 900
　　辅助生产成本——运输车间　　　　　　　　　　　　　　　　　　　600
　　　　　　　　——供水车间　　　　　　　　　　　　　　　　　　　900
　　制造费用　　　　　　　　　　　　　　　　　　　　　　　　　　　400
　　管理费用　　　　　　　　　　　　　　　　　　　　　　　　　　　300
　　销售费用　　　　　　　　　　　　　　　　　　　　　　　　　　　200
　　贷：原材料　　　　　　　　　　　　　　　　　　　　　　　　　94 800

上列原材料费用是按实际成本进行核算分配的，如果原材料费用是按计划成本进行核算分配，计入产品成本和期间费用的原材料费用是计划成本，还应该分配材料成本差异额。

（二）燃料费用的归集与分配

从理论上讲，燃料费用实际也属于材料费用的范畴，因而其归集和分配的方法及程序与原材料费用的分配方法相同。但是，如果燃料费用在产品成本中所占比重较大，为了加强对能源耗费的分析和考核，应增设"燃料"账户，同时在产品成本项目中增设"燃料及动力"项目，对燃料和燃料费用进行单独核算。

根据领料用途可确定燃料费用为哪一产品生产或部门领用的，分别记入"基本生产成本""辅助生产成本"及其所属明细账的"燃料及动力"成本项目，或"制造费用""管理费用""销售费用"及其所属明细账的有关费用项目。而对不能从领料凭证直接确定燃料费用为哪一产品耗用（几种产品共同耗用）的，则需要采用适当的方法分配计入各种产品成本。分配标准可以是产品的重量、体积、所耗原材料的数量或费用，也可以是燃料的定额消耗量或定额费用。

【例2-6】　某企业燃料费用较多，单设"燃料及动力"成本项目。本月甲、乙产品共耗用燃料费用 12 980 元,本月甲、乙产品耗用的原材料数量分别为 300 千克和 200 千克,按材料耗用量为标准分配燃料费用,计算结果如下:

燃料费用分配率 = 12 980 ÷ (300 + 200) = 25.96(元/千克)
甲产品分配燃料费用 = 300 × 25.96 = 7 788(元)
乙产品分配燃料费用 = 200 × 25.96 = 5 192(元)

燃料费用的分配也需根据各部门的领料、退料凭证编制燃料费用分配表,如表 2-6 所示。

表 2-6 燃料费用分配表

20××年 6 月   金额单位:元

应借科目		成本项目	直接计入金额	分配计入金额 (分配率=25.96)		材料费用合计
				材料耗用量(千克)	分配金额	
基本生产成本	甲产品	燃料及动力		300	7 788	7 788
	乙产品	燃料及动力		200	5 192	5 192
	小计			500	12 980	12 980
辅助生产成本	运输	燃料费	1 665			1 665
	供水	燃料费	1 988			1 988
	小计		3 653			3 653
合 计			3 653		12 980	16 633

根据燃料费用分配表,编制会计分录如下:

借:基本生产成本——甲产品   7 788
              ——乙产品   5 192
    辅助生产成本——运输车间   1 665
              ——供水车间   1 988
  贷:燃料   16 633

根据上述会计分录,登记相应成本、费用账户。

三、外购动力费用的归集与分配

外购动力费用是指外部购买的各种动力,如电力、热力等所支付的费用。外购动力实际上也相当于外购的材料,只是没以实体形式存在。因而,在会计处理上既有与材料相同之处,又有与之不同之处。相同的是耗用的外购动力也可以计量,而且也是根据其不同用途记入有关的成本、费用账户;不同的是购入时由于没有实体,因而无法设专门账户进行核算,也无收、发、存多个环节的核算。因此,在实际工作中,外购动力费用一般通过"应付账款"账户核算,即在付款时,借记"应付账款"账户,贷记"银行存款"账户;月末按照外购动力

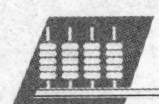

的用途分配时,再借记各成本、费用账户,贷记"应付账款"账户。

动力费用的主要用途:一是生产工艺过程所耗用,这是直接用于产品生产的;二是组织管理生产耗用,如车间照明、行政管理部门照明用电等。动力费用的归集分配通常依照仪表、仪器记录确定,分为直接归集和分配归集。

(一) 直接归集动力费用

直接归集是指在有仪表记录的情况下,根据仪表所示动力耗用数量乘以单价,直接记入各使用部门的成本费用明细账。属于照明、取暖等用途的动力费,按使用部门分别记入"制造费用""管理费用"等账户。企业基本生产车间发生的记入"制造费用"账户;辅助生产车间发生的记入"辅助生产成本"账户;属于企业行政管理部门发生的记入"管理费用"账户。直接用于产品生产的动力费,记入"基本生产成本"账户及其明细账,列入"燃料和动力"成本项目。

(二) 分配归集动力费用

外购动力如电力,一般在各车间、部门都分别装有仪表,可根据电表读数直接归集动力费用。车间内部的动力用电,一般不能按产品分别安装电表,应根据适当的分配方法分配计入各产品成本的成本项目。常用的分配方法有生产工时分配法和机器工时分配法等。

1. 生产工时分配法

生产工时分配法是以各种产品的生产工时为标准来分配费用的方法。其计算公式如下:

$$动力费用分配率 = \frac{各种产品共同耗用的动力费用}{各种产品生产工时之和}$$

$$某产品应负担的动力费用 = 该种产品的生产工时 \times 动力费用分配率$$

【例2-7】 某企业直接用于甲、乙两种产品生产的外购电力费用共10 332元,没有分产品安装电表,规定按生产工时比例分配。其生产工时为:甲产品16 400小时,乙产品13 120小时,动力费用分配计算如下:

$$动力费用分配率 = 10\ 332 \div (16\ 400 + 13\ 120) = 0.35(元/小时)$$
$$甲产品应分配的动力费用 = 16\ 400 \times 0.35 = 5\ 740(元)$$
$$乙产品应分配的动力费用 = 13\ 120 \times 0.35 = 4\ 592(元)$$

2. 机器工时分配法

上述生产工时分配法公式中的生产工时换为机器工时,即机器工时分配法的计算公式。当生产产品过程中以机器加工为主时,采用机器工时分配法分配动力费用比较合理。

在实际工作中,企业外购动力费用的分配一般是通过编制外购动力费用分配表来进行的,并根据费用分配表编制会计分录,据以登记有关总账和明细账。

【例2-8】 假设生产车间的照明用电、辅助生产的修理车间和供水车间、管理部门的照明用电的度数分别如表2-7所示,单位电价0.42元,总用电量为38 400千瓦,总电费为16 128元,则编制外购动力费用分配表,如表2-7所示。

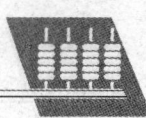

表 2-7　　　　　　　　　　　　外购动力费用分配表

20××年6月　　　　　　　　　　　金额单位：元

应借账户	成本项目	电费分配		合计
		用电度数（度）	分配金额（分配率0.42）	
制造费用	基本生产车间 水电费	25 800	10 836	10 836
辅助生产成本	修理车间　燃料和动力	1 600	672	672
	供水车间　燃料和动力	8 700	3 654	3 654
	小计	10 300	4 326	4 326
管理费用	水电费	2 300	966	966
合计		38 400	16 128	16 128

根据动力费用分配表，编制会计分录如下（该企业外购电费通过"应付账款"账户核算）：

借：制造费用　　　　　　　　　　　　　　　　　　　　　　　　　　10 836
　　辅助生产成本——修理车间　　　　　　　　　　　　　　　　　　　672
　　　　　　　　——供水车间　　　　　　　　　　　　　　　　　　3 654
　　管理费用　　　　　　　　　　　　　　　　　　　　　　　　　　　966
　贷：应付账款　　　　　　　　　　　　　　　　　　　　　　　　　16 128

四、应付职工薪酬的核算

（一）应付职工薪酬核算的内容

应付职工薪酬是指企业根据有关规定应付给职工的各种薪酬，包括职工工资、奖金、津贴和补贴、职工福利费、医疗、养老、失业、工伤、生育等社会保险费，住房公积金，工会经费，职工教育经费，非货币性福利等因职工提供服务而产生的义务。从广义上讲，职工薪酬既是职工对企业投入劳动获得的报酬，也是企业的成本费用。具体而言，职工薪酬主要包括以下几方面的内容。

1. 职工工资、奖金、津贴和补贴

职工工资、奖金、津贴和补贴是指按照国家统计局《关于职工工资总额组成》的规定，构成工资总额的计时工资、计件工资、支付给职工的超额劳动报酬和增收节支的劳动报酬、为了补偿职工特殊或额外的劳动消耗和因其他特殊原则支付给职工的津贴，以及为了保证职工工资水平不受物价影响支付给职工的物价补贴等。企业按规定支付给职工的加班加点工资以及根据国家法律、法规和政策规定，企业在职工因病、工伤、产假、计划生育假、婚丧假、事假、探亲假、定期休假、停工学习、执行国家或社会义务等特殊情况下，按照计时工资或计件工资标准的一定比例支付的工资，也属于职工工资范畴，在职工休假或缺勤时，不应当从工资总额中扣除。

2. 职工福利费

职工福利费是指企业为职工集体提供的福利，如补助生活困难职工等。

3. 医疗保险费、养老保险费、失业保险费、工伤保险费和生育保险费等社会保险费

医疗保险费、养老保险费、失业保险费、工伤保险费和生育保险费等社会保险费是指企

业按照国家规定的基准和比例计算,向社会保险经办机构缴纳的医疗保险金、基本养老保险金、失业保险金、工伤保险费和生育保险费,以及根据《企业年金试行办法》《企业年金基金管理试行办法》等相关规定,向有关单位(企业年金基金账户管理人)缴纳的补充养老保险费。此外,以商业保险形式提供给职工的各种保险待遇也属于企业提供的职工薪酬。

4. 住房公积金

住房公积金是指企业按照国家《住房公积金管理条例》规定的基准和比例计算,向住房公积金管理机构缴存的住房公积金。

5. 工会经费和职工教育经费

工会经费和职工教育经费是指企业为了改善职工文化生活、提高职工业务素质用于开展工会活动和职工教育及职业技能培训,根据国家规定的基准和比例,从成本费用中提取的金额。

6. 非货币性福利

非货币性福利包括企业以自己的产品或其他有形资产发放给职工作为福利、企业向职工提供无偿使用自己拥有的资产(如提供给企业高级管理人员的汽车、住房等)、企业为职工无偿提供商品或类似医疗保健的服务等。

7. 其他职工薪酬

其他职工薪酬,比如因解除与职工的劳动关系给予的补偿(又称辞退福利),即企业在职工劳动合同到期之前解除与职工的劳动关系,或者为鼓励职工自愿接受裁减而提出补偿建议的计划中给予职工的经济补偿。

(二) 应付职工薪酬的核算

1. 工资费用的归集

工资总额是指企业在一定时期内直接支付给本单位全部职工的全部劳动报酬总额,包括计时工资、计件工资、奖金、津贴和补贴、加班加点工资和特殊情况下支付的工资等。

归集人工费用,首先要正确地进行应付职工薪酬的计算。制造业可以根据具体情况采用不同的工资制度,其中最基本的工资制度是计时工资制度和计件工资制度。

1) 计时工资的计算

应付职工的计时工资是根据考勤记录登记的职工出勤时间或缺勤时间,并结合每人的工资标准计算的。工资标准如按日计算的,称为日薪制;如按月计算的,称为月薪制。多数企业对临时工的计时工资采用日薪制。我国企业一般都对职工采用月薪制,具体有两种计算方法:

(1) 按月标准工资扣除缺勤日数应扣工资计算(减法),其计算公式如下:

$$应付计时工资 = 月标准工资 - 缺勤工资$$
$$= 月标准工资 - \left(事假旷工天数 \times 日标准工资\right) - \left(病假天数 \times 日标准工资 \times 病假扣款率\right)$$

(2) 根据出勤日数计算(加法),其计算公式如下:

$$应付计时工资 = 出勤天数 \times 日标准工资 + 病假天数 \times 日标准工资 \times (1 - 病假扣款率)$$

从上述计算公式可见,要计算计时工资,首先应计算日标准工资,又称日工资率。其计算公式如下:

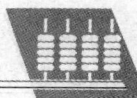

日标准工资 = 月标准工资 ÷ 平均月工作日数

日标准工资有两种确定方法：

一是每月固定按 30 天计算，以月工资标准除以 30 天，计算出每月的日标准工资。在这种确定方法下，由于节假日没有扣除，所以，节假日照计工资，缺勤期间的节假日也应扣发工资。

二是每月固定按年日历天数 365 天减去 104 个休息日和 11 个法定节假日，再除以 12 个月计算出的平均工作日数为 20.83 天，再以月标准工资除以 20.83 天计算出每月的日标准工资。在这种确定方法下，由于扣除了节假日，所以，节假日不计工资，缺勤期间的节假日也不扣发工资。

综上所述，计时工资的计算就有四种方法：①按 30 日计算日标准工资，按月标准工资扣除缺勤工资的计算方法。②按 30 日计算日标准工资，按出勤日数计算工资的方法。③按 20.83 日计算日标准工资，按月标准工资扣除缺勤工资的计算方法。④按 20.83 日计算日标准工资，按出勤日数计算工资的方法。

上述四种方法可由企业根据自身的具体情况选择其中任意一种使用，但一经选定，不得随意变更。

【例 2-9】 某公司某工人的月工资标准为 840 元。8 月份 31 天，事假 4 天，病假 2 天，星期休假 10 天，出勤 15 天。根据该工人的工龄，其病假工资按工资标准的 90% 计算。该工人病假和事假期间没有节假日。

要求：计算该工人本月应得工资。

(1) 按 30 天计算日工资率：

$$日工资率 = 840 \div 30 = 28(元)$$

按月标准工资扣除缺勤天数应扣工资额计算（减法）：

$$某职工本月应得工资 = 840 - 4 \times 28 - 2 \times 28 \times (1 - 90\%) = 840 - 112 - 5.6 = 722.4(元)$$

按出勤天数直接计算（加法）：

$$某职工本月应得工资 = 28 \times (15 + 10) + 2 \times 28 \times 90\% = 700 + 50.4 = 750.4(元)$$

(2) 按 20.83 天计算日工资率：

$$日工资率 = 840 \div 20.83 = 40.33(元)$$

按月标准工资扣除缺勤天数应扣工资额计算（减法）：

$$某职工本月应得工资 = 840 - 4 \times 40.33 - 2 \times 40.33 \times 10\% = 670.61(元)$$

按出勤天数直接计算（加法）：

$$某职工本月应得工资 = 15 \times 40.33 + 2 \times 40.33 \times 90\% = 677.54(元)$$

上述四种方法各有利弊，但按 20.83 天计算日工资率，节假日不计算工资，更能体现按劳分配的原则。

2) 计件工资的计算

计件工资按照支付对象的不同，可以分为个人计件工资和集体计件工资两种。

（1）个人计件工资的计算。个人计件工资应根据产量和工时记录中登记的每个工人完成的工作量，乘以规定的产品计件单价计算。其计算公式如下：

应付计件工资 = ∑[（某种产品合格品数量 + 该种产品料废数量）× 该种产品计件单价]

【例 2-10】 某工厂工人本月加工甲、乙两种产品。个人计件工资计算资料，如表2-8所示。

表 2-8　　　　　　　　　　　个人计件工资计算资料

产品名称	工时定额（分钟）	小时工资率（元/小时）	计件单价（元）	合格品数量（件）	废品数量（件）	
					料废	工废
甲	30	3	1.5	195	3	2
乙	60		3	396	4	

料废的甲产品在完工以后发现，料废的乙产品是在加工过程中发现的，完成定额工时180分钟。

甲产品计件单价 = 3 × 30 ÷ 60 = 1.5（元/件）
乙产品计件单价 = 3 × 60 ÷ 60 = 3（元/件）
应付计件工资 = 1.5 ×（195 + 3）+（3 × 396）+（180 ÷ 60）× 3 = 1 494（元）

（2）集体计件工资的计算。当企业工人集体（如生产班组）从事某项工作，且不易分清每个工人的经济责任时，可采取集体计件工资的方式。应先按集体完成的工作量和计件单价计算整个集体应得的计件工资总额，然后按贡献大小采用一定的方法在集体内部各成员间进行分配。通常是按照每人的标准工资和实际工作时间（日数或工时数）的综合比例进行分配，因为工资标准和工作时间可体现职工的劳动质量、技术水平和劳动数量。其计算公式如下：

$$班组内工资分配率 = \frac{班组集体计件工资额}{\sum[每人日工资率（或小时工资率）× 出勤日数（或工时数）]}$$

$$某工人应得计件工资 = 该工人日工资率（或小时工资率）× 出勤日数（或工时）× 班组内工资分配率$$

【例 2-11】 某工厂生产小组有3个等级不同的工人组成，按照6月份产量和计件单价，全月小组共得计件工资18 000元，班组集体计件工资分配表，如表2-9所示。

表 2-9　　　　　　　　　　　班组集体计件工资分配表

20××年6月

姓名	小时工资率（元/小时）	出勤工时（小时）	小时工资率×出勤工时（元）	小组工资分配率	应得计件工资（元）
甲	15	140	2 100		4 200
乙	20	150	3 000	18 000 ÷ 9 000 = 2	6 000
丙	25	156	3 900		7 800
合计	—	—	9 000	2	18 000

工资总额组成内容中的各种奖金、津贴、补贴、加班加点工资和特殊情况下支付的工

资,应分别根据国家和企业的有关规定计算。

2. 应付职工薪酬的核算

为了进行工资的核算,企业应当开设"应付职工薪酬"账户,用来核算应付职工薪酬的提取、结算、使用等情况。该账户贷方登记已分配计入有关成本费用项目的职工薪酬的数额;借方登记实际发放职工薪酬的数额;该科目期末贷方余额,反映企业应付未付的职工薪酬。"应付职工薪酬"账户应当按照"工资""职工福利""社会保险费""住房公积金""工会经费""职工教育经费""非货币性福利"等应付职工薪酬项目设置明细账户,进行明细核算。

1) 货币性职工薪酬

具体来说,生产部门人员的职工薪酬记入"基本生产成本""制造费用""辅助生产成本"等账户;企业行政管理部门发生的管理人员的职工薪酬记入"管理费用"账户;专设销售机构人员的职工薪酬记入"销售费用"账户;应由在建工程负担的职工薪酬记入"在建工程"账户。

在采用计时工资形式下,则需酌情处理,如果生产车间只生产一种产品,则该生产车间汇总的生产工人工资可直接计入该种产品成本中;如果生产车间生产多种产品,则该生产车间发生的直接人工费用就需在各种产品之间进行分配。一般采用按产品的实际生产工时比例或定额工时比例进行分配的方法。其计算公式如下:

$$生产工人工资费用分配率 = \frac{各产品共同生产工人工资费用}{各产品实际生产工时(或定额工时)之和}$$

$$某产品应分配的工资费用 = 该产品实际生产工时(或定额工时) \times 生产工人工资费用分配率$$

【例 2-12】 某企业基本车间生产甲、乙、丙三种产品,本月份甲产品耗用 24 000 定额工时,乙产品耗用 32 000 定额工时,丙产品耗用 18 000 定额工时;本月发生生产工人间接计入工资总额 59 200 元。按定额工时比例分配工资费用计算如下:

工资费用分配率 = 59 200 ÷ (24 000 + 32 000 + 18 000) = 0.8(元/工时)
甲产品分配工资费用 = 24 000 × 0.8 = 19 200(元)
乙产品分配工资费用 = 32 000 × 0.8 = 25 600(元)
丙产品分配工资费用 = 18 000 × 0.8 = 14 400(元)

该企业的工资费用分配表,如表 2-10 所示。

表 2-10　　　　　　　　　　工资费用分配表

20××年6月

应借科目		成本项目	直接计入	分配计入		合计
总账科目	明细科目			定额工时	分配金额（分配率0.8）	
基本生产成本	甲产品	直接人工	110 000	24 000	19 200	129 200
	乙产品	直接人工	95 000	32 000	25 600	120 600
	丙产品	直接人工	80 000	18 000	14 400	94 400
	小　计		285 000	74 000	59 200	344 200

(续表)

应借科目		成本项目	直接计入	分配计入		合计
总账科目	明细科目			定额工时	分配金额（分配率0.8）	
制造费用	基本车间	工资费用	3 640			3 640
辅助生产成本	机修车间	工资费用	2 540			2 540
	供水车间	工资费用	3 270			3 270
	小　计		5 810			5 810
管理费用		工资费用	6 622			6 622
销售费用		工资费用	3 805			3 805
合　计			304 877		59 200	364 077

根据工资费用分配表，编制分配工资费用的会计分录如下：

```
借：基本生产成本——甲产品                    129 200
            ——乙产品                    120 600
            ——丙产品                     94 400
    制造费用                                3 640
    辅助生产成本——机修车间                   2 540
            ——供水车间                    3 270
    管理费用                                6 622
    销售费用                                3 805
  贷：应付职工薪酬——工资                           364 077
```

2）非货币性职工薪酬

企业以其自产产品作为非货币性福利发放给职工的，应当根据受益对象，按照该产品的公允价值，计入相关成本或当期损益，同时确认应付职工薪酬，借记"基本生产成本""制造费用""管理费用"等账户，贷记"应付职工薪酬——非货币性福利"账户。

将企业拥有的房屋等资产无偿提供给职工使用的，应当根据受益对象，将该住房每期应计提的折旧计入相关成本或当期损益，同时确认应付职工薪酬，借记"基本生产成本""制造费用""管理费用"等账户，贷记"应付职工薪酬——非货币性福利"账户，并且同时借记"应付职工薪酬——非货币性福利"账户，贷记"累计折旧"账户。

租赁住房等资产供职工无偿使用的，应当根据受益对象，将每期应付的租金计入相关成本或当期损益，并确认应付职工薪酬，借记"基本生产成本""制造费用""管理费用"等账户，贷记"应付职工薪酬——非货币性福利"账户。

难以认定受益对象的非货币性福利，直接计入当期损益和应付职工薪酬。

五、固定资产折旧费的归集与分配

（一）固定资产折旧费的归集

固定资产是指同时具有以下特征的有形资产：①为生产商品、提供劳务、出租或经营管理而持有的；②使用寿命超过一个会计年度。

固定资产折旧的计算方法很多,主要有年限平均法、工作量法、双倍余额递减法和年数总和法等。

在实际工作中,为保证成本核算的正确,企业应定期对固定资产的折旧方法进行复核,如果发现其包含的经济利益的预期实现方式有重大改变,则应相应改变其折旧方法。此外,企业的折旧方法、折旧率等一经确定,不得随意调整。

(二)固定资产折旧费用的分配

折旧费用按照固定资产的使用车间、部门进行汇总,然后与生产单位(车间或分厂)、部门的其他费用一起分配计入产品成本和期间费用。企业自行建造固定资产过程中使用的固定资产,其计提的折旧,应记入"在建工程"账户;基本生产车间所使用的固定资产,其计提的折旧,应记入"制造费用"账户;企业行政管理部门的折旧费用,记入"管理费用"账户;销售部门使用的固定资产折旧,记入"销售费用"账户;经营租出的固定资产,其折旧费记入"其他业务成本"账户。固定资产折旧总额,记入"累计折旧"账户的贷方。

折旧费的分配,通常由企业的财会部门根据各生产车间、部门编制的折旧计算表汇总成分配表进行核算。

【例2-13】 某企业折旧费用分配表,如表2-11所示。

表2-11 折旧费用分配表
20××年6月

车间、部门	折旧费用					
	房屋建筑物	机械设备	专用设备	运输设备	管理设备	合 计
一车间	2 100	5 200	2 500		300	10 100
二车间	1 400	6 300	1 600	500	650	10 450
三车间	1 200	2 600		3 100	400	7 300
销售机构	1 350				420	1 770
管理部门	3 800			1 200	2 420	7 420
合 计	9 850	14 100	4 100	4 800	4 190	37 040

编制会计分录如下:

借:制造费用——一车间　　　　　　　　　　　　　　　　　　　10 100
　　　　　　——二车间　　　　　　　　　　　　　　　　　　　10 450
　　　　　　——三车间　　　　　　　　　　　　　　　　　　　 7 300
　　管理费用　　　　　　　　　　　　　　　　　　　　　　　　 7 420
　　销售费用　　　　　　　　　　　　　　　　　　　　　　　　 1 770
　　贷:累计折旧　　　　　　　　　　　　　　　　　　　　　　 37 040

六、其他要素费用的核算

(一)利息费用

要素费用中的利息费用不作为产品成本的组成部分,而作为财务费用计入企业当期损益。

按照我国现行结算制度的规定,短期银行借款利息一般是在每个季度末结算支付。如果利息费用数额不大,为了简化核算手续,可直接将季末实际支付的利息费用全部计入当月的财务费用,借记"财务费用"账户,贷记"银行存款"账户。

在实际工作中,银行一般于每季度末收取短期借款利息,为此,企业的短期借款利息一般采用月末预提的方式进行核算。短期借款利息属于筹资费用,应记入"财务费用"账户。企业应当在资产负债表日按照计算确定的短期借款利息费用,借记"财务费用"账户,贷记"应付利息"账户;实际支付利息时,根据已预提的利息,借记"应付利息"账户,根据应计利息,借记"财务费用"账户,根据应付利息总额,贷记"银行存款"账户。

【例2-14】某企业的利息费用较大,采用预提方法,计划一季度的利息费用为3 000元,则季度第一、第二个月应作会计分录如下:

借:财务费用　　　　　　　　　　　　　　　　　1 000
　　贷:应付利息　　　　　　　　　　　　　　　　　　1 000

季末实际支付的利息费用为3 000元,则编制会计分录如下:

借:财务费用　　　　　　　　　　　　　　　　　1 000
　　应付利息　　　　　　　　　　　　　　　　　2 000
　　贷:银行存款　　　　　　　　　　　　　　　　　　3 000

对于长期借款利息费用,一般是每年计算一次应付利息,到期一次还本付息。每年计算结转应付利息时,借记"财务费用""在建工程""制造费用""研发支出"等账户,贷记"应付利息"账户,到期还本付息时,借记"长期借款——本金"账户,贷记"银行存款"账户。归还利息,借记"应付利息"账户,贷记"银行存款"账户。

(二)其他费用

要素费用中的其他费用,是指上述各项费用以外的费用支出,包括修理费、差旅费、邮电费、保险费、劳动保护费、运输费、办公费、水电费、技术转让费、业务招待费等。这些费用有的是产品成本的组成部分,有的则不是。其中,属于产品成本组成部分的各种费用,也没有专门设立成本项目,因此,在发生这些费用时,应该按照发生的车间、部门和用途进行归类,分别借记"制造费用""管理费用""销售费用"等账户,贷记"银行存款""库存现金"等账户。

【例2-15】某企业的其他费用汇总分配表,如表2-12所示。

表2-12　　　　　　　　其他费用汇总分配表
20××年6月

应借科目			金　额
总账科目	明细科目	项　目	
制造费用	基本车间	办公费用	630
		修理费用	720
		其他费用	700
		小　计	2 050

（续表）

应借科目			金　　额
总账科目	明细科目	项　　目	
管理费用		办公费用	2 000
		其他费用	1 350
		小　计	3 350
销售费用		运输费用	1 200
		其他费用	960
		小　计	2 160
合计			7 560

根据其他费用分配表，应编制会计分录如下：

借：制造费用　　　　　　　　　　　　　　　2 050
　　管理费用　　　　　　　　　　　　　　　3 350
　　销售费用　　　　　　　　　　　　　　　2 160
　　贷：银行存款　　　　　　　　　　　　　　　　7 560

通过以上对材料费用、工资费用、外购动力费用等各种要素费用的分配，本期发生的各种要素费用已经按用途分别记入了"基本生产成本""辅助生产成本""制造费用""销售费用""管理费用""财务费用"等总账及所属明细账中，并按成本项目进行了登记。

任务实施

根据以上学习的相关知识内容，对于本模块开始引入的任务，张言作如下会计核算。

一、根据材料费用消耗情况编制汇总表和记账凭证

（一）编制材料费用分配汇总表（共同耗用材料用定额耗用量比例法进行分配比较合理）

表 2-13　　　　　　　　　　材料费用分配表

20××年 8 月

产品或部门	直接耗用	共同耗用材料费用分配					材料费用总额
		投入产量	单耗定额	定额耗用量	分配率	分配额	
A 产品	160 000	200	40	8 000		40 000	200 000
B 产品	40 000	400	30	12 000		60 000	100 000
小　计	200 000			20 000	5	100 000	300 000
基本生产车间	2 500						2 500
辅助生产车间	3 000						3 000
企业管理部门	1 500						1 500
合　计	207 000					100 000	307 000

（二）编制记账凭证

根据材料费用分配表，编制会计分录。

```
借：基本生产成本——A产品                    200 000
            ——B产品                     100 000
    辅助生产成本——机修车间                   3 000
    制造费用——基本生产车间                   2 500
    管理费用                              1 500
    贷：原材料——甲材料                   307 000
```

二、根据外购动力费用消耗情况，分析原因

（一）分析

（1）外购动力费用的分配，在有仪表的情况下，应根据仪表所示耗用数量及单价计算。

（2）无仪表的情况下，可按生产工时比例、定额消耗量比例、机器工时比例分配。

（二）账务处理说明

应按外购动力费的用途，将其费用记入相应的成本、费用账户：产品生产用的动力费，借记"基本生产成本"账户；辅助生产用的动力费，借记"辅助生产成本"账户；车间管理用的动力费，借记"制造费用"账户；厂部管理用的动力费，借记"管理费用"账户；贷记"应付账款"（或银行存款）账户。

【说明】 产品成本明细账是否单设"燃料及动力"成本项目，应视情况而定。

（1）若外购动力费、燃料费占产品成本比重较大，应单设"燃料及动力"成本项目。

（2）若外购动力费、燃料费占产品成本的比重较小，不需单设"燃料及动力"成本项目，燃料费计入"直接材料"成本项目，外购动力费计入"制造费用"成本项目。

（三）编制外购动力费用分配表

根据以上分析，编制外购动力费用分配表，如表2-14所示。

表2-14　　　　　　　　　　外购动力费用分配表

20××年8月　　　　　　　　　金额单位：元

产品或部门	直接耗用	共同动力费用分配			合计
		生产工时（小时）	分配率	分配额	
A产品		10 000		25 000	25 000
B产品		20 000		50 000	50 000
小计		30 000	2.5	75 000	75 000
机修车间	18 200				18 200
基本生产车间	3 000				3 000
企业管理部门	3 800				3 800
合计	25 000				100 000

（四）编制会计分录

借：基本生产成本——A产品	25 000
——B产品	50 000
辅助生产成本——机修车间	18 200
制造费用——基本生产车间	3 000
管理费用	3 800
贷：应付账款	100 000

三、根据职工薪酬费用情况，分析原因

（一）分析

（1）实际工作中，工资费用的分配一般是通过编制工资费用分配表进行的，编制的依据是工资结算单。

（2）经分析，产品共同耗用的工资费用按生产工时比例进行分配。

（二）编制职工薪酬分配表及账务处理

表 2-15　　　　　　　　　　职工薪酬分配表

20××年8月　　　　　　　　　　　　金额单位：元

产品或部门	直接费用	共同工资费用分配			工资费用总额
		生产工时（小时）	分配率	分配额	
A产品		10 000		30 000	30 000
B产品		20 000		60 000	60 000
小　计		30 000	3	90 000	90 000
机修车间	12 000				12 000
基本生产车间	4 000				4 000
企业管理部门	6 000				6 000
合　计	22 000			90 000	112 000

编制会计分录如下：

借：基本生产成本——A产品	30 000
——B产品	60 000
辅助生产成本——机修车间	12 000
制造费用——基本生产车间	4 000
管理费用	6 000
贷：应付职工薪酬	112 000

四、根据折旧费用情况，编制会计分录

编制会计分录如下：

借:辅助生产成本——机修车间	3 000
制造费用——基本生产车间	10 000
管理费用	2 000
贷:累计折旧	15 000

五、根据其他费用消耗情况,编制会计分录

编制会计分录如下:

借:辅助生产成本——机修车间	520
制造费用——基本生产车间	940
管理费用	2 540
贷:银行存款	4 000

根据以上编制的记账凭证,再逐一登记相关成本明细账户。

以上任务的实施,就是在学习要素费用相关知识后在实际工作中对于要素费用核算的具体运用,也是成本核算的开始环节。经过要素费用的核算,企业在生产产品中的各项相关费用已经分别记入"基本生产成本""辅助生产成本""制造费用"明细账中,为下一步辅助生产成本、制造费用的分配奠定了基础。

要素费用核算流程图,如图 2-1 所示。

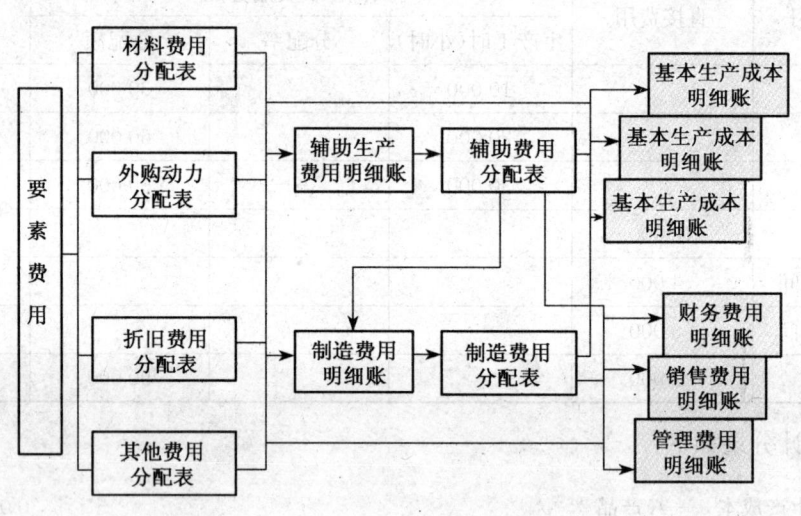

图 2-1　要素费用核算流程图

思考与练习

1. 要素费用包括哪些内容?
2. 几种产品共同耗用一种材料的分配方法是什么?
3. 日标准工资有几种确定方法?

任务2 归集与分配辅助生产费用

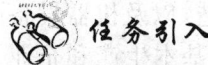 **任务引入**

假设宏运设备制造公司辅助生产车间的制造费用不通过"制造费用"账户核算。该公司机修和锅炉两个辅助车间之间相互提供劳务。机修车间修理费用按修理工时比例进行分配，锅炉车间的成本按供汽量比例分配。该公司2010年6月份有关辅助生产费用统计表，如表2-16所示。

表 2-16　　　　　　　　　　　辅助生产费用统计表

辅助生产车间名称	机修车间	锅炉车间
待分配费用(元)	480 000	45 000
供应劳务量	160 000 小时	10 000 立方米
耗用劳务数量		
锅炉车间	10 000 小时	
机修车间		1 000 立方米
基本生产车间：一车间	80 000 小时	5 100 立方米
二车间	70 000 小时	3 900 立方米

要求：(1) 采用直接分配法、交互分配法分配辅助生产费用。
　　　(2) 编制费用分配的会计分录。

 任务分析

辅助生产费用的归集和分配，是通过"辅助生产成本"账户进行的。采用直接分配法进行分配时，需要将辅助生产车间发生的费用分配给辅助生产车间以外的其他车间或部门。采用交互分配法进行分配时，先对各辅助生产内部相互提供劳务进行分配，然后再将各辅助生产车间交互分配后的实际成本，按对外提供劳务的数量，在辅助生产车间以外的各受益单位进行分配。为了进行辅助生产费用的分配，需要学习以下相关知识。

 **相关知识**

一、辅助生产费用概述

(一) 辅助生产费用核算的内容

制造业的生产，按其生产性质不同，可分为基本生产和辅助生产两种；生产车间按其职能不同,也可分为基本生产车间和辅助生产车间。基本生产车间是指从事产品生产的车间。辅助生产车间是指为基本生产车间、企业行政管理部门等单位服务而进行的产品生产或劳务供应的车间。

辅助生产车间有的只生产一种产品或提供一种劳务,如供电、供水、供气、运输等;有的生产多种产品或提供多种劳务,如从事工具、器具、磨具、修理用备件的制造,以及机器设备的修理等。辅助生产提供的产品和劳务的基本任务主要是服务于企业的基本生产和企业管理。

辅助生产车间发生的生产费用称为辅助生产费用。在前面进行要素费用的核算后已经记入"辅助生产成本"账户。月末,为进一步核算产品成本,辅助生产费用应当按照受益对象分配转入"基本生产成本""制造费用""管理费用"等账户。因此,辅助生产费用核算的主要内容是:正确及时地归集辅助生产车间生产产品和劳务发生的费用;将辅助生产车间所发生的费用,期末按照一定的分配标准在各受益对象之间进行分配。

(二)辅助生产费用核算的意义

制造业的产品生产必然要发生辅助生产费用,辅助生产费用的大小,对于产品成本和经营管理费用影响很大。企业只有在辅助生产成本确定之后,才能确定基本生产产品成本,因此,正确、及时地组织辅助生产费用的归集和分配,对于降低成本、费用都有着重要意义。

二、辅助生产费用归集的核算

辅助生产车间发生的各项费用,经过前面所述及的各项要素耗费的分配,已经全部归集在辅助生产成本明细账的有关项目中。辅助生产费用的归集就是正确汇总本期辅助车间为提供产品和劳务所发生的各种生产费用。

(一)辅助生产费用归集的方法

辅助生产费用的归集是其分配的前提条件,其归集的方法有两种,主要区别在于辅助车间制造费用的处理不同。

(1)将辅助生产车间费用区分为直接费用和间接费用,其中间接费用先记入"制造费用——辅助生产车间"明细账进行归集,月末转入"辅助生产成本——辅助生产车间"账户,计算辅助生产成本。

(2)辅助生产车间的间接费用不通过"制造费用"账户,而是直接记入"辅助生产成本——辅助生产车间"账户,计算辅助生产成本。

本部分采用第二种方法核算辅助生产费用。

(二)辅助生产费用核算设置的账户

为了归集辅助生产费用,正确计算和分配辅助生产产品成本和劳务成本,应设置"辅助生产成本"明细分类账户,其借方归集企业所发生的全部辅助生产费用,贷方登记向各个受益单位进行分配的费用。该账户的期末若有余额应在借方,表示辅助生产车间月末在产品成本。

"辅助生产成本"账户应按照辅助生产车间以及产品或劳务的种类设置明细账。辅助生产费用明细账,如表 2-17 所示。

表 2-17　　　　　　　　　　　　辅助生产费用明细账

辅助车间：机修车间　　　　　　　　　20××年 6 月　　　　　　　　　　　　单位：元

2010年		摘　要	材料费	人工费	折旧费	合计
月	日					
6	30	分配材料耗费	9 000			9 000
	30	分配薪酬耗费		4 560		4 560
	30	分配折旧费用			1 440	1 440
	30	合计	9 000	4 560	1 440	15 000
	30	根据辅助生产费用分配表	9 000	4 560	1 440	15 000

（三）辅助生产费用归集的账务处理

直接用于辅助生产产品或提供劳务的材料费用、工资费、动力费用以及其他有关支出时，借记"辅助生产成本"账户，贷记"原材料""应付职工薪酬"等有关账户。

由于辅助生产费用的归集有两种不同方法，其账务处理也分为两种。

（1）在设置"制造费用——辅助生产车间"明细账情况下，辅助车间的直接费用记入"辅助生产成本——辅助生产车间"账户的借方，辅助生产车间发生的间接费用，应记入"制造费用——辅助生产车间"明细账户借方，月末转入"辅助生产成本——辅助生产车间"账户的借方。

（2）为了简化核算工作，可以不设置"制造费用——辅助生产车间"账户，辅助生产车间生产和管理发生的一切费用全部直接归集于本车间生产成本明细账，即"辅助生产成本——辅助生产车间"账户。

三、辅助生产费用分配的核算

归集后的辅助生产费用要按照一定的程序在各受益部门进行分配，计入产品成本和其他受益部门。

由于辅助生产车间所生产的产品和提供的劳务不同，费用转出、分配的程序也不一样。为提供产品发生的辅助生产成本，应在产品完工时，从"辅助生产成本"账户的贷方分别转入"低值易耗品"或"原材料""包装物"等账户的借方；提供的劳务作业，如水、电、气、修理和运输等费用，则要在受益单位之间按照所耗数量进行分配后，从"辅助生产成本"账户的贷方转入"基本生产成本""制造费用""管理费用"等账户的借方。

辅助生产费用的分配是通过辅助生产费用分配表进行的。

需要说明的是：辅助生产车间提供的产品和劳务，受益对象主要是基本生产车间和行政管理部门。此外，在辅助生产车间之间也有相互提供产品和劳务的情况。例如，供电车间为机修车间提供电力，机修车间为供电车间修理设备。即供电车间与机修车间互为受益对象，在分配辅助生产费用的同时，如果存在辅助生产车间相互提供劳务的情况，则应先考虑各辅助生产车间费用的交互分配问题，然后才是对外分配费用。这是辅助生产费用分配的特点。

辅助生产费用分配的方法通常有直接分配法、交互分配法、顺序分配法、代数分配法和计划成本分配法。

(一) 直接分配法

直接分配法是指将各辅助生产费用直接分配给辅助生产车间以外的各受益单位,而不考虑各辅助生产车间之间相互提供产品和劳务情况的一种分配方法。

1. 计算公式

$$辅助生产费用分配率 = \frac{辅助生产费用总额}{对外提供劳务总量}$$

$$某部门应负担的费用 = 该部门受益数量 \times 辅助生产费用分配率$$

2. 举例

【例 2-16】 某企业有供电、修理两个辅助生产车间,20××年6月待分配费用额分别为 3 075 元和 13 000 元。辅助生产车间提供产品或劳务数量表,如表 2-18 所示。

表 2-18　　　　　　　　　　辅助生产车间提供产品或劳务数量表

受益单位	提供单位 项目	供电车间(度)	修理车间(小时)
基本生产车间	甲产品	5 500	3 000
	乙产品	3 250	2 000
	一般耗用	1 050	1 000
辅助生产车间	供电车间		500
	修理车间	1 500	
行政管理部门		450	500
合　计		11 750	7 000

采用直接分配法计算各辅助生产车间辅助生产费用分配率如下:

$$供电车间费用分配率 = \frac{3\ 075}{11\ 750 - 1\ 500} = 0.3(元/度)$$

$$修理车间费用分配率 = \frac{13\ 000}{7\ 000 - 500} = 2(元/小时)$$

费用分配如下:

基本生产车间——甲产品　　(电费) = 5 500 × 0.3 = 1 650(元)

　　　　　　　　　　　　　　(修理费) = 3 000 × 2 = 6 000(元)

基本生产车间——乙产品　　(电费) = 3 250 × 0.3 = 975(元)

　　　　　　　　　　　　　　(修理费) = 2 000 × 2 = 4 000(元)

基本生产车间一般耗用　　　(电费) = 1 050 × 0.3 = 315(元)

　　　　　　　　　　　　　　(修理费) = 1 000 × 2 = 2 000(元)

行政管理部门　　　　　　　(电费) = 450 × 0.3 = 135(元)

　　　　　　　　　　　　　　(修理费) = 500 × 2 = 1 000(元)

采用直接分配法的辅助生产费用分配表,如表 2-19 所示。

模块二 成本会计的基本技能

表 2-19   辅助生产费用分配表(直接分配法)

20××年6月   单位:元

受益单位		供电车间			修理车间			合计
		数量	分配率	金额	数量	分配率	金额	
待分配费用			0.3	3 075		2	13 000	16 075
基本生产车间	甲产品	5 500		1 650	3 000		6 000	7 650
	乙产品	3 250		975	2 000		4 000	4 975
	一般耗用	1 050		315	1 000		2 000	2 315
行政部门		450		135	500		1 000	1 135
合 计		10 250		3 075	6 500		13 000	16 075

根据辅助生产费用分配表,编制会计分录如下:

借:基本生产成本——甲产品   7 650
        ——乙产品   4 975
  制造费用   2 315
  管理费用   1 135
贷:辅助生产成本——供电车间   3 075
        ——修理车间   13 000

采用直接分配法分配辅助生产费用,计算工作简便。这种分配方法适宜在辅助生产车间相互提供产品或劳务较少,不进行交互分配,对辅助生产车间成本影响不大的情况下采用。

(二) 交互分配法

交互分配法是指先将辅助生产车间的费用在辅助生产车间之间进行交互分配,再将辅助生产车间交互分配前的费用加上交互分配转入的费用减去交互分配转出的费用的余额分配给辅助生产车间以外的各受益对象的一种分配方法。

1. 计算公式

(1) 交互分配的计算公式:

$$交互分配的费用分配率 = \frac{辅助生产费用总额}{该辅助生产车间提供的产品或劳务总量}$$

某辅助生产车间分配的费用 = 该辅助生产车间受益数量 × 交互分配时的费用分配率

(2) 对外分配的计算公式:

$$某辅助生产车间对外分配的费用 = 交互分配前的费用 + 交互分配转入的费用 - 交互分配转出的费用$$

$$某辅助生产车间对外费用分配率 = \frac{对外分配费用}{对外提供劳务量}$$

某受益单位应负担的费用 = 该受益部门受益量 × 某辅助生产车间对外费用分配率

2. 举例

【例 2-17】 仍以[例 2-16]有关资料,采用交互分配法分配辅助生产费用。

(1) 辅助生产车间费用交互分配率：

$$供电车间分配率 = \frac{3\,075}{11\,750} = 0.261\,7(元/度)$$

$$修理车间分配率 = \frac{13\,000}{7\,000} = 1.857\,1(元/小时)$$

(2) 交互分配：

$$供电车间负担的修理费 = 500 \times 1.857\,1 = 928.55(元)$$
$$修理车间负担的电费 = 1\,500 \times 0.261\,7 = 392.55(元)$$

(3) 交互分配后实际费用：

$$供电车间费用 = 3\,075 + 928.55 - 392.55 = 3\,611(元)$$
$$修理车间费用 = 13\,000 + 392.55 - 928.55 = 12\,464(元)$$

(4) 辅助生产费用对外分配率：

$$供电车间分配率 = \frac{3\,611}{11\,750 - 1\,500} = 0.352\,3(元/度)$$

$$修理车间分配率 = \frac{12\,464}{7\,000 - 500} = 1.917\,5(元/小时)$$

(5) 对外分配：
费用分配如下：
基本生产车间——甲产品　　（电费）= $5\,500 \times 0.352\,3 = 1\,937.65$(元)
　　　　　　　　　　　　　（修理费）= $3\,000 \times 1.917\,5 = 5\,752.5$(元)

基本生产车间——乙产品　　（电费）= $3\,250 \times 0.352\,3 = 1\,144.98$(元)
　　　　　　　　　　　　　（修理费）= $2\,000 \times 1.917\,5 = 3\,835$(元)

基本生产车间一般耗用　　　（电费）= $1\,050 \times 0.352\,3 = 369.92$(元)
　　　　　　　　　　　　　（修理费）= $1\,000 \times 1.917\,5 = 1\,917.5$(元)

行政管理部门　　　　　　　（电费）= $3\,611 - 1\,937.65 - 1\,144.98 - 369.92$
　　　　　　　　　　　　　　　　= 158.45(元)
　　　　　　　　　　　　　（修理费）= $12\,464 - 5\,752.5 - 3\,835 - 1\,917.5$
　　　　　　　　　　　　　　　　= 959(元)

采用交互分配法的辅助生产费用分配表，如表 2-20 所示。

表 2-20　　　　　　辅助生产费用分配表（交互分配法）
20××年 6 月　　　　　　　　　　　　　　　　单位：元

受益单位	交互分配			对外分配		
	供电	修理	合计	供电	修理	合计
待分配费用	3 075	13 000	16 075	3 611	12 464	16 075
劳务供应量	11 750	7 000		10 250	6 500	
费用分配率	0.261 7	1.857 1		0.352 3	1.917 5	

(续表)

受益单位			交互分配			对外分配		
			供电	修理	合计	供电	修理	合计
辅助生产车间	供电车间	数量		500				
		金额		928.55	928.55			
	修理车间	数量	1 500					
		金额	392.55		392.55			
	分配金额合计		392.55	928.55	1 321.10			
基本生产车间	甲产品	数量				5 500	3 000	
		金额				1 937.65	5 752.50	7 690.15
	乙产品	数量				3 250	2 000	
		金额				1 144.98	3 835	4 979.98
	一般耗用	数量				1 050	1 000	
		金额				369.92	1 917.50	2 287.42
行政部门		数量				450	500	
		金额				158.45	959	1 117.45
合计						3 611	12 464	16 075

（6）根据辅助生产费用分配表，编制会计分录。

交互分配：

借：辅助生产成本——供电车间　　　　　　　　　　　　　　928.55
　　　　　　　　——修理车间　　　　　　　　　　　　　　392.55
　贷：辅助生产成本——修理车间　　　　　　　　　　　　　928.55
　　　　　　　　——供电车间　　　　　　　　　　　　　　392.55

对外分配：

借：基本生产成本——甲产品　　　　　　　　　　　　　　7 690.15
　　　　　　　　——乙产品　　　　　　　　　　　　　　4 979.98
　　制造费用　　　　　　　　　　　　　　　　　　　　　2 287.42
　　管理费用　　　　　　　　　　　　　　　　　　　　　1 117.45
　贷：辅助生产成本——供电车间　　　　　　　　　　　　3 611.00
　　　　　　　　——修理车间　　　　　　　　　　　　　12 464.00

交互分配法克服了直接分配法的不足，基本上能够反映辅助生产车间之间交互服务的关系，从而提高了分配结果的正确性。但由于进行两次交互分配，因此增加了计算工作量。

（三）顺序分配法

顺序分配法是指按照各辅助生产车间受益多少的顺序排列，即受益少的排列在前，先分配，受益多的排列在后，后分配，从而进行辅助生产费用分配的一种方法。这种方法也考虑辅助生产车间相互提供劳务的情况，但其特点是：①排列在前的车间将费用分配给排列在后面的车间,不再承担后面车间分配的费用;②排列在后面的车间应分配的费用,要在原费用的基础上加上前面车间分配转入数再进行分配。

1. 计算公式

首先,辅助生产车间比较受益大小。

$$各辅助生产费用分配率 = \frac{各辅助生产车间费用总额}{该车间劳务总量}$$

$$各辅助生产车间受益金额 = 各车间受益量 \times 辅助生产费用分配率$$

其次,按照各车间的受益由小到大排列顺序后,根据下列公式计算受益大的辅助生产车间分配率,分配各辅助生产车间的生产费用。

$$\frac{受益大的辅助}{生产费用分配率} = \frac{该车间生产费用 + 前面辅助生产车间分配转入的费用}{该车间劳务总量 - 前面辅助车间耗用的该劳务数量}$$

2. 举例

【例 2-18】 仍以[例 1-16]有关资料,采用顺序分配法分配辅助生产费用。

(1) 根据[例 2-17]的计算可以看出,修理车间受益少,供电车间受益大,根据顺序分配法的原理,受益少分配排列在前,受益大分配排列在后,则先分配修理车间费用。

$$修理车间分配率 = \frac{13\,000}{7\,000} = 1.857\,1(元/小时)$$

$$供电车间应负担的修理费 = 500 \times 1.857\,1 = 928.55(元)$$

$$供电车间分配率 = \frac{3\,075 + 928.55}{5\,500 + 3\,250 + 1\,050 + 450} = 0.39(元/度)$$

(2) 分配辅助生产费用如下:

基本生产车间——甲产品 (修理费) = $3\,000 \times 1.857\,1 = 5\,571.3$(元)
　　　　　　　　　　　　(电费) = $5\,500 \times 0.39 = 2\,145$(元)

基本生产车间——乙产品 (修理费) = $2\,000 \times 1.857\,1 = 3\,714.2$(元)
　　　　　　　　　　　　(电费) = $3\,250 \times 0.39 = 1\,267.5$(元)

基本生产车间一般耗用 (修理费) = $1\,000 \times 1.857\,1 = 1\,857.1$(元)
　　　　　　　　　　　(电费) = $1\,050 \times 0.39 = 409.5$(元)

行政管理部门　　　　　(修理费) = $13\,000 - 928.55 - 5\,571.3 - 3\,714.2 - 1\,857.1$
　　　　　　　　　　　　　　　　 $= 928.85$(元)
　　　　　　　　　　　　(电费) = $4\,003.55 - 2\,145 - 1\,267.5 - 409.5 = 181.55$(元)

(3) 采用顺序分配法的辅助生产费用分配表,如表 2-21 所示。

表 2-21　　　　　　　　　辅助生产费用分配表(顺序分配法)

20××年6月　　　　　　　　　　　　　　　　　　　　　　　　　单位:元

受益单位		修理车间			供电车间			合计
		数量	分配率	金额	数量	分配率	金额	
待分配费用和数量		7 000	1.857 1	13 000	11 750		3 075	16 075
实际分配费用和数量		7 000		13 000	10 250	0.39	4 003.55	17 003.55
辅助车间	供电车间	500		928.55				928.55

(续表)

受益单位		修理车间			供电车间			合计
		数量	分配率	金额	数量	分配率	金额	
基本生产车间	甲产品	3 000		5 571.3	5 500		2 145	7 716.3
	乙产品	2 000		3 714.2	3 250		1 267.5	4 981.7
	一般耗用	1 000		1 857.1	1 050		409.5	2 266.6
行政管理部门		500		928.85	450		181.55	1 110.4
合计				13 000			4 003.55	17 003.55

(4) 根据辅助生产费用分配表,编制会计分录:

借:基本生产成本——甲产品　　　　　　　　　　　　　7 716.30
　　　　　　　　——乙产品　　　　　　　　　　　　　4 981.70
　　辅助生产成本——供电车间　　　　　　　　　　　　　928.55
　　制造费用　　　　　　　　　　　　　　　　　　　　2 266.60
　　管理费用　　　　　　　　　　　　　　　　　　　　1 110.40
　贷:辅助生产成本——供电车间　　　　　　　　　　　　4 003.55
　　　　　　　　——修理车间　　　　　　　　　　　　13 000.00

顺序分配法有重点地反映了辅助生产车间之间交互分配劳务的关系,比直接分配法更为先进、合理。分配方法也比较简便。但是,由于顺序分配法只按受益大小分配,前者分配给后者,后者不分配给前者,因此,此种方法对辅助生产车间之间交互服务关系反映得不够充分、全面,结果不太准确。

(四) 代数分配法

代数分配法是指根据解联立方程的原理,先计算辅助生产产品和劳务的实际单位成本,然后再根据各受益单位耗用的劳务数量乘以相应的劳务单位成本,计算分配辅助生产费用的一种方法。

【例 2-19】 仍以[例 2-16]有关资料,采用代数分配法分配辅助生产费用。

(1) 假设电费实际单位成本为 x(每度电费),修理每小时单位成本为 y(每小时修理费)。

列方程式:　　　　　$3\,075 + 500y = 11\,750x$
　　　　　　　　　　$13\,000 + 1\,500x = 7\,000y$

解　　　　　　　　　$x = 0.343\,9$
　　　　　　　　　　$y = 1.930\,8$

根据上列计算结果,编制辅助生产费用分配表,如表 2-22 所示。

表 2-22　　　　　辅助生产费用分配表(代数分配法)
20××年6月　　　　　　　　　　　　　　　　　　单位:元

受益单位	供电车间			修理车间			合计
	数量	分配率	金额	数量	分配率	金额	
待分配费用	11 750		3 075	7 000		13 000	16 075

(续表)

受益单位		供电车间			修理车间			合计
		数量	分配率	金额	数量	分配率	金额	
劳务单位成本			0.343 9			1.930 8		
辅助生产车间	供电车间				500		965.4	965.4
	修理车间	1 500		515.85				515.85
基本生产车间	甲产品	5 500		1 891.45	3 000		5 792.4	7 683.85
	乙产品	3 250		1 117.68	2 000		3 861.6	4 979.28
	一般耗用	1 050		361.1	1 000		1 930.8	2 291.9
行政管理部门		450		154.76	500		965.40	1 120.16
合计				4 040.84			13 515.60	17 556.44

（2）根据辅助生产费用分配表，编制会计分录。

借：辅助生产成本——修理车间　　　　　　　　　　　515.85
　　　　　　　　　——供电车间　　　　　　　　　　　965.40
　　基本生产成本——甲产品　　　　　　　　　　　　7 683.85
　　　　　　　　——乙产品　　　　　　　　　　　　4 979.28
　　制造费用　　　　　　　　　　　　　　　　　　　2 291.90
　　管理费用　　　　　　　　　　　　　　　　　　　1 120.16
　贷：辅助生产成本——供电车间　　　　　　　　　　4 040.84
　　　　　　　　　——修理车间　　　　　　　　　　13 515.60

采用代数分配法分配辅助生产费用，其计算结果最精确，这是前几种方法无法比拟的，但在辅助生产车间较多的情况下，计算较复杂，工作量大。此方法适用于采用会计电算化的企业。

（五）计划成本分配法

计划成本分配法是指按照劳务的计划单位成本和各受益单位实际耗用的劳务数量，分配辅助生产费用，然后再将计划分配额与实际费用的差额进行追加调整分配的一种方法。

1. 计算公式

（1）计划分配的计算公式：

　　　某受益单位应负担的费用 = 某部门耗用的劳务数量 × 该劳务的计划单位成本

（2）计算各辅助生产车间实际成本的计算公式：

　　　各辅助生产车间实际成本 = 该车间分配前的待分配费用 + 受益的辅助生产劳务量 × 该劳务的计划单价

（3）计算成本差异的计算公式：

　　　成本差异 = 本车间实际成本 − 本车间提供的劳务总量 × 本车间劳务的计划单价

（4）结转成本差异。为了简化，辅助生产车间的成本差异，一般全部转入当期的管理费用。

2. 举例

【例 2-20】 仍以［例 2-16］有关资料，假定该企业辅助生产车间劳务计划单位成本为：

供电车间每度电 0.3 元,修理车间每小时 1.8 元。采用计划成本法分配辅助生产费用。

按计划成本分配总费用:

$$供电车间 = 11\,750 \times 0.3 = 3\,525(元)$$
$$修理车间 = 7\,000 \times 1.8 = 12\,600(元)$$

实际发生总成本:

$$供电车间 = 3\,075 + 500 \times 1.8 = 3\,975(元)$$
$$修理车间 = 13\,000 + 1\,500 \times 0.3 = 13\,450(元)$$

成本差异:

$$供电车间 = 3\,975 - 3\,525 = 450(元)$$
$$修理车间 = 13\,450 - 12\,600 = 850(元)$$

根据上列计算结果,编制辅助生产费用分配表,如表 2-23 所示。

表 2-23　　　　　　　辅助生产费用分配表(计划成本法)

20××年 6 月　　　　　　　　　　　　　　　　单位:元

受益单位		供电车间			修理车间			合计
		数量	分配率	金额	数量	分配率	金额	
待分配费用		11 750		3 075	7 000		13 000	16 075
计划单位成本			0.3			1.8		
辅助生产车间	供电车间				500		900	900
	修理车间	1 500		450				450
基本生产车间	甲产品	5 500		1 650	3 000		5 400	7 050
	乙产品	3 250		975	2 000		3 600	4 575
	一般耗用	1 050		315	1 000		1 800	2 115
行政管理部门		450		135	500		900	1 035
计划总成本				3 525			12 600	16 125
实际总成本				3 975			13 450	17 425
成本差异				450			850	1 300

根据辅助生产费用分配表,编制会计分录。

(1) 按计划成本分配:

借:辅助生产成本——供电车间　　　　　　　　　　　　　　　900
　　　　　　　　——修理车间　　　　　　　　　　　　　　　450
　　基本生产成本——甲产品　　　　　　　　　　　　　　　7 050
　　　　　　　　——乙产品　　　　　　　　　　　　　　　4 575
　　制造费用　　　　　　　　　　　　　　　　　　　　　　2 115
　　管理费用　　　　　　　　　　　　　　　　　　　　　　1 035
　　贷:辅助生产成本——供电车间　　　　　　　　　　　　　3 525
　　　　　　　　　——修理车间　　　　　　　　　　　　　12 600

(2) 结转成本差异：

借：管理费用　　　　　　　　　　　　　　　　　　　　　　　　　　1 300
　　贷：辅助生产成本——供电车间　　　　　　　　　　　　　　　　　　450
　　　　　　　　　　——修理车间　　　　　　　　　　　　　　　　　　850

采用计划成本法可以简化费用计算工作，同时，通过实际成本与计划成本的比较，可以考核辅助生产费用的情况，但采用此种方法，需要制定准确的计划单位成本以保证成本计算的准确性。

任务实施

学习了以上相关知识，可以对前面提出的任务进行如下操作。

一、直接分配法

(一) 对外供应劳务、产品数量

机修车间 = 160 000 - 10 000 = 150 000（小时）

锅炉车间 = 10 000 - 1 000 = 9 000（立方米）

(二) 编制辅助生产费用分配表

根据有关资料编制辅助生产费用分配表，如表 2-24 所示。

表 2-24　　　　　　　　辅助生产费用分配表（直接分配法）

20××年6月　　　　　　　　　　　　　　　　　　单位:元

车间名称		机修车间	锅炉车间	合计
待分配费用		480 000	45 000	525 000
对外提供劳务数量		150 000	9 000	
分配率		3.2	5	
基本生产车间				
一车间	耗用数量	80 000	5 100	
	分配金额	256 000	25 500	281 500
二车间	耗用数量	70 000	3 900	
	分配金额	224 000	19 500	243 500
合计		480 000	45 000	525 000

(三) 编制会计分录

根据辅助生产成本分配表，编制会计分录如下：

借：制造费用——一车间　　　　　　　　　　　　　　　　　　　　281 500
　　　　　　——二车间　　　　　　　　　　　　　　　　　　　　243 500
　　贷：辅助生产成本——机修车间　　　　　　　　　　　　　　　　480 000
　　　　　　　　　　——锅炉车间　　　　　　　　　　　　　　　　45 000

二、交互分配法

(一) 编制辅助生产费用分配表

根据有关资料编制辅助生产费用分配表,如表 2-25 所示。

表 2-25　　　　　　　　　辅助生产费用分配表(交互分配法)

20××年6月　　　　　　　　　　　　　　　　　单位:元

分配方向	交互分配			对外分配		
车间名称	机修	锅炉	合计	机修	锅炉	合计
待分配费用	480 000	45 000	525 000	454 500	70 500	525 000
供应劳务量	160 000	10 000		150 000	9 000	
分配率	3	4.5		3.03	7.833 3	
辅助车间						
机修车间 耗用量		1 000				
机修车间 分配金额		4 500				
锅炉车间 耗用量	10 000					
锅炉车间 分配金额	30 000					
小　计	30 000	4 500				
基本车间						
一车间 耗用数量				80 000	5 100	
一车间 分配金额				242 400	39 949.83	282 349.83
二车间 耗用数量				70 000	3 900	
二车间 分配金额				212 100	30 550.17	242 650.17
合　计				454 500	70 500	525 000

注:分配率的小数保留四位,四舍五入;分配的小数尾差,记入二车间的"制造费用"账户。

(二) 对外分配的辅助生产成本

机修车间 = 480 000 + 4 500 - 30 000 = 454 500(元)
锅炉车间 = 45 000 + 30 000 - 4 500 = 70 500(元)

(三) 编制会计分录

根据上述计算结果,编制会计分录如下:

1. 交互分配

借:辅助生产成本——机修车间　　　　　　　　　　　　　　　　　　4 500
　　　　　　　　　——锅炉车间　　　　　　　　　　　　　　　　　　30 000
　贷:辅助生产成本——锅炉车间　　　　　　　　　　　　　　　　　　4 500
　　　　　　　　　——机修车间　　　　　　　　　　　　　　　　　　30 000

2. 对外分配

借:制造费用——一车间　　　　　　　　　　　　　　282 349.83
　　　　　　　——二车间　　　　　　　　　　　　　　242 650.17
　贷:辅助生产成本——机修车间　　　　　　　　　　　454 500.00
　　　　　　　　　——锅炉车间　　　　　　　　　　　 70 500.00

 思考与练习

辅助生产费用的分配方法有哪些?哪种方法计算最准确?

任务3　归集与分配制造费用

 **任务引入**

假设宏运设备制造公司基本生产车间生产甲、乙、丙三种产品,共计生产工时30 000小时,其中,甲产品20 000小时,乙产品8 000小时,丙产品2 000小时。20××年6月,基本生产车间发生制造费用明细账,如表2-26所示。

表2-26　　　　　　　　　　制造费用明细账

20××年6月　　　　　　　　　　　　　　　　　　　　　单位:元

2010年		摘要	费用项目					
月	日		工资费	折旧费	办公费	水电费	其他	合计
6	30	工资费	1 200					1 200
		折旧费		2 000				2 000
		办公费			3 500			3 500
6	30	水电费				2 500		2 500
		其他					2 800	2 800
6	30	合计	1 200	2 000	3 500	2 500	2 800	12 000

要求:根据上述资料采用生产工时比例法在各种产品之间分配制造费用,编制制造费用分配的会计分录。

 **任务分析**

基本生产车间发生的制造费用,月末要转入"基本生产成本"账户。若本车间只生产一种产品,则不需要分配,直接转入"基本生产成本"账户;若车间生产两个以上产品,则需要用一定的方法分配后转入"基本生产成本"账户。为完成分配,需要学习以下相关知识。

一、制造费用相关知识

（一）制造费用的概念

制造费用是指制造业生产车间为生产产品（或提供劳务）而发生的，应由产品（或劳务）负担的各项间接成本，是产品成本的重要组成部分。

制造费用应按各个生产单位（车间、分厂）来归集，并设置制造费用明细账，账内按制造费用项目设置专栏，月末，在各个成本计算对象之间进行分配。

（二）制造费用的内容

制造费用的内容比较复杂，费用项目一般包括机物料消耗、职工薪酬、折旧费、修理费、租赁费、低值易耗品摊销、水电费、运输费、劳动保护费、试验检验费、差旅费、办公费、在产品盘亏、损毁和报废以及季节性及修理期间停工损失等。

（三）制造费用的账户设置

为了总括反映和监督企业各生产单位一定时期内为组织和管理生产所发生的各项制造费用，需设置"制造费用"账户。制造费用发生时，记入该账户的借方，分配结转时，记入该账户的贷方，该账户月末一般无余额。

对于辅助生产车间而言，如果辅助生产车间的制造费用是通过"制造费用"账户单独核算，则应比照基本生产车间制造费用核算；如果辅助生产车间的制造费用不通过"制造费用"账户单独核算，应将其全部记入"辅助生产成本"账户。如果辅助生产车间的制造费用发生额较小，也可以不通过"制造费用"账户，直接记入"辅助生产成本"账户。此时，"制造费用"账户反映的只是基本生产车间发生的各项间接费用。

二、制造费用的归集

制造费用的归集和分配，应通过"制造费用"账户进行。该账户应按不同的车间、部门设立明细账，账内按照费用项目设立专栏，分别反映各车间、部门各项制造费用的发生情况，便于进行成本管理。

（一）制造费用归集的主要账务处理

（1）生产车间发生的机物料消耗，借记"制造费用"账户，贷记"原材料"等账户。

（2）生产车间发生的管理人员的工资等职工薪酬，借记"制造费用"账户，贷记"应付职工薪酬"等账户。

（3）生产车间计提的固定资产折旧，借记"制造费用"账户，贷记"累计折旧"账户。

（4）生产车间支付的办公费、水电费等，借记"制造费用"账户，贷记"银行存款"账户。

（5）发生季节性的停工损失，借记"制造费用"账户，贷记"应付职工薪酬""原材料""银行存款"等账户。

（二）制造费用明细账

制造费用明细账的格式，如表 2-27 所示。

表 2-27　　　　　　　　　　　制造费用明细账

20××年6月　　　　　　　　　　　　单位:元

年		摘要	费用项目					
月	日		薪酬费	办公费	水电费	折旧费	其他	合计

制造费用明细账的内容应根据各要素费用分配表和辅助生产费用分配表等进行登记。

三、制造费用分配的核算

月末,企业应将归集的制造费用分配转入有关产品成本账户。

（一）分配的原则

生产一种产品的车间中,制造费用应直接计入该种产品生产成本;生产多种产品的车间中,制造费用是间接计入费用,应采用适当的分配方法,分配计入该车间各种产品的生产成本。结转制造费用时,借记"基本生产成本——××产品"账户,贷记"制造费用"账户。

（二）制造费用的分配标准

分配制造费用需要选择一定的分配标准,制造费用分配结果的准确与否,主要取决于分配标准的合适与否。常用的标准有生产工人工时、生产工人工资、机器工时和年度计划分配率等。由此产生了生产工人工时比例法、生产工人工资比例法、机器工时比例法和按年度计划分配率分配法。分配方法一经确定,不宜任意变更。

（三）制造费用的分配方法

1. 生产工人工时比例法

生产工人工时比例法是指将制造费用按各种产品所耗实际工时作为分配标准进行分配的一种方法。

1) 计算公式

$$制造费用分配率 = \frac{制造费用总额}{各种产品生产工时之和}$$

$$某种产品应负担的制造费用 = 该种产品的生产工时数 \times 分配率$$

2) 举例

【例2-21】 宏运公司20××年6月末归集的"制造费用——基本车间"明细账发生额共计66 000元。

要求：按A、B两种产品生产工时的比例分配计入各种产品的成本，编制基本生产车间制造费用分配表，并编制会计分录（A、B产品的生产工时分别为10 000工时和20 000工时）。制造费用分配表，如表2-28所示。

表2-28　　　　　　　　　　　　制造费用分配表
生产车间：基本生产车间　　　　　　　20××年6月

产品名称	生产工时	分配率	分配额
A产品	10 000		22 000
B产品	20 000		44 000
合计	30 000	2.2	66 000

会计分录：

借：基本生产成本——A产品　　　　　　　　　　　　　　　　22 000
　　　　　　　　——B产品　　　　　　　　　　　　　　　　44 000
　　贷：制造费用　　　　　　　　　　　　　　　　　　　　　66 000

3) 适用范围

按照生产工人工时比例分配制造费用，可以将劳动生产率与产品负担的制造费用结合起来，分配结果比较合理。如果劳动生产率提高，则单位产品生产工时就少，所负担的制造费用就少，因此，它是一种比较好的分配方法，在实际工作中运用得也比较多。该方法主要适用于机械化程度较低，或车间内各种产品机械化程度大致相同的情况。

2. 生产工人工资比例法

生产工人工资比例法是指将制造费用按生产各种产品的工人工资作为分配标准进行分配的一种方法。

1) 计算公式

$$制造费用分配率 = \frac{制造费用总额}{生产各种产品的生产工人工资之和}$$

$$某种产品应分配的制造费用 = 生产该种产品生产工人工资 \times 制造费用分配率$$

2) 举例

【例2-22】 假设某企业基本生产车间生产甲、乙、丙三种产品。本月已归集在"制造费用——基本车间"账户借方的制造费用合计为173 360元。甲产品生产工人工资为32 600元，乙产品生产工人工资为27 500元，丙产品生产工人工资为26 580元。

要求：按生产工人工资比例分配制造费用。

制造费用分配表，如表2-29所示。

表 2-29　　　　　　　　　　　制造费用分配表
生产车间：基本生产车间　　　　　　20××年6月

产品名称	生产工人工资	分配率	分配额
甲产品	32 600		65 200
乙产品	27 500		55 000
丙产品	26 580		53 160
合　计	86 680	2	173 360

会计分录：

借：基本生产成本——甲产品　　　　　　　　　　　　　　　65 200
　　　　　　　　——乙产品　　　　　　　　　　　　　　　55 000
　　　　　　　　——丙产品　　　　　　　　　　　　　　　53 160
　　贷：制造费用　　　　　　　　　　　　　　　　　　　173 360

3）适用范围

生产工人工资的资料易取得，且核算方法简便。如同生产工人工时比例分配法一样，这种方法下，各种产品生产的机械化程度应大致相同。否则，结果不合理。因此，该方法主要适用于各种产品生产的机械化程度相差不多或工人的操作技能大致相同的情况。

3. 机器工时比例法

机器工时比例法是指将制造费用按各种产品所耗机器工时作为分配标准进行分配的一种方法。

1）计算公式

$$制造费用分配率 = \frac{制造费用总额}{各种产品机器工时之和}$$

某种产品应负担的制造费用 = 该种产品的机器工时数 × 制造费用分配率

2）举例

【例2-23】　宏运公司6月份生产的A、B、C三种产品的实际机器工时分别为31 000小时、32 000小时和50 000小时，当月该车间实际发生的制造费用为160 000元。

要求：分配制造费用。

　　制造费用分配率 = 160 000÷(31 000 + 32 000 + 50 000) = 1.416(元)
　　A产品应分摊制造费用 = 31 000 × 1.416 = 43 896(元)
　　B产品应分摊制造费用 = 32 000 × 1.416 = 45 312(元)
　　C产品应分摊制造费用 = 160 000 - 43 896 - 45 312 = 70 792(元)

3）适用范围

这种方法适用于产品生产的机械化程度比较高的车间。机械化程度较高的产品，由于其人工成本和所用人工工时比较少，若按前述两种方法就会造成其所负担的制造费用也较少的不合理分配结果。因此，在机械化程度比较高的生产部门，按照机器工时为标准进行分配比较合理。但是，采用这一方法相应增加了机器工时资料收集的成本。

4. 按年度计划分配率分配法

按年度计划分配率分配法是指按照年度开始时确定的全年度适用的计划分配率分配制造费用的一种方法。

1) 特点

采用这种方法，不管各月实际发生的制造费用是多少，每月生产车间的制造费用都按年初计算的年度计划分配率分配。"制造费用"账户实际数与按年度计划分配率分配的制造费用的差额，一般要在年末调整计入12月份的产品成本中，借记"基本生产成本"账户，贷记"制造费用"账户。如果实际发生额大于计划分配额，用蓝字补加，否则用红字冲减。在分配中，如果发现年内分配的计划数与实际数差额较大时，应及时调整计划分配率，以便使分配额相对准确。

2) 计算公式

$$年度计划分配率 = \frac{制造费用计划总数}{年度各产品计划产量的定额工时总数}$$

$$某月某产品应负担的制造费用 = 该月该种产品实际产量的定额工时数 \times 年度计划分配率 = 该月该种产品实际产量 \times 单位产品工时定额 \times 年度计划分配率$$

3) 举例

【例 2-24】 某企业 20×× 年基本生产车间全年制造费用计划发生额为 400 000 元，全年各种产品的计划产量分别为：甲产品 2 500 件，乙产品 1 000 件。单件产品工时定额为：甲产品 6 小时，乙产品 5 小时。本月实际产量为：甲产品 200 件，乙产品 80 件；本月实际发生制造费用为 33 000 元，"制造费用"账户本月期初余额为借方 1 000 元。

要求：分配制造费用。

计算过程：

甲产品年度计划产量的定额工时 = 2 500 × 6 = 15 000（小时）

乙产品年度计划产量的定额工时 = 1 000 × 5 = 5 000（小时）

年度计划分配率 = 400 000 ÷ (15 000 + 5 000) = 20（元/小时）

本月甲产品实际产量的定额工时 = 200 × 6 = 1 200（小时）

本月乙产品实际产量的定额工时 = 80 × 5 = 400（小时）

本月甲产品应分配的制造费用 = 1 200 × 20 = 24 000（元）

本月乙产品应分配的制造费用 = 400 × 20 = 8 000（元）

合计 32 000（元）

"制造费用"账户的期末借方余额 = 1 000 + 33 000 − 32 000 = 2 000（元）

说明：

采用计划分配率分配制造费用，"制造费用"账户月末可能有借方余额，也可能有贷方余额。借方余额表示超过计划的预付费用，属于待摊费用，应列作企业的资产项目；贷方余额表示按照计划应付而未付的费用，属于预提费用，应列作企业的负债项目。

全年制造费用的实际发生额与计划分配额的差额，通常应在年末调整。即年终时，按已分配比例计入 12 月份产品成本中。

【例 2-25】 承[例 2-24]，假定本年度实际发生制造费用 408 360 元，至年末累计已分配制造费用 415 000 元(其中，甲产品已分配 311 250 元，乙产品已分配 103 750 元)。

要求：将"制造费用"账户的差额进行调整。

调整过程：

年末，"制造费用"账户有贷方余额 6 640 元，应按已分配比例调整冲回。

甲产品应调减制造费用 = 6 640 × 311 250 ÷ 415 000 = 4 980(元)

乙产品应调减制造费用 = 6 640 × 103 750 ÷ 415 000 = 1 660(元)

调整会计分录：

借：基本生产成本——甲产品　　　　　　　　　　　　　　　　4 980
　　　　　　　　——乙产品　　　　　　　　　　　　　　　　1 660
　　贷：制造费用　　　　　　　　　　　　　　　　　　　　　6 640

4) 适用范围

该方法适用于季节性生产企业。

  任务实施

通过学习以上知识，对于前面提出的任务，对制造费用作如下分配：

表 2-30　　　　　　　　　　　　　制造费用分配表

生产车间：基本生产车间　　　　20××年 6 月

产品名称	生产工时	分配率	分配额
甲产品	20 000		8 000
乙产品	8 000		3 200
丙产品	2 000		800
合　计	30 000	0.4	12 000

编制会计分录如下：

借：基本生产成本——甲产品　　　　　　　　　　　　　　　　8 000
　　　　　　　　——乙产品　　　　　　　　　　　　　　　　3 200
　　　　　　　　——丙产品　　　　　　　　　　　　　　　　800
　　贷：制造费用　　　　　　　　　　　　　　　　　　　　　12 000

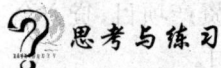 思考与练习

制造费用的分配方法有哪些？

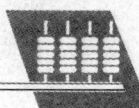

任务 4 归集与分配生产损失

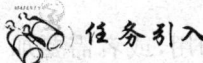 任务引入

宏运设备制造公司铸造车间在产品质量检验中,发现10件阀门铸件出现不同程度的砂眼、气孔和飞边。填制废品通知单,如表2-31所示。

表 2-31　　　　　　　　　　　废品通知单

车间:铸造车间

序号	零件		工序	计量单位	废品数量			实际工时	职工薪酬
	零件	编号			工废	料废	退修		
1 005	阀门	06	8	只	10		10	200	912
废品原因									
退修工件				出现砂眼、气孔、飞边					
责任人				追偿废品				备　注	
姓名	工种	工号	数量	单价	金额			工废经查需责任人赔偿	
赵凡	浇筑	008	10	10	100				

检验:王一　　　　　　　　　　　　　　　　　　　　　　　　　责任人:赵凡

说明:修复A铸件实际耗用材料500元,实际耗用工时200小时,每小时人工费用为4.56元,每小时制造费用为2.50元,修复过程中回收残料(已入库)10元,应由废品责任人赵凡赔偿100元。

要求:归集修复费用,并编制相应的会计分录。

 任务分析

生产损失有废品损失及停工损失两种。废品损失又有可修复及不可修复废品损失两种。本例中,废品属于可修复废品。可修复废品返修以前发生的费用,在"基本生产成本"账户及相应明细账中,不必转出,因为它不是废品损失;修复完成继续正常加工发生的费用也不是废品损失,应记入"基本生产成本"账户及相应明细账中。为了完成以上任务,需要学习以下相关知识。

 相关知识

生产损失是指企业由于生产组织不合理、经营管理不善、生产工人没有执行技术操作规程等原因造成人力、物力、财力上的损失,包括废品损失、停工损失和在产品盘亏、毁损等。本模块仅介绍废品损失和停工损失。

一、废品损失的核算

(一)废品的含义及类型

1. 废品的含义

废品是指质量不符合规定的标准或技术条件,不能按原定用途加以利用,或者需要加工修复后才能利用的产成品、自制半成品和零部件。

2. 废品的类型

按照废品修复在技术上的可能性和经济上的合理性,分为可修复废品和不可修复废品。可修复废品是指技术上可以修复,并且支付修复费用在经济上合算的废品;不可修复废品是指在技术上不可修复,或者虽能修复,但支付的修复费用在经济上不合算的废品。

废品按照其产生的原因不同,分为工废品和料废品。工废品是指由于生产工人操作上的问题造成的废品,工废品的产生属于操作工人的过失,一般由操作工人负责;料废品是指由于被加工的原材料、半成品和零部件质量不符合要求而造成废品,一般料废品的产生不应该由生产工人负责。

(二)废品损失的内容

废品损失是指企业因废品而造成的损失,包括可修复废品的修复费用和不可修复废品的生产费用(扣除回收残料价值和过失人赔偿等的净损失)。

1. 可修复废品的修复损失构成

返修过程中发生的修复费用,扣除残料残值以及过失人的赔偿后的净损失。

2. 不可修复废品的报废损失构成

报废产品的成本,扣除残料残值以及过失人的赔偿后的净损失。

特别需要注意的是以下几种情况不作为废品损失处理:

(1)经质量部门鉴定不需要返修可以降价出售的不合格品,其降价损失不作为废品损失,在计算损益时体现。

(2)产品入库后由于保管不善等原因而损害变质的损失,属于管理上的问题,作为管理费用处理。

(3)实行三包(包退、包修、包换)的企业,在产品出售以后发现的废品所造成的一切损失,作为管理费用处理。

(三)废品损失核算的凭证及设置的账户

1. 废品损失核算的凭证

为了便于分清责任,实行有效的控制,废品核算应遵循一定的凭证手续。这些凭证主要包括废品通知单、废品交库单和返修用料领料单等。同时,为了保证产品质量,及时发现废品,避免更大损失的发生,企业各生产部门均应配备专职的质量检验员。在产品质量检验中,一旦发现废品,不论是在产品的生产过程中发现,还是在半成品、产成品入库后发现,产品质量检验人员都应填制废品通知单。废品通知单通常一式三联:一联由生产单位存查,一联交质量检验部门,一联交财会部门核算废品损失。

对于送交仓库的不可修复废品,应另填废品交库单。单上应注明废品的残料价值,作为残料入库的依据。对于可修复废品,在返修中所领用的各种材料及所耗的工时,应另填领料单和工作通知单等。单上注明"返修废品用"字样,作为核算修复费用的依据。

2. 废品损失设置的账户

为了全面反映企业一定时期内发生废品损失的情况,加强废品损失的控制管理,应设置"废品损失"账户进行废品损失的归集和分配,同时在"基本生产成本"明细账增设"废品损失"成本项目。

"废品损失"账户的借方登记可修复废品的修复费用和不可修复废品的生产成本,贷方登记回收废品的残料价值和过失人的赔款;月末,需要将废品损失净额由该账户的贷方转入"基本生产成本"账户的借方,由当月合格产品成本负担。结转后,"废品损失"账户应无余额。

另外,"废品损失"账户应当分别由生产单位按产品品种设置明细账,进行废品损失的明细核算。"废品损失"明细账按成本项目分设专栏,以反映废品损失的构成。

废品损失明细账格式,如表2-32所示。

表2-32 废品损失明细账

产品名称: 单位:元

年		凭证号	摘要	借方	贷方	余额
月	日					
			发生修理费			
			废品收回的残值			
			应收赔款			
			结转废品净损失			

(四)废品损失的核算方法

废品损失分为可修复的废品损失及不可修复的废品损失。两者在会计核算上有所不同,现分述如下。

1. 可修复废品损失的核算

可修复废品损失是指废品在修复过程中所发生的各种修复费用。可修复废品返修时发生的各种修复费用应根据各种费用分配表,记入"废品损失"账户的借方。回收的残料价值及应收的赔偿,根据相关凭证,从"废品损失"账户的贷方转入"原材料"及"其他应收款"账户的借方。废品修复费减去残料价值和赔偿后的净损失应从"废品损失"账户的贷方转入"基本生产成本"账户的借方,并记入产品成本明细账中的废品损失专栏。

其中,材料费用一般按照有关领料单或领料凭证汇总表直接确定;人工费用有的可以直接确定,有的需要根据修复废品实际消耗的工时和小时工资率(人工费用分配率)计算确定;应负担的制造费用不能直接确定,而是根据修复废品实际消耗的工时和小时费用率(制造费用分配率)计算确定。

【例2-26】 20××年6月,宏运公司生产甲产品时发现可修复废品共计200件,均已修复验收入库。有关资料如下:本月修复甲产品时领用材料实际成本为5 000元,实际耗用的工时为200小时,直接人工费用分配率为6元/小时,制造费用分配率为5元/小时,另外,本月发生的 200 件废品中应由过失人赔偿损失 3 000 元。

(1) 计算可修复废品的修复费用。

$$直接材料费用 = 5\,000(元)$$
$$直接人工费用 = 200 \times 6 = 1\,200(元)$$
$$应负担的制造费用 = 200 \times 5 = 1\,000(元)$$
$$可修复废品的修复费用 = 5\,000 + 1\,200 + 1\,000 = 7\,200(元)$$

(2) 对于发生的可修复废品相关费用确认,需要编制的会计分录如下:

借:废品损失——甲产品　　　　　　　　　　　　　　　　7 200
　　贷:原材料　　　　　　　　　　　　　　　　　　　　　5 000
　　　　应付职工薪酬　　　　　　　　　　　　　　　　　　1 200
　　　　制造费用　　　　　　　　　　　　　　　　　　　　1 000

对于由于过失人导致的损失编制的会计分录如下:

借:其他应收款　　　　　　　　　　　　　　　　　　　　3 000
　　贷:废品损失——甲产品　　　　　　　　　　　　　　　3 000

净损失转入"基本生产成本"账户:

借:基本生产成本——甲产品(废品损失)　　　　　　　　　4 200
　　贷:废品损失——甲产品　　　　　　　　　　　　　　　4 200

需要指出的是:可修复废品返修以前发生的费用,在"基本生产成本"账户及相应明细账中,不必转出,因为它不是废品损失;修复完成继续正常加工发生的费用也不是废品损失,应记入"基本生产成本"账户及相应明细账。

2. 不可修复废品损失的核算

不可修复废品损失是指不可修复废品的生产成本,扣除回收的残料价值和应收赔款以后的净损失。需要指出的是,不可修复废品的成本与同种合格产品成本是同时发生的,并已归集记入该种产品的生产成本明细账中,为了归集和分配不可修复废品损失,必须首先计算废品的成本并将其从该种产品总成本中分离出来。

不可修复废品的生产成本,一般有两种计算方法:一是按废品所耗实际费用计算,二是按废品所耗定额费用计算。

1) 按废品所耗实际费用计算

按废品所耗实际成本计算废品损失,是指按成本项目将实际发生的生产费用在废品与合格品之间进行分配。当原材料在生产开始就一次性投入时,材料费用可按照废品与合格品的数量比例分配,而人工费用和制造费用则按照废品与合格品的工时比例进行分配;如果原材料不是在生产开始时一次性投入,而是随着生产进度陆续投入的,则采用适当的方法将废品折算为合格品的数量进行分配。

原材料在生产开始时一次性投入,不可修复废品成本的计算公式如下:

$$直接材料费用分配率 = \frac{直接材料费用总额}{合格品数量 + 废品数量}$$

$$废品应负担材料费用 = 废品数量 \times 直接材料费用分配率$$

$$直接人工（制造费用）分配率 = \frac{直接人工（制造费用）总额}{合格品工时数 + 废品工时数}$$

废品应负担直接人工（制造费用） = 废品工时数 × 直接人工（制造费用）分配率

【例 2-27】 20××年6月，宏运公司生产甲产品1 000件，在生产过程中发现其中40件为不可修复产品。该车间的基本生产成本明细账所记发生的全部费用为：原材料25 000元，职工薪酬5 964元，制造费用14 910元，合计45 874元。原材料是在生产开始时一次投入，生产工时：合格品为1 350小时，废品为70小时，合计1 420小时。废品回收残料价值为120元，根据以上资料，编制不可修复废品计算表，如表2-33所示。

表2-33　　　　　　　　　　　不可修复废品计算表
20××年6月　　　　　　　　　　　　　　　金额单位：元

项　目	数量	直接材料	生产工时（小时）	直接人工	制造费用	合计
生产费用总额	1 000	25 000	1 420	5 964	14 910	45 874
分配率		25		4.2	10.5	
废品成本	40	1 000	70	294	735	2 029
减：残料价值		120				120
废品损失		880		294	735	1 909

编制会计分录如下：

借：废品损失——甲产品　　　　　　　　　　　　　　　　　　　2 029
　　贷：基本生产成本——甲产品（直接材料）　　　　　　　　　　1 000
　　　　　　　　　　——甲产品（直接人工）　　　　　　　　　　 294
　　　　　　　　　　——甲产品（制造费用）　　　　　　　　　　 735

回收材料，冲减废品损失：

借：原材料　　　　　　　　　　　　　　　　　　　　　　　　　　 120
　　贷：废品损失——甲产品　　　　　　　　　　　　　　　　　　 120

将废品净损失转入合格品成本：

借：基本生产成本——甲产品（废品损失）　　　　　　　　　　　　1 909
　　贷：废品损失——甲产品　　　　　　　　　　　　　　　　　　1 909

不可修复废品损失按照实际成本计算，其结果较为准确，但是工作量较大，并且只能在月末生产费用计算出来后才能进行，不利于及时控制废品损失。

2) 按废品所耗定额成本计算

在消耗定额和费用定额比较准确的企业中，可以按废品所耗定额成本计算不可修复废品的生产成本，也就是按废品的实际数量和各项费用消耗定额计算不可修复废品的生产成本，实际成本与定额成本的差额全部由合格品承担。

【例 2-28】 20××年8月，宏运公司在生产乙产品过程中，产生不可修复品废品20件，按其所耗定额费用计算废品的生产成本。其中，直接材料费用单位定额为150元（原材料在生产开始时一次投入），废品已完成的定额工时为40小时。废品每小时的费用定额为：

直接人工6.5元,制造费用9元。回收残料价值130元,根据上述资料,编制不可修复废品损失计算表,如表2-34所示。

表2-34　　　　　　　　　不可修复废品损失计算表
20××年8月　　　　　　　　　　　金额单位:元

项　目	直接材料	定额工时(小时)	直接人工	制造费用	合计
定额费用	150		6.5	9	
废品定额成本	3 000	40	260	360	3 620
减:残料价值	130				130
废品损失	2 870		260	360	3 490

编制会计分录如下:

借:废品损失——乙产品　　　　　　　　　　　　　　　　　3 620
　　贷:基本生产成本——乙产品(直接材料)　　　　　　　　　　3 000
　　　　　　　　——乙产品(直接人工)　　　　　　　　　　　 260
　　　　　　　　——乙产品(制造费用)　　　　　　　　　　　 360

回收材料,冲减废品损失:

借:原材料　　　　　　　　　　　　　　　　　　　　　　　　130
　　贷:废品损失——乙产品　　　　　　　　　　　　　　　　　130

将废品净损失转入合格品成本:

借:基本生产成本——乙产品(废品损失)　　　　　　　　　　　3 490
　　贷:废品损失——乙产品　　　　　　　　　　　　　　　　　3 490

按照废品实际数量和定额费用计算废品的定额成本,计算产品成本的废品损失只受到废品数量多少的影响,不受废品实际费用水平高低的影响。这样,不仅计算比较简便,而且,有利于分析考核生产过程中的废品损失。

(五)不单独核算废品损失的处理

对于不单独核算废品损失的企业,一般不需要设置"废品损失"账户和"废品损失"成本项目。发生的废品残料回收收入和应收过失人赔偿金额直接冲减"基本生产成本"账户。残料回收价值应该从生产成本明细账的"直接材料"成本项目中扣除,应由过失人赔偿金额可以从"直接人工"成本项目中扣除。生产成本明细账归集的本月完工产品总成本除以扣除了废品数量的本月合格品数量,即本月合格产品的单位成本。

【例2-29】 20××年8月,某企业生产车间生产丁产品,不单独核算废品损失。本月丁产品累计发生费用500 000元,其中,合格品5 300件,不可修复废品300件,废品残料价值收回4 000元,应由过失人赔偿800元。有关回收残料价值和应收过失人赔偿的会计分录如下:

借:原材料　　　　　　　　　　　　　　　　　　　　　　　4 000
　　其他应收款　　　　　　　　　　　　　　　　　　　　　　800
　　贷:基本生产成本——丁产品　　　　　　　　　　　　　　4 800

这种处理方法比较简便。由于合格品的各成本项目中都包括可修复废品的修理费用和不可修复废品的生产成本,没有对废品损失进行单独处理,因此,不利于废品损失的控制与分析。对于辅助生产车间规模不大、废品损失较少的企业,可以采用这种不单独核算废品损失的方法。

二、停工损失的核算

(一) 停工损失的概念

停工损失是指生产单位在停工期内发生的各项费用,包括停工期间发生的燃料及动力费用、损失的材料费用、应该支付的生产工人薪酬、应该负担的制造费用等。

为了简化核算,生产单位不满1个工作日的停工,可以不计算停工损失。

(二) 账户设置

单独核算停工损失的企业,应增设"停工损失"账户和"停工损失"成本项目。同时,在账户上应当设置"停工损失"总分类账户,或者在"基本生产成本"总分类账户下设置"停工损失"明细账,进行停工损失的核算。

"停工损失"账户的借方登记生产单位发生的各项停工损失,贷方登记应索赔的停工损失和分配结转的停工损失;分配结转停工损失以后,该账户无余额。"停工损失"账户应当按照生产单位设置明细账,并按照费用项目设置专栏组织明细核算。

(三) 停工损失的核算

在停工损失中,原材料、水电费、生产工人的薪酬可以根据领料单、水电费分配表和工资分配表等有关原始凭证确认后直接计入;制造费用能够直接确认的应尽量直接计入,不能直接确认的可以按照停工工时数和小时制造费用分配率分配计入。停工期间发生且应当计入停工损失的各种费用,都应在"停工损失"账户的借方归集,借记"停工损失"账户,贷记"原材料""应付职工薪酬"和"制造费用"等账户。

对于季节性生产企业在停工期间内发生的费用,应该直接记入"制造费用"账户,转入开工期内的生产成本,不通过"停工损失"账户核算。

【例2-30】 20××年6月,宏运公司一车间只生产一种甲产品,由于供料不足停工5天,停工期间的相关费用,如表2-35所示。

表 2-35　　　　　　　　　　　停工相关费用

20××年6月

停工损失项目	供料不足停工费用
职工薪酬	8 000
制造费用	2 000
合　计	10 000

要求:编制第一车间发生停工损失的会计分录。

借:停工损失——第一车间(甲产品)　　　　　　　　　　　　　　　10 000
　　贷:应付职工薪酬　　　　　　　　　　　　　　　　　　　　　　 8 000
　　　　制造费用　　　　　　　　　　　　　　　　　　　　　　　　 2 000

企业归集在"停工损失"账户借方的停工损失,应当根据发生停工的不同原因进行分配和结转。其中,应取得赔偿的损失和应计入营业外支出的损失,从该账户的贷方分别转入"其他应收款"和"营业外支出"账户的借方;应计入产品成本的损失,从该账户的贷方分别转入"基本生产成本"账户的借方。需要注意的是,对于应计入产品成本的停工损失,如果停工的车间只生产一种产品,则直接记入该种产品成本明细账的"停工损失"成本项目;如果停工的车间生产多种产品,则应采用适当的方法(如按照产品消耗工时数或产品件数等标准)在各种产品之间进行分配,然后分别记入该车间各种产品成本明细账的"停工损失"成本项目。

编制会计分录如下:

借:基本生产成本——甲产品(停工损失)   10 000
  贷:停工损失——第一车间   10 000

任务实施

根据任务描述和所学的相关知识,对于前面提出的任务,作如下核算:

经技术部门鉴定铸件的缺损情况,砂眼可通过填加填补剂,气孔可通过补焊,飞边通过打磨等措施修复,因此,修复费用较少,应为可修复废品。

1. 计算并归集修复费用

$$直接材料 = 500(元)$$
$$直接人工 = 200 \times 4.56 = 912(元)$$
$$制造费用 = 200 \times 2.5 = 500(元)$$
$$合\quad 计 = 1\ 912(元)$$

2. 编制归集修复费用的会计分录

借:废品损失——铸造车间(A 铸件)   1 912
  贷:原材料   500
      应付职工薪酬   912
      制造费用   500

结转残料残值及责任人赔偿,编制会计分录:

借:原材料   10
  其他应收款——赵凡   100
  贷:废品损失——铸造车间(A 铸件)   110

计算并分配废品净损失:

$$废品净损失 = 修复费用 - 残料残值 - 责任人赔偿 = 1\ 802(元)$$

编制分配废品净损失的会计分录:

借:基本生产成本——A 铸件(废品损失)   1 802
  贷:废品损失——铸造车间(A 铸件)   1 802

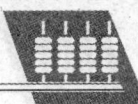

思考与练习

1. 废品的种类有哪些?
2. 不可修复废品的生产成本有几种计算方法?

任务5 归集与分配生产耗费,计算并结转完工产品成本

任务引入

20××年8月,宏运设备制造公司生产A产品,本月完工产品产量为400件,月末在产品80件,加工程度为50%。本月生产费用资料,如表2-36所示。

表2-36　　　　　　　　　　生产费用资料

摘　要	直接材料	直接人工	制造费用	合计
月初在产品成本	1 270	142	139	1 551
本月发生生产费用	7 850	2 058	3 381	13 289
合计	9 120	2 200	3 520	14 840

注:A产品所耗原材料于生产开始时一次投入。

要求:(1) 计算在产品约当产量。
(2) 用约当产量法分配本月完工产品成本及月末在产品成本。
(3) 编制结转完工入库产品成本的会计分录。

任务分析

约当产量法是指将期末在产品数量按照完工程度折算为相当于完工产品的产量,即约当产量,然后按照完工产品产量与期末在产品约当产量的比例来分配计算完工产品成本和期末在产品成本的一种方法。采用该方法计算时需要分成本项目,对直接材料费用、直接人工费用和制造费用分别计算。其中,直接材料费用的分配取决于原材料的投料方式和投料比例,其他成本费用的分配取决于加工程度。

为完成生产费用的进一步分配,确定完工产品成本,需要学习以下相关知识。

相关知识

一、在产品的核算

(一) 在产品的概念

在产品有广义在产品与狭义在产品之分。

1. 广义在产品

广义在产品是指没有完成全部生产过程,不能作为商品销售的产品。广义在产品包括:①正在加工中的在产品;②已经完成一个或几个生产步骤但还需要继续加工的半成品;③尚未验收入库的产成品。

2. 狭义在产品

狭义在产品只包括该车间或该生产步骤正在加工中的那部分半成品。车间或生产步骤完工的半成品不包括在内。

本部分所讲的在产品指狭义在产品。

(二)在产品数量的确定

在产品数量的确定对于月末确定完工产品成本至关重要。

在产品数量的确定方式有两种:一是通过账面核算资料确定,要求企业设置在产品收发结存账簿,又称在产品台账;二是通过月末实地盘点确定。

在产品台账应当根据有关领料凭证、在产品内部转移凭证、产品检验凭证和产品交库单等原始凭证逐笔登记。生产单位的核算人员应对在产品台账的登记情况进行审核和汇总。由于在产品种类多、数量大,当每月组织在产品数量的盘点核对有困难时,可以直接根据在产品台账提供的月末在产品结存数量来计算月末在产品成本。在产品收发结存账格式,如表2-37所示。

表 2-37　　　　　　　　　　　在产品收发结存账

车间:机加工车间

零部件名称:8806　　　　　　　　　　　　　　　　　　　　　　　　单位:件

年		摘要	收入		转出			结存	
月	日		凭证号	数量	凭证号	合格品	废品	完工	未完工

(三)在产品的清查

在产品的清查采用实地盘点法。清查后,应根据实际盘点结果和账面资料编制在产品盘存表,列明在产品的账面结存数、实际结存数、盘盈数或盘亏数以及盈亏原因和处理意见。

为了反映在产品盘盈、盘亏和毁损的处理全过程,应当设置"待处理财产损溢"账户。该账户借方登记盘亏和毁损的在产品价值以及批准转销后盘盈的在产品价值,贷方登记盘盈的在产品价值以及批准转销后盘亏的在产品价值,经批准转销后,该账户无余额。

在产品发生盘盈时,按计划成本或定额成本,借记"基本生产成本"账户,贷记"待处理财产损溢"账户;经批准转销后,对于发生盘盈的在产品应冲减管理费用,借记"待处理财产损溢"账户,贷记"管理费用"账户。在产品发生盘亏或毁损时,借记"待处理财产损溢"账户,贷记"基本生产成本"账户,以冲减在产品的账面价值;发生毁损的在产品残值入库时,应借记"原材料""银行存款"等账户,贷记"待处理财产损溢"账户。按照规定转销时,应根据不同情况分别将损失从"待处理财产损溢"账户的贷方转入借方。其中,由于自然灾害造成的非常损失中应由保险公司赔偿的部分,借记"其他应收款"账户,其余损失借记"营业外支出"账户;准予计入管理费用的损失,应借记"管理费用"账户;应由过失人赔偿的,应借记"其他应收款"账户。

二、生产耗费与在产品成本及完工产品成本的关系

企业在生产过程中发生的生产费用,经过在各种产品之间进行归集和分配,应计入本月各种产品成本的生产费用,都已集中反映在"基本生产成本"账户及所属各种产品成本明细账中。月末,企业生产的产品有三种情况。

1. 产品已全部完工

产品成本明细账中归集的生产费用(如果有月初在产品,还包括月初在产品成本)之和,就是该完工产品的成本。

2. 全部产品都没有完工

产品成本明细账中归集的生产费用之和,就是该种在产品的成本。

3. 既有完工产品又有在产品

产品成本明细账中归集的生产费用之和,应在完工产品和月末在产品之间采用适当的分配方法进行分配,以计算完工产品成本和月末在产品成本。

月初在产品成本、本月生产费用与本月完工产品成本、月末在产品成本之间的关系,可以用下列公式表达:

$$月初在产品成本 + 本月生产费用 = 本月完工产品成本 + 月末在产品成本$$

公式的前两项是已知数,后两项是未知数,前两项的费用之和,在完工产品和月末在产品之间采用一定的方法进行分配。分配的方法有两种:

一是先计算确定月末在产品成本,然后倒轧出完工产品成本。

二是将公式前两项之和按照一定比例在完工产品和月末在产品之间进行分配,同时求得完工产品成本和月末在产品成本。

三、生产耗费在完工产品与在产品之间分配的方法

生产费用在完工产品与在产品之间分配的方法主要有六种:在产品不计算成本法、在产品按年初固定成本计价法、在产品按所耗原材料费用计价法、约当产量法、在产品按定额成本计价法和定额比例法。企业应根据在产品数量的多少、各月在产品数量变化的大小、各种费用比重的大小,以及定额管理基础好坏等具体条件和实际情况,选择既合理又简便的分配方法。

(一)在产品不计算成本法

在产品不计算成本法是指虽然月末有结存在产品,但月末在产品数量很小,价值很低,且各月在产品数量比较稳定的情况下,对月末在产品成本忽略不计的一种方法。这种方法

适用于各月月末在产品数量都很小的产品,如自来水厂、采掘企业。采用这种方法,本月完工产品成本等于本月生产费用,并且基本生产成本明细账的账面上没有月末在产品成本。用公式表示如下:

$$本月完工产品成本 = 本月生产费用$$

(二)在产品按年初固定成本计价法

在产品按年初固定成本计价法是指对各月月末在产品成本按年初在产品成本计算的计价法。这种方法适用于各月月末在产品数量较小,或者在产品数量虽大,但各月之间变化不大的产品。因为在这种情况下,月初、月末在产品成本的差额很小,对完工产品成本的影响不大,为了简化核算工作,并反映在产品资金的占用情况,各月在产品成本可固定按年初数计算。采用这种方法,各月月末在产品成本不变,月初、月末在产品成本相等。某种产品当月发生的生产费用就是当月完工产品的成本。用公式表示如下:

$$本月完工产品成本 = 本月生产费用$$

采用这种方法,每年年终时,应根据实际盘点的在产品数量重新调整计算,确定 12 月份在产品的实际成本,通常作为下一年度各月固定的在产品成本。12 月份完工产品成本的计算公式如下:

$$\text{本月完工产品成本} = \text{月初(即年初)在产品成本} + \text{本月生产费用} - \text{月末盘点确认的在产品成本}$$

【例 2-31】 20××年 1 月,宏运公司在产品成本为 20 000 元,其中,直接材料 12 000 元,直接人工 5 000 元,制造费用 3 000 元;本月发生生产费用 10 000 元,其中,直接材料 5 000 元,直接人工 3 000 元,制造费用 2 000 元。A 产品本月完工 500 件。

要求:用在产品按年初固定成本计价法编制产品成本计算单。

产品成本计算单,如表 2-38 所示。

表 2-38　　　　　　　　　　　产品成本计算单

20××年 1 月　　　　　　　　　　　　　　　　　　单位:元

摘　要	直接材料	直接人工	制造费用	合计
月初在产品成本	12 000	5 000	3 000	20 000
本月生产费用	5 000	3 000	2 000	10 000
生产费用合计	17 000	8 000	5 000	30 000
完工产品成本	5 000	3 000	2 000	10 000
月末在产品成本	12 000	5 000	3 000	20 000
单位成本	10	6	4	20

结转本月完工入库的产品成本:

借:库存商品——A 产品　　　　　　　　　　　　　　　　　　　10 000
　　贷:基本生产成本——A 产品　　　　　　　　　　　　　　　　　　10 000

在产品按固定成本计价法计算较简单,采用这种方法计算,无论年末在产品数量变动与否,都需要对在产品进行实地盘点,并以实际盘存数作为计算的基础以重新确定年末在产品成本。由于这种方法下,1~11月各月末在产品成本是固定的,大大简化了成本核算的工作。

(三) 在产品按所耗原材料费用计价法

在产品按所耗原材料费用计价法是指月末在产品成本只计算其耗用的直接材料费用,不计算直接人工费用、制造费用等加工费用,即产品的加工费用全部由完工产品成本负担。这种方法适用于各月月末在产品数量较大,变化也较大,且原材料费用在成本中所占比较大的产品。例如,在造纸、酿酒和纺织等原材料费用比重较大的制造业中,都可以采用这种方法。用公式表示为:

$$\text{本月完工产品成本} = \text{月初在产品成本(只有材料费用)} + \text{本月生产费用} - \text{月末在产品成本(只有材料费用)}$$

在产品按所耗原材料费用计价法的步骤如下:

(1) 将原材料费用在完工产品与在产品之间进行分配。

$$\text{原材料费用分配率} = \frac{\text{月初原材料成本} + \text{本月原材料费用}}{\text{完工产品数量} + \text{在产品数量(或约当产量)}}$$

完工产品原材料成本 = 完工产品数量 × 原材料费用分配率

在产品原材料成本 = 在产品数量 × 原材料费用分配率

(2) 计算月末在产品成本。

$$\text{月末在产品成本} = \text{月末在产品应负担的原材料成本}$$

(3) 计算月末完工产品成本。

$$\text{月末完工产品成本} = \text{月初在产品成本} + \text{本月发生生产费用} - \text{月末在产品成本}$$

【例2-32】 20××年8月,宏运公司生产丙产品,原材料在生产开始时一次投入,月末在产品按所耗原材料费用计价。月初在产品成本为7 200元,本月发生生产费用:直接材料60 000元,人工成本4 000元,制造费用1 000元。本月完工产品100件,月末在产品20件。

要求:计算丙产品完工产品成本及月末在产品成本。

【解析】

材料费用分配率 = (7 200 + 60 000) ÷ (100 + 20) = 560(元/件)

丙产品完工产品直接材料费 = 100 × 560 = 56 000(元)

月末在产品成本 = 在产品原材料费用 = 20 × 560 = 11 200(元)

丙产品完工产品成本 = 56 000 + 4 000 + 1 000 = 61 000(元)

丙产品完工产品单位成本 = 61 000 ÷ 100 = 610(元)

根据费用分配结果编制产品成本计算单,如表2-39所示。

表2-39 产品成本计算单

20××年8月　　　　　　　　　　　　　　　　　　　　　　　　单位:元

摘　要	直接材料	直接人工	制造费用	合计
月初在产品成本	7 200			7 200
本月生产费用	60 000	4 000	1 000	65 000

(续表)

摘 要	直接材料	直接人工	制造费用	合计
生产费用累计	67 200	4 000	1 000	72 200
本月完工产品成本	56 000	4 000	1 000	61 000
月末在产品成本	11 200			11 200

结转本月完工入库的产品成本：

借：库存商品——丙产品　　　　　　　　　　　　　　　　　　61 000
　　贷：基本生产成本——丙产品　　　　　　　　　　　　　　　　61 000

（四）约当产量法

约当产量是指在产品按投料程度或完工程度折合成完工产品的产量。比如，在产品100件，平均完工程度80%，则约当产量为80件。

约当产量法是指将月初在产品成本和本月的生产费用之和，按照完工产品的产量和月末在产品约当产量的比例，分配计算完工产品成本和月末在产品成本的一种方法。

这种方法适用于月末在产品数量较大，各个月份之间月末在产品数量变化也较大，并且产品成本中直接材料费用和直接人工费用等加工费用的比重相差不大的产品。

其计算公式如下：

$$月末在产品约当产量 = 月末在产品数量 \times 在产品完工率$$

$$各项费用分配率 = \frac{月初在产品成本 + 本月生产费用}{完工产品产量 + 月末在产品约当产量}$$

$$完工产品成本 = 完工产品数量 \times 费用分配率$$

$$月末在产品成本 = 月末在产品约当产量 \times 费用分配率$$

以上公式计算，应按直接材料、直接人工、制造费用等成本项目分别进行。

【例2-33】 20××年8月，某企业生产丙产品，月初在产品成本为：直接材料2 800元，直接人工1 520元，制造费用1 100元。本月生产费用为：直接材料50 000元，直接人工58 960元，制造费用22 300元，完工产品240件，月末在产品200件，在产品的完工程度为60%，材料在生产开始时一次全部投入。

要求：计算在产品的约当产量，进行各费用项目的分配，计算完工产品成本和月末在产品成本。

【解析】

1. 直接材料费用的分配

$$直接材料费用分配率 = (2\,800 + 50\,000) \div (240 + 200) = 120(元/件)$$

说明：材料在生产开始时一次投入，所以1件完工产品与1件在产品所耗材料费用相同。

$$完工产品应负担的直接材料费用 = 240 \times 120 = 28\,800(元)$$
$$月末在产品应负担的直接材料费用 = 200 \times 120 = 24\,000(元)$$

2. 直接人工费用的分配

$$月末在产品约当产量 = 200 \times 60\% = 120(件)$$
$$直接人工费用分配率 = (1\ 520 + 58\ 960) \div (240 + 120) = 168(元/件)$$
$$完工产品应负担的直接人工费用 = 240 \times 168 = 40\ 320(元)$$
$$月末在产品应负担的直接人工费用 = 120 \times 168 = 20\ 160(元)$$

3. 制造费用的分配

$$月末在产品约当产量 = 200 \times 60\% = 120(件)$$
$$制造费用分配率 = (1\ 100 + 22\ 300) \div (240 + 120) = 65(元/件)$$
$$完工产品应负担的制造费用 = 240 \times 65 = 15\ 600(元)$$
$$月末在产品应负担的制造费用 = 120 \times 65 = 7\ 800(元)$$

4. 计算完工产品成本和月末在产品成本

$$完工产品成本 = 28\ 800 + 40\ 320 + 15\ 600 = 84\ 720(元)$$
$$月末在产品成本 = 24\ 000 + 20\ 160 + 7\ 800 = 51\ 960(元)$$

根据计算结果，编制产品成本计算单，如表2-40所示。

表2-40　　　　　　　　　　　产品成本计算单
20××年8月　　　　　　　　　　　　　单位：元

摘　要	直接材料	直接人工	制造费用	合计
月初在产品成本	2 800	1 520	1 100	5 420
本月生产费用	50 000	58 960	22 300	131 260
生产费用合计	52 800	60 480	23 400	136 680
费用分配率	1 200	168	65	
完工产品成本	28 800	40 320	15 600	84 720
月末在产品成本	24 000	20 160	7 800	51 960

需要说明的是：若产品分工序加工，则需要根据资料分别计算各工序原材料投料率、人工费及制造费用的完工率，进而计算各工序在产品约当产量，再把各工序约当产量相加，求得期末在产品约当产量，再进行分配。

在产品分工序加工情况下，在产品计算约当产量时的完工程度，要按照成本项目分别进行计算。其中，原材料按在产品投料程度确定；人工费和制造费用按在产品的加工程度确定。现具体介绍计算方法。

1. 分配"直接材料"费用的在产品约当产量的计算

分配"直接材料"费用的在产品约当产量一般是按投料程度计算的。投料方式不同，在产品的投料程度也不一样。

(1) 若原材料在生产开始一次投料，月末在产品投料程度为100%，则

$$月末在产品约当产量 = 月末在产品数量$$

(2) 若原材料按生产工序分次投入,并在每道工序开始时一次投入,则应根据各工序的材料消耗定额来计算投料程度:

$$某工序在产品投料程度 = \frac{至该工序止投入的材料定额的累计数}{单位完工产品消耗定额}$$

(3) 若原材料按生产工序陆续投入,则按如下公式确定在产品投料程度:

$$某工序在产品投料程度 = \frac{前面各工序累计材料消耗定额 + 本工序材料消耗定额 \times 50\%}{单位完工产品消耗定额}$$

其中,各工序结存的在产品在本工序的平均投料程度按50%计算。

【例2-34】 某产品经过三道工序加工完成,月末在产品数量及原材料消耗定额资料,如表2-41所示。

表2-41　　　　月末在产品数量及原材料消耗定额资料

工序	月末在产品数量(件)	单位产品材料消耗定额
1	100	70
2	120	80
3	140	100
合计	360	250

要求:计算下列工序在产品的投料率及月末在产品约当产量。
(1) 原材料于每道工序一开始时投入。
(2) 原材料于每道工序开始以后逐步投入。

【解析】
(1) 原材料于每道工序一开始时投入。月末在产品直接材料约当产量的计算,如表2-42所示。

表2-42　　　　月末在产品直接材料约当产量计算

工序	月末在产品数量(件)	单位产品材料消耗定额	投料程度	在产品约当产量(件)
1	100	70	70÷250×100%=28%	28
2	120	80	(70+80)÷250×100%=60%	72
3	140	100	(70+80+100)÷250×100%=100%	140
合计	360	250		240

(2) 原材料于每道工序开始以后逐步投入。月末在产品直接材料约当产量的计算,如表2-43所示。

表 2-43　　　　　　　　　月末在产品直接材料约当产量计算

工序	月末在产品数量(件)	单位产品材料消耗定额	投料程度	在产品约当产量(件)
1	100	70	70×50%÷250×100%=14%	14
2	120	80	(70+80×50%)÷250×100%=44%	52.8
3	140	100	(70+80+100×50%)÷250×100%=80%	112
合计	360	250		178.8

2. 分配"直接人工、制造费用"的在产品约当产量的计算

通常按加工程度计算，主要有两种计算方法：

（1）不分工序确定在产品加工程度。若各工序在产品数量和单位产品在各工序的加工量相差不多的情况下，前后工序加工程度可互相抵补，全部在产品加工程度可统一按照50%确定。

（2）分工序确定在产品加工程度。若各工序在产品数量及加工程度相差悬殊，在产品加工程度应按各工序分别测算。其计算公式如下：

$$某工序在产品完工率（加工程度）=\frac{前面各工序累计工时定额+本工序工时定额×50\%}{单位完工产品工时定额}$$

其中，各工序结存的在产品在本工序的平均加工程度按50%计算。

【例 2-35】 某产品需要经过三道工序加工制成，其工时定额为100小时。在产品及工时资料，如表2-44所示。

表 2-44　　　　　　　　　　在产品及工时资料

工序	月末在产品数量(件)	工时定额
1	160	40
2	200	30
3	240	30
合计	600	100

要求：试测算各工序在产品完工率，计算在产品的约当产量。在产品约当产量计算表，如表2-45所示。

表 2-45　　　　　　　　　　在产品约当产量计算表

工序	月末在产品数量(件)	工时定额	完工程度	在产品约当产量(件)
1	160	40	40×50%÷100×100%=20%	32
2	200	30	(40+30×50%)÷100×100%=55%	110
3	240	30	(40+30+30×50%)÷100×100%=85%	204
合计	600	100		346

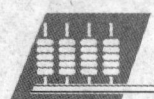

【例 2-36】 某企业生产甲产品,需要经过三道工序加工制成,本月有关生产费用资料,如表 2-46 所示。

表 2-46　　　　　　　　　　　生产费用资料

摘　要	直接材料	直接人工	制造费用	合计
月初在产品成本	18 000	4 160	5 235	27 395
本月发生生产费用	80 000	25 000	30 000	135 000
合　计	98 000	29 160	35 235	162 395

本月完工产品数量 1 000 件,月末在产品数量 400 件。在产品各工序定额资料表,如表 2-47 所示。

表 2-47　　　　　　　　　在产品各工序定额资料表

工序	月末在产品数量(件)	工时定额
1	100	40
2	200	30
3	100	30
合计	400	100

要求:采用约当产量法计算完工产品成本与月末在产品成本。

原材料于生产开始时一次性投入。

月末在产品数量约当产量计算表和产品成本计算单,如表 2-48 和表 2-49 所示。

表 2-48　　　　　　　　月末在产品数量约当产量计算表

工序	月末在产品数量(件)	工时定额	完　工　程　度	在产品约当产量(件)
1	100	40	40×50%÷100×100%=20%	20
2	200	30	(40+30×50%)÷100×100%=55%	110
3	100	30	(40+30+30×50%)÷100×100%=85%	85
合计	400	100		215

表 2-49　　　　　　　　　　　产品成本计算单

摘　要	直接材料	直接人工	制造费用	合　计
月初在产品成本	18 000	4 160	5 235	27 395
本月发生生产费用	80 000	25 000	30 000	135 000
合计	98 000	29 160	35 235	162 395
月末在产品约当产量	400	215	215	
完工产品数量	1 000	1 000	1 000	

(续表)

摘 要	直接材料	直接人工	制造费用	合 计
约当产量合计	1 400	1 215	1 215	
费用分配率	70	24	29	123
完工产品成本	70 000	24 000	29 000	123 000
月末在产品成本	28 000	5 160	6 235	39 395

（五）在产品按定额成本计价法

在产品按定额成本计价法是指根据月末在产品实际结存数量和单位定额成本，计算出月末在产品的定额成本，以在产品的定额成本代替在产品的实际成本，对月末在产品进行计价的一种方法。此方法适用于定额管理基础较好，各项消耗定额和费用定额制定得比较准确，并且定额比较稳定，各月在产品数量变化不大的产品。可用公式表述如下：

在产品直接材料定额成本 = 在产品数量 × 材料消耗定额 × 材料计划单价
在产品直接人工定额成本 = 在产品数量 × 工时定额 × 计划小时工资率
在产品制造费用定额成本 = 在产品数量 × 工时定额 × 计划小时费用率

【例 2-37】 某企业 B 产品的生产分两道工序制成，原材料在各道工序开始时一次投入，各道工序内在产品的平均加工程度为 50%。在产品的数量和定额消耗资料，如表 2-50 所示。

表 2-50　　　　　　在产品的数量和单位完工产品定额消耗资料

工序	在产品数量（件）	材料定额（kg）	工时定额（小时）
1	300	25	5
2	200	15	3
合计	500	40	8

直接材料计划单价 1.20 元，单位产品工时定额 8 小时，计划每工时费用分配率：直接人工 2 元/小时，制造费用 2.5 元/小时。B 产品月初在产品和本月生产费用合计：直接材料 26 500 元，直接人工 9 480 元，制造费用 11 875 元。

要求：月末在产品按定额成本计价法分配计算本月完工产品成本和月末在产品成本。

月末在产品定额成本计算表和产品成本计算单，如表 2-51 和表 2-52 所示。

表 2-51　　　　　　月末在产品定额成本计算表　　　　　　金额单位：元

工序	在产品（件）	定额材料费用	在产品定额工时（小时）	直接人工（2元/小时）	制造费用（2.5元/小时）	定额成本合计
1	300	300×25×1.2=9 000	300×5×50%=750	1 500	1 875	12 375
2	200	200×40×1.2=9 600	200×(5+3×50%)=1 300	2 600	3 250	15 450
合计	500	18 600	2 050	4 100	5 125	27 825

表 2-52　　　　　　　　　　　产品成本计算单

产品名称：B 产品　　　　　　　　　　　　　　　　　　　　　　　　　　　　单位：元

摘　要	直接材料	直接人工	制造费用	合计
本月生产费用合计	26 500	9 480	11 875	47 855
月末在产品定额成本	18 600	4 100	5 125	27 825
本月完工产品成本	7 900	5 380	6 750	20 030

（六）定额比例法

定额比例法是指将生产费用合计按照完工产品与月末在产品定额消耗量或定额费用的比例进行分配的方法。此方法适用于定额管理基础较好，各项消耗定额和费用定额制定得比较准确，并且定额比较稳定，各月在产品数量变化较大的产品。其中，原材料费用按原材料的定额消耗量或定额费用的比例分配，加工费用可以按各项定额费用的比例分配，也可按定额工时比例分配。

1. 计算完工产品和月末在产品定额材料费用和定额工时

$$完工产品定额材料费用 = 完工产品产量 \times 单位产品材料费用定额$$

$$月末在产品定额材料费用 = 月末在产品数量 \times 单位在产品材料费用定额$$

$$完工产品定额工时 = 完工产量 \times 单位产品工时定额$$

$$月末在产品定额工时 = 月末在产品数量 \times 单位在产品工时定额$$

2. 分成本项目计算完工产品成本与月末在产品成本

$$\frac{直接材料}{费用分配率} = \frac{月初在产品直接材料费用 + 本月发生的直接材料费用}{完工产品定额材料费用（量）+ 月末在产品定额材料费用（量）}$$

$$完工产品应分配直接材料 = 完工产品定额材料费用 \times 直接材料费用分配率$$

$$月末在产品应分配直接材料 = 月末在产品定额材料费用 \times 直接材料费用分配率$$

$$\frac{直接人工、制造费用}{分配率} = \frac{月初在产品直接人工、制造费用 + 本月发生的直接人工、制造费用}{完工产品定额工时 + 月末在产品定额工时}$$

$$完工产品应分配直接人工、制造费用 = 完工产品定额工时 \times 分配率$$

$$月末在产品分配直接人工、制造费用 = 月末在产品定额工时 \times 人工、制造费用分配率$$

【例 2-38】某企业生产丙产品，本月完工产品 2 000 件，原材料费用定额 5 元，工时定额 2 小时。月末在产品 500 件，原材料费用定额 4 元，工时定额 1 小时。生产丙产品发生的费用资料，如表 2-53 所示。

表 2-53　　　　　　　　　　　生产丙产品发生的费用资料

摘　要	直接材料	直接人工	制造费用	合计
月初在产品成本	3 000	850	1 650	5 500
本月生产费用	12 600	4 100	6 000	22 700
生产费用合计	15 600	4 950	7 650	28 200

要求：采用定额比例法分配本月生产费用，计算完工产品成本和月末在产品成本。

【解析】

完工产品定额材料费用 $= 2\,000 \times 5 = 10\,000$（元）

月末在产品定额材料费用 $= 500 \times 4 = 2\,000$（元）

完工产品定额工时 $= 2\,000 \times 2 = 4\,000$（小时）

月末在产品定额工时 $= 500 \times 1 = 500$（小时）

直接材料费用分配率 $= \dfrac{3\,000 + 12\,600}{10\,000 + 2\,000} = 1.3$

完工产品应分配直接材料 $= 10\,000 \times 1.3 = 13\,000$（元）

月末在产品应分配直接材料 $= 2\,000 \times 1.3 = 2\,600$（元）

直接人工分配率 $= \dfrac{850 + 4\,100}{4\,000 + 500} = 1.1$

完工产品应分配直接人工 $= 4\,000 \times 1.1 = 4\,400$（元）

月末在产品分配直接人工 $= 500 \times 1.1 = 550$（元）

制造费用分配率 $= \dfrac{1\,650 + 6\,000}{4\,000 + 500} = 1.7$

完工产品应分配制造费用 $= 4\,000 \times 1.7 = 6\,800$（元）

月末在产品分配制造费用 $= 500 \times 1.7 = 850$（元）

产品成本计算单，如表2-54所示。

表2-54　　　　　　　　　产品成本计算单

摘　要		直接材料	直接人工	制造费用	合　计
月末在产品成本		3 000	850	1 650	5 500
本月生产费用		12 600	4 100	6 000	22 700
生产费用合计		15 600	4 950	7 650	28 200
定额费用（定额工时）	完工产品	10 000	4 000	4 000	
	月末在产品	2 000	500	500	
费用分配率		1.3	1.1	1.7	
完工产品成本		13 000	4 400	6 800	24 200
月末在产品成本		2 600	550	850	4 000

四、完工产品成本的结转

制造业发生的生产费用，经过在各种产品之间以及在同种产品的完工产品和月末在产品之间分配以后，就可计算出各种完工产品的实际成本，应从"基本生产成本"账户的贷方分别转入有关账户的借方。对于验收入库的产成品成本，会计部门应根据产品成本计算单，按照产品类别、品种、规格进行汇总，编制完工产品成本汇总表，并将完工产品成本从

"基本生产成本"账户转入"库存商品"账户。月末结转后,"基本生产成本"账户的期末余额,就是基本生产在产品的成本,与所属各种基本生产成本明细账中期末在产品成本之和核对相符。

根据以上学习的相关知识,对于任务引入的解析,产品成本计算单,如表 2-55 所示。

表 2-55　　　　　　　　　　　产品成本计算单
20××年 8 月　　　　　　　　　　　　　　　单位:元

摘　要	直接材料	直接人工	制造费用	合　计
月初在产品成本	1 270	142	139	1 551
本月发生生产费用	7 850	2 058	3 381	13 289
合　计	9 120	2 200	3 520	14 840
月末在产品约当产量	80	40	40	
完工产品产量	400	400	400	
约当产量合计	480	440	440	
费用分配率	19	5	8	32
完工产品成本	7 600	2 000	3 200	12 800
月末在产品成本	1 520	200	320	2 040

编制会计分录如下:

借:库存商品——A 产品　　　　　　　　　　　　　　　　　　　　12 800
　　贷:基本生产成本——A 产品　　　　　　　　　　　　　　　　12 800

 思考与练习

1. 在产品的概念是什么?
2. 生产费用在完工产品与月末在产品之间分配的方法有几种?
3. 约当产量法的概念是什么?

实训题

一、单项选择题

1. 直接用于产品生产并构成该产品实体的原材料费用,应记入(　　)账户。
   A."基本生产成本"　　　　　　　　　B."制造费用"
   C."管理费用"　　　　　　　　　　　D."销售费用"
2. 企业行政管理部门人员的工资费用,应记入(　　)账户。
   A."营业外支出"　　　　　　　　　　B."销售费用"
   C."其他业务支出"　　　　　　　　　D."管理费用"
3. 在几种产品共同耗用一种材料的情况下,材料费用的分配可采用(　　)。

A. 定额耗用量比例分配法 B. 产品产量比例分配法
C. 产品重量比例分配法 D. 产品材料定额成本比例分配法

4. 用月标准工资除以全年平均每月工作日数计算日工资时,全年平均每月的工作日数为( )天。
A. 30   B. 25.5   C. 21.17   D. 20.83

5. 辅助生产费用交互分配法中的第一次交互分配是在( )之间进行分配。
A. 各受益单位 B. 辅助生产车间以外的受益单位
C. 各受益的基本生产车间 D. 各受益的辅助生产车间

6. 下列辅助生产费用分配法中,不在辅助生产单位之间分配费用的方法是( )。
A. 直接分配法 B. 交互分配法
C. 代数分配法 D. 计划成本分配法

7. 采用计划成本分配法进行辅助生产费用的分配,辅助生产实际成本应根据辅助生产车间按计划成本分配前的费用( )。
A. 加上按计划成本分配转入的费用
B. 减去按计划成本分配转出的费用
C. 加上按计划成本分配转入的费用,减去按计划成本分配转出的费用
D. 直接计算

8. 如果辅助生产车间规模不大,制造费用不多,为了简化核算,其制造费用可直接计入( )。
A. 制造费用 B. 辅助生产成本
C. 基本生产成本 D. 本年利润

9. 辅助生产费用分配采用计划成本分配法计算出的辅助生产成本的差异,为简化核算,可全部计入( )。
A. 辅助生产成本 B. 制造费用
C. 基本生产成本 D. 管理费用

10. 在各受益对象之间分配的辅助生产费用是( )。
A. 本期发生的费用 B. 期初在产品成本
C. 期末在产品成本 D. 生产费用合计数

11. 下列辅助生产成本明细账中,可能有期末余额的是( )。
A. 自制材料、自制工具和模具成本明细账
B. 供水、供电车间明细账
C. 运输车间成本明细账
D. 修理车间成本明细账

12. 采用辅助生产费用分配的交互分配法,对外分配的费用总额是( )。
A. 交互分配前的费用
B. 交互分配前的费用加上交互分配转入的费用
C. 交互分配前的费用减去交互分配转出的费用
D. 交互分配前的费用加上交互分配转入的费用,减去交互分配转出的费用

13. 企业核算的废品损失,一般是指( )。

A. 辅助生产车间的废品损失
B. 基本生产车间的废品损失
C. 基本生产车间和辅助生产车间的废品损失
D. 产品销售后发生的废品损失

14. 废品净损失分配转出时,应借记(　　)账户。
   A. "废品损失"   B. "基本生产成本"
   C. "管理费用"   D. "制造费用"

15. 下列各个项目中,属于废品损失的项目是(　　)。
   A. 不可修复废品的生产成本   B. 入库后保管不善造成的损失
   C. 不合格品的降价损失   D. 出售以后发现的废品损失

16. 制造费用分配以后,"制造费用"账户一般应无余额,如果有余额则采用(　　)。
   A. 年度计划分配率分配法   B. 生产工时比例法
   C. 机器工时比例法   D. 生产工人工资比例法

17. 将在产品数量按照完工程度折算为约当产量,然后按照完工产品数量和在产品约当产量的比例,分配完工产品成本与月末在产品成本的方法称为(　　)。
   A. 约当产量法   B. 定额比例法
   C. 在产品按所耗原材料费用计价法 D. 固定成本计价法

18. 在产品按所耗原材料费用计价法适合于(　　)的产品。
   A. 产品成本中原材料费用比重较大   B. 原材料分工序投入
   C. 原材料在生产开始时一次性投入   D. 原材料随着生产进度陆续投入

19. 某企业生产产品经过两道工序,各工序的工时定额为30小时和40小时,则第二道工序在产品的完工程度为(　　)。
   A. 68%   B. 69%   C. 70%   D. 71%

20. 企业定额管理基础较好,各项耗用定额或费用定额比较准确、稳定,且各月月末在产品数量变化不大的企业,在产品计算可采用(　　)。
   A. 定额成本法   B. 约当产量法   C. 原材料费用法   D. 定额比例法

二、多项选择题

1. 期间费用包括(　　)。
   A. 制造费用   B. 财务费用   C. 管理费用   D. 销售费用
2. 下列各项目中,属于成本项目的有(　　)。
   A. 直接材料费   B. 燃料及动力费
   C. 直接人工费   D. 废品损失费
3. 计入产品成本的各种材料费用,按其用途分配,应记入(　　)账户的借方。
   A. "基本生产成本"   B. "管理费用"
   C. "制造费用"   D. "销售费用"
4. 生产车间发生的计入产品成本的其他费用支出有(　　)。
   A. 劳动保护费   B. 利息支出
   C. 固定资产修理费   D. 水电费

5. 生产领用的材料被多种产品耗用且不能分清每种产品的消耗数量时,将材料费用在各种产品当中进行分配可采用的分配方法有(   )。
   A. 约当产量   B. 材料定额耗用量比例分配法
   C. 产品产量比例分配法   D. 材料定额成本比例分配法
6. 计算日工资时,可用月标准工资除以(   )。
   A. 30 天   B. 20.83 天
   C. 31 天   D. 当月日历日数
7. 辅助生产车间发生的固定资产折旧费,可能借记(   )账户。
   A. "制造费用"   B. "辅助生产成本"
   C. "基本生产成本"   D. "管理费用"
8. 辅助生产费用的分配方法有(   )。
   A. 直接分配法   B. 交互分配法
   C. 代数分配法   D. 计划成本分配法
9. 辅助生产分配法中,考虑到辅助生产单位之间交互分配的方法有(   )。
   A. 直接分配法   B. 交互分配法
   C. 代数分配法   D. 计划成本分配法
10. 采用代数分配法分配辅助生产费用时,分配结转辅助生产费用的会计分录中对应的借方账户主要有(   )。
    A. "辅助生产成本"   B. "基本生产成本"
    C. "制造费用"   D. "管理费用"
11. 废品损失包括(   )。
    A. 不可修复废品的净损失   B. 销售退回废品的生产成本
    C. 废品的修复费用   D. 保管不善产生的废品损失
12. 广义的在产品是指(   )。
    A. 正在车间加工的产品
    B. 正在返修的废品
    C. 已经完工一个或几个生产步骤,但还要继续加工的半成品
    D. 未验收入库的产品

三、判断题

1. 成本项目是生产费用按其经济内容所作的分类。（   ）
2. 当燃料费用在产品成本中所占比重较大时,可与动力费用合并设立"燃料及动力"成本项目。（   ）
3. 企业按月计提的固定资产折旧费用,应该全部计入产品成本。（   ）
4. 生产费用按经济内容和经济用途划分的要素费用和成本项目所包括的内容相同。（   ）
5. 在一般情况下,企业在本期投产的产品往往能在本期完工,本期完工的产品一定全部都是由本期投产的。（   ）
6. 材料费用的分配一般是通过编制材料费用分配表进行的。（   ）

7. 几种产品共同耗用一种材料的情况下,材料费用应采用材料定额成本比例分配法进行分配。( )
8. 采用月标准工资除以30天计算日工资的方法时,缺勤期间的节假日照发工资。( )
9. 工资总分类核算是根据"工资结算汇总表"进行的。( )
10. 辅助生产车间发生的制造费用,一般情况下,可直接记入辅助生产车间的"生产成本"账户。( )
11. 辅助生产费用的交互分配法,先进行辅助生产车间的交互分配,然后进行对外分配。( )
12. 采用直接分配法分配辅助生产费用,既简单又比较准确。( )
13. 辅助生产费用按代数分配法分配,其结果最为准确。( )
14. 采用计划分配率分配制造费用,实际与预定计划分配额的差异,年终可调整记入"管理费用"账户。( )
15. 采用一次交互分配法,交互分配以后各辅助生产单位的待分配费用,应分配给全部受益对象。( )
16. 采用直接分配法,辅助生产单位之间相互提供的劳务,不相互分配费用。( )
17. 制造费用所采用的所有分配方法,分配结果"制造费用"账户期末都没有余额。( )
18. 在产品成本按年初固定成本计算,意味着企业本年度每个月月末在产品成本均相等。( )
19. 对于各项消耗定额或费用定额比较准确的,各月月末在产品数量变化较大的产品,月末在产品可按定额成本法计算。( )
20. 在产品的约当产量是指期末在产品按其完工程度折算的数量。( )

四、实训题

1. 练习原材料定额消耗量比例分配法的运用

   资料:某企业生产甲、乙两种产品,共同耗用原材料6 000千克,每千克14.4元,共计86 400元。生产甲产品1 200件,单件甲产品原材料定额为3千克;生产乙产品800件,单件乙产品原材料消耗定额为1.5千克。

   要求:采用原材料定额消耗量比例分配法,计算甲、乙两种产品应负担的原材料费用,并编制相应的会计分录。

2. 练习原材料定额费用比例分配法的运用

   资料:某企业生产A、B两种产品,共同耗用一种原材料。A产品投产120件,每件材料费用定额为45元;B产品投产110件,每件材料费用定额为35元。A、B两种产品实际发生原材料费用共计15 170元。

   要求:采用原材料定额费用比例法分配A、B两种产品的原材料费用,并编制相应的会计分录。

3. 练习外购动力费用的分配

   资料:某企业8月份外购动力费用80 000元,款项尚未支付。该企业基本生产车间甲、乙两种产品,共耗用电费60 000元,本月甲产品生产工时55 000小时,乙产品45 000小时。其外购动力耗用情况,如表2-56所示。

表 2-56 外购动力耗用情况

用电部门	金额（元）
基本生产车间——产品生产	60 000
基本生产车间——一般耗用	4 000
辅助生产车间	9 000
行政管理部门	7 000
合　计	80 000

要求：分配各部门电费，并编制会计分录（甲、乙产品按照生产工时分配电费）。

4. 练习生产工人工资费用的分配

某企业本月份共生产三种产品，发生生产工人的工资 180 000 元。三种产品的生产工时分别为甲产品 2 000 小时，乙产品 4 000 小时，丙产品 3 000 小时。

要求：根据上述资料，按生产工时的比例计算每种产品应分配的工资费用，并将计算结果直接填入表 2-57 中，编制相应会计分录。

表 2-57 工资费用分配表

分配对象	分配标准	分配率	分配金额
甲产品			
乙产品			
丙产品			
合　计			

5. 练习职工薪酬的分配

资料：某企业基本生产车间 5 月份生产甲产品 100 件，每件实际工时 3 000 小时；生产乙产品 200 件，每件实际工时 1 500 小时。本月应付职工薪酬资料，如表 2-58 所示。

表 2-58 应付职工薪酬资料

部门及用途	金额（元）
基本生产车间——生产工人工资	86 000
基本生产车间——管理人员工资	5 200
机修车间	10 000
运输车间	3 000
企业行政管理部门	4 000
企业产品销售部门	2 000
合计	110 200

要求：生产工人工资按生产工时比例分配，根据上述资料编制工资分配表，并编制有关会计分录。

6. 练习辅助生产费用分配的核算

资料：某企业设有供水和供电两个辅助生产车间，为全厂提供劳务。20××年6月，各辅助生产车间发生的费用及劳务量，如表2-59所示。

表2-59　　　　　　　　辅助生产车间发生的费用及劳务量

受益单位		供水车间		供电车间	
		劳务量(吨)	费用额(元)	劳务量(度)	费用额(元)
基本生产车间	甲产品	500		2 400	
	乙产品	800		1 400	
	一般耗用	600		1 800	
辅助生产车间	供水车间			2 500	
	供电车间	1 000			
行政管理部门		300		800	
合计		3 200	4 400	8 900	3 840

要求：据上述资料，采用直接分配法分配辅助生产费用，编制会计分录，并将计算结果填入表2-60辅助生产成本分配表。

表2-60　　　　　　　　辅助生产成本分配表

20××年6月　　　　　　　　　　　　　　　　　　　　单位：元

受益单位		供水车间			供电车间			合计
		数量	分配率	金额	数量	分配率	金额	
待分配费用								
基本生产车间	甲产品							
	乙产品							
	一般耗用							
行政管理部门								
合计								

7. 练习辅助生产费用分配的核算

资料：某企业设有修理、运输两个辅助生产车间，20××年6月，辅助生产车间发生的费用及劳务量，如表2-61所示。

表2-61　　　　　　　　辅助生产车间发生的费用及劳务量

受益单位		修理车间		运输车间	
		劳务量(吨)	费用额(元)	劳务量(千米)	费用额(元)
基本生产车间	A产品	4 500		5 400	
	B产品	3 800		5 200	

(续表)

受益单位		修理车间		运输车间	
		劳务量(吨)	费用额(元)	劳务量(千米)	费用额(元)
基本生产车间	一车间	600		1 800	
	二车间	800		1 600	
辅助生产车间	修理车间			600	
	运输车间	1 000			
行政管理部门		500		1 500	
合计		11 200	4 480	16 100	32 200

假定该企业修理车间每小时的计划单位成本为0.3元,运输车间每吨千米计划单位成本为1.6元。

要求:分别采用交互分配法、顺序分配法、代数分配法、计划成本分配法分配辅助生产费用。填制辅助生产费用分配表(见表2-62至表2-65),并编制会计分录(分配率保留小数点后2位)。

表2-62　　　　　　　　辅助生产费用分配表(交互分配法)

20××年6月　　　　　　　　　　　　　　　　　　　单位:元

受益单位			交互分配			对外分配		
			修理	运输	合计	修理	运输	合计
待分配费用								
劳务供应量								
费用分配率								
辅助生产车间	修理车间	数量						
		金额						
	运输车间	数量						
		金额						
分配金额合计								
基本生产车间	A产品							
	B产品							
	一车间							
	二车间							
行政管理部门								
合计								

表 2-63　　　　　　　　　　　辅助生产费用分配表（顺序分配法）

20××年6月　　　　　　　　　　　　　　单位：元

受益单位		＿＿＿＿车间			＿＿＿＿车间			合计
		数量	分配率	金额	数量	分配率	金额	
待分配费用								
分配费用								
辅助车间	＿＿＿车间							
基本生产车间	A产品							
	B产品							
	一车间							
	二车间							
行政管理部门								
合计								

表 2-64　　　　　　　　　　　辅助生产费用分配表（代数分配法）

20××年6月　　　　　　　　　　　　　　单位：元

受益单位		修理车间			运输车间			合计
		数量	分配率	金额	数量	分配率	金额	
待分配费用								
劳务单位成本								
辅助生产车间	修理车间							
	运输车间							
基本生产车间	A产品							
	B产品							
	一车间							
	二车间							
行政管理部门								
合计								

表 2-65　　　　　　　　辅助生产费用分配表(计划成本分配法)

20××年6月　　　　　　　　　　　　　　　　　　单位:元

受益单位		修理车间			运输车间			合计
		数量	分配率	金额	数量	分配率	金额	
待分配费用								
劳务单位成本								
辅助生产车间	修理车间							
	运输车间							
基本生产车间	A产品							
	B产品							
	一车间							
	二车间							
行政管理部门								
计划总成本								
实际总成本								
成本差异								

8. 练习制造费用的核算

资料:20××年6月,某厂有关制造费用归集和分配资料,如表2-66所示。

表 2-66　　　　　　　　制造费用归集和分配资料

车间 项目	第一生产车间	
	甲产品	乙产品
生产工人工时	20 600	11 200
机器工时	5 200	2 700
生产工人薪酬	37 600	23 200
全年计划产量	70 000	22 000
工时定额	4	6
全年计划制造费用	865 200	
8月份制造费用	74 600	

8月份,生产甲产品6 000件,乙产品2 000件。

要求:分别采用生产工人工时比例法、生产工人工资比例法、机器工时比例法、年度计划分配率分配法进行制造费用分配的计算,并编制相应的会计分录。

9. 练习废品损失的核算

资料:某公司铸造车间在产品质量检验中,发现10件A铸件硬度不够,在技术上已无法修复,予以报废。相关支出:本月生产A铸件4 000件,其中,合格品生产工时为

117 000小时,废品工时为3 000小时。A产品生产成本明细账所列合格品和废品的全部生产费用为:直接材料200 000元,直接人工121 200元,制造费用72 000元,共计393 200元。废品残料回收入库价值1 200元。该铸件所需原材料在生产开工时一次全部投入。

要求:计算不可修复废品的生产成本,确认废品损失,编制相应的会计分录和不可修复废品损失计算表,如表2-67所示。

表2-67　　　　　　　　不可修复废品损失计算表

项目	数量	直接材料	生产工时	直接人工	制造费用	成本合计
生产费用总额						
费用分配率						
废品成本						
残值价值						
废品损失						

10. 练习生产费用在完工产品与在产品之间分配的核算

1) 约当产量法(投料程度的计算)。

资料:某产品经过两道工序制成,各工序原材料消耗定额分别为:第一工序10千克,第二工序50千克。

要求:

(1) 若每道工序原材料生产开始时一次投入,计算原材料的投料率。

(2) 若每道工序原材料于生产后陆续投入,计算原材料投料率。

2) 约当产量法(加工程度的计算)。

资料:某企业生产A产品需顺序经过三道工序连续加工才能完成,在产品在各工序的完工程度均为50%。具体资料,如表2-68所示。

表2-68　　　　　　　　工时及在产品数量表

项目	一工序	二工序	三工序	合计
工时定额(小时)	30	40	30	100
在产品数量(件)	180	150	170	500

要求:计算填列各工序在产品完工率及全部在产品约当产量,编制约当产量计算表,如表2-69所示。

表2-69　　　　　　　　约当产量计算表

项目	一工序	二工序	三工序	合计
加工程度				
约当产量				

3) 约当产量法（分配完工产品成本与在产品成本）。

资料：企业生产 B 产品，月初在产品成本和本月生产费用，如表 2-70 所示。

表 2-70　　　　　　　　　月初在产品成本和本月生产费用

项　目	直接材料	直接人工	制造费用
月初在产品	4 500	2 070	1 242
本月生产成本	37 590	12 930	8 758

B 产品本月完工 2 086 件，月末在产品有关资料，如表 2-71 所示。

要求：

（1）根据上述资料，计算 B 产品各工序在产品完工率和约当产量，填入表 2-71。

（2）按约当产量法计算 B 产品完工产品成本和月末在产品成本（原材料在开工时一次投入）。

表 2-71　　　　　　　　　　　约当产量计算表

工序	月末在产品数量	单位产品工时定额	完工率	约当产量
一	200	24		
二	400	30		
三	120	6		
合　计	720	60		

4) 定额成本法（分配完工产品成本与在产品成本）。

资料：某企业本月生产 A 产品，月初在产品和本月生产费用，如表 2-72 所示。

表 2-72　　　　　　　　　　　产品成本计算单

产品名称：A 产品	产品成本项目			
摘　要	直接材料	直接人工	制造费用	合　计
月初在产品成本	5 120	2 500	3 500	11 120
本月生产费用	57 600	20 000	34 000	111 600
生产费用合计	62 720	22 500	37 500	122 720
完工产品成本				
月末在产品成本				

A 产品本月完工产品 600 件，月末在产品 200 件，有关定额资料，如表 2-73 所示。

表 2-73　　　　　　　　　　　定 额 资 料

项　目	原材料单件定额成本	单件定额工时
完工产品	90	100
月末在产品	50	75

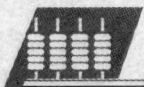

人工费每小时1元,制造费用每小时2元。

要求:用定额成本法将生产费用在完工产品和月末在产品之间分配。

5) 定额比例法(分配完工产品成本与在产品成本)。

资料:见4)定额成本法。

要求:用定额比例法将生产费用在完工产品和月末在产品之间分配。

模块三 大量大批单步骤生产企业成本核算——品种法

 任务1 品种法概述

 任务引入

王清是一名职业学院会计专业的毕业生,现在一个小型饼干加工食品厂实习。该食品厂需要一名成本核算员,王清的实习岗位就是进行成本核算。首先,他了解了该厂的生产特点属于单步骤大量生产企业,只生产酥油饼干一种产品,只有一个基本生产车间和一个辅助生产的机修车间。该企业采用品种法计算产品成本,因为企业规模小,很多人员的工作岗位并不固定,为核算简便,该企业只设置生产成本明细账和产品成本计算单。生产成本明细账中设置"电费""水费""材料费""职工薪酬""折旧费""其他费用"等成本费用项目。该企业的生产规模小,生产组织合理,在每个月月末基本上没有在产品。该厂20××年8月发生的经济业务资料如下所示。

(1) 根据有关凭证编制的材料费用分配表,如表3-1所示。

表3-1　　　　　　　　　　　材料费用分配表

20××年8月　　　　　　　　　　　　　金额单位:元

受益部门	受益对象	所耗材料	金额
基本生产车间	饼干	小麦	5 000
		鸡蛋	800
		植物油	700
基本生产车间	机器	修理用备件	260
合计			6 760

(2) 根据各车间、部门工资结算凭证汇总表编制的职工薪酬分配表,如表3-2所示。

表3-2　　　　　　　　　　　职工薪酬分配表

20××年8月　　　　　　　　　　　　　　单位:元

部门名称	职工薪酬合计
生产车间	12 680
机修部门	2 468
合计	15 148

(3) 根据其他费用凭证编制其他费用分配表,如表 3-3 所示。

表 3-3   其他费用分配表
20××年 8 月   单位:元

部门	水费	电费	折旧	其他	合计
生产车间	520	3 000	3 000	600	7 120
机修部门	100	680	800	500	2 080
合计	620	3 680	3 800	1 100	9 200

(4) 本月饼干生产量为 4 000 千克。

提出问题:王清在进行成本核算前应先解决下列问题:

(1) 该食品厂应该用何种方法计算产品成本?

(2) 品种法的成本核算特点?

(3) 品种法下如何建立账簿组织?

(4) 如何编制生产成本明细账和饼干的产品成本计算单,计算该厂 2010 年 8 月饼干产品总成本和单位成本?

任务分析

因为该食品厂是大量生产,而且是产品品种单一的单步骤生产的企业,所以应该选择品种法计算产品成本。

品种法根据计算程序的特点可以分为简单品种法和典型品种法。简单品种法的特点是以产品品种为成本计算对象,成本计算期是月末,月末一般不计算在产品成本,适用于大量大批简单生产的企业。典型品种法的特点是以产品品种作为成本计算对象,成本计算期是月末,月末一般需要计算分配完工产品成本和月末在产品成本,适用于大量大批复杂生产,但管理上不要求计算各步骤产品成本的企业。

相关知识

一、品种法的含义

品种法是指以产品品种作为成本计算对象,归集生产费用,并按照产品品种计算产品成本的一种方法。品种法是产品成本计算最基本的方法,其他成本计算方法都是以品种法为基础发展起来的。

二、品种法的适用范围

品种法主要适用于以下企业:

(1) 大量大批单步骤生产企业。例如,供水、发电、采掘等企业的生产成本计算。在这种类型的企业生产中,由于是单步骤生产,产品的生产工艺不可能或者不需要划分为几个生产步骤,也没有中间产品产出,因而,也就不可能或者不需要按照生产步骤计算产品

成本。

（2）大量大批多步骤生产企业。例如，小型水泥厂、造纸厂等。大量大批多步骤生产条件下，企业规模较小，或者车间是封闭式的，生产按照流水线组织的，管理上又不要求按照生产步骤计算生产成本的，也可以采用品种法计算产品成本。

三、品种法的特点

品种法适用于大量大批单步骤生产以及管理上不要求分步骤计算成本的大量大批多步骤生产企业。例如，发电、采掘等生产。与其他成本计算方法相比较，其成本计算特点主要体现在以下几个方面。

1. 以产品品种作为成本计算对象

采用品种法，以企业最终产品为成本计算对象，开列产品成本计算单，归集生产费用，计算产品成本。若企业生产一种产品，只需为该产品开设一张产品成本明细账，明细账内按成本项目设立专栏。那么，企业发生的各项费用都是直接费用，可以直接记入产品成本明细账，即产品成本计算单；如果企业同时生产两个或两个以上产品，则应按产品品种分别开设成本计算单，单内设成本项目专栏。生产产品直接发生费用，直接记入各成本计算单中，共同发生的费用按照一定的分配标准分配后记入各有关成本计算单中的各栏目。

2. 每月月末进行成本计算

品种法的成本计算期一般按月计算，与产品生产周期不一致，与会计报告期一致。采用品种法进行成本核算的企业，其生产特点往往是大量大批生产一种或几种产品，生产过程不断进行，原材料不断投入，产品不断产出，不能在产品制造完工时立即计算它的成本，因而一般按月进行成本计算。

3. 费用在完工产品与在产品之间的分配

采用品种法计算产品成本，若月末没有在产品或只有少量在产品，则不需要计算月末在产品。产品成本计算单中归集的全部生产费用就是该产品的完工产品总成本。若月末在产品数量较多，占用的费用较大，就需要采用适当的方法，将产品成本计算单中归集的全部生产费用在完工产品与在产品之间进行分配，从而确定完工产品成本。

四、品种法成本计算程序

（一）按产品品种设置有关成本明细账

按照产品品种开设基本生产成本明细账，按成本项目设置专栏。如有月初在产品成本的产品，还应在成本明细账中登记月初在产品成本，并开设其他与成本计算相关的账簿。

（二）编制各种要素费用分配表

根据各项生产费用发生的原始凭证编制要素费用分配表，分配各项要素费用，并登记基本生产成本、辅助生产成本、制造费用等有关成本费用明细账。

（三）分配辅助生产费用

月末根据辅助生产成本明细账记录和辅助生产车间提供的劳务量，采用适当的方法，在受益部门之间分配辅助生产费用，并登记有关成本费用明细账。

（四）分配基本车间制造费用

月末根据基本生产车间制造费用明细账记录,采用适当的方法,将制造费用在本车间的各种产品之间进行分配,并登记各产品的生产成本明细账。

（五）归集和分配废品损失及停工损失

如有生产损失,则归集并分配生产损失,登记相关基本生产成本明细账。

（六）分配生产费用,计算单位成本

根据基本生产成本明细账所归集的全部生产费用,编制产品成本计算单,采用一定的方法,将生产费用在完工产品与在产品之间分配,计算各种完工产品的总成本和单位成本。

（七）结转完工产品成本

根据产品成本计算单汇总编制完工产品成本汇总表,计算出完工产品总成本和单位成本,并编制结转完工产品成本的记账凭证,登记各成本明细账。

品种法核算程序图,如图3-1所示。

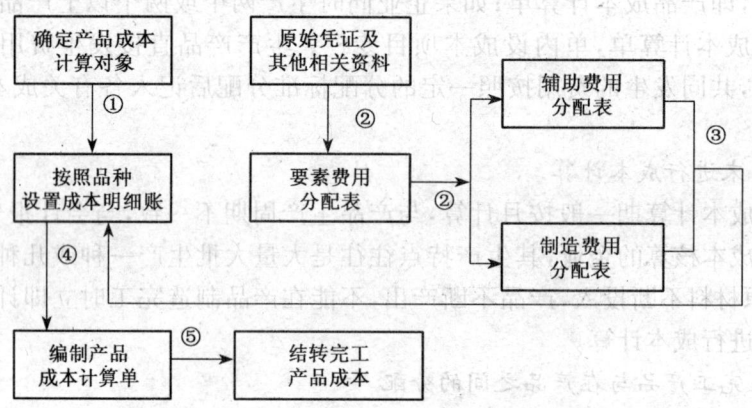

图3-1　品种法核算程序图

注：① 按照产品品种设置产品成本明细账。
② 归集分配各项要素费用。
③ 分配辅助生产费用和制造费用。
④ 编制产品成本计算单。
⑤ 结转完工产品成本。

任务实施

（1）采用品种法计算产品成本。

（2）在产品品种单一的大量大批单步骤生产企业,由于只生产一种产品,只有一个成本核算,生产过程中发生的应计入产品成本的费用都是直接计入费用,不存在在各成本核算对象之间分配的问题。如果企业生产周期较短,期末在产品没有或极少,也不存在在本期完工产品和期末在产品之间分配费用的问题。在供水、供电、采掘等企业采用的这种单一品种的品种法,在实际工作中也称为简单法。简单法的命名只体现了费用归集和分配方面的特点,没有体现成本核算对象是成本计算方法命名的依据这一特点。因此,将单一品种的品种法和多品种的品种法统称为品种法。

（3）王清进行分析后，在实习教师指导下，确定该企业应该采用简单品种法进行成本核算。

第一，由于该企业为小型生产企业，虽然有基本生产车间和辅助生产机修车间两个生产部门，但核算内容都很少，涉及的相关费用也不多，不再分别设置基本生产和辅助生产两个账户，同时也不开设制造费用账户，只开设"生产成本明细账"一个生产账户，"生产成本明细账"中设置"电费""水费""材料费""职工薪酬""折旧费""其他费用"等成本费用项目。

第二，根据各费用分配表编制记账凭证，登记生产成本的账簿和材料等要素费用账户。

第三，编制"产品成本计算单"，计算完工产品成本。

下面是王清同学采用单一产品法进行成本核算的过程。

一、根据要素费用分配表进行账务处理，编制各相关分录

（1）根据材料费用分配表，编制材料费用分配的会计分录：

借：生产成本——饼干　　　　　　　　　　　　　　　　6 760
　　贷：原材料——面粉　　　　　　　　　　　　　　　　5 000
　　　　　　　——鸡蛋　　　　　　　　　　　　　　　　　 800
　　　　　　　——植物油　　　　　　　　　　　　　　　　 700
　　　　　　　——修理用备件　　　　　　　　　　　　　　 260

转账凭证，如表 3-4 所示。

表 3-4　　　　　　　　　　　　　转 账 凭 证
20××年 8 月 5 日　　　　　　　　　　　　　　　　　转字第 1 号

摘要	会计科目		借方金额											贷方金额											记账
	总账科目	明细科目	亿	千	百	十	万	千	百	十	元	角	分	亿	千	百	十	万	千	百	十	元	角	分	√
分配材料费用	生产成本	饼干						6	7	6	0	0	0												√
	原材料	面粉																	5	0	0	0	0	0	√
		鸡蛋																		8	0	0	0	0	√
		植物油																		7	0	0	0	0	√
		修理用备件																		2	6	0	0	0	√
合计							¥	6	7	6	0	0	0					¥	6	7	6	0	0	0	√

财务主管：丁一　　　　记账：李立　　　　审核：丁一　　　　制单：李立

附单据 1 张

（2）根据薪酬费用分配表，编制职工薪酬费用分配的会计分录：

借：生产成本——饼干　　　　　　　　　　　　　　　　15 148
　　贷：应付职工薪酬　　　　　　　　　　　　　　　　 15 148

转账凭证，如表 3-5 所示。

表 3-5　　　　　　　　　　　　　转 账 凭 证

20××年 8 月 31 日　　　　　　　转字第 2 号

摘 要	会 计 科 目		借方金额										贷方金额										记账
	总账科目	明细科目	亿	千	百	十	万	千	百	十	元	角	分	亿	千	百	十	万	千	百	十	元	角	分	√
分配职工薪酬费用	生产成本	饼干				1	5	1	4	8	0	0												√
	应付职工薪酬	职工工资															1	5	1	4	8	0	0	√
合计					¥	1	5	1	4	8	0	0			¥	1	5	1	4	8	0	0	√

附单据 1 张

财务主管:丁一　　　记账:李立　　　审核:丁一　　　制单:李立

（3）根据其他费用分配表，编制支付水电等费用的会计分录：

借：生产成本——饼干　　　　　　　　　　　　　　　　5 400

　　贷：银行存款　　　　　　　　　　　　　　　　　　　　　5 400

付账凭证，如表 3-6 所示。

表 3-6　　　　　　　　　　　　　付 款 凭 证

贷方科目:银行存款　　　20××年 8 月 31 日　　　转字第 1 号

摘 要	借 方 科 目		金 额										记账
	总账科目	明细科目	亿	千	百	十	万	千	百	十	元	角	分	√
支付水电等费用	生产成本	饼干						5	4	0	0	0	0	√
合计							¥	5	4	0	0	0	0	√

附单据 1 张

财务主管:王红　　　记账:赵雨　　　出纳:李立　　　审核:王红　　　制单:赵雨

（4）根据其他费用分配表，编制提取折旧的会计分录：

借：生产成本——饼干　　　　　　　　　　　　　　　　3 800

　　贷：累计折旧　　　　　　　　　　　　　　　　　　　　　3 800

转账凭证，如表 3-7 所示。

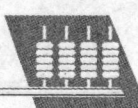

模块三 大量大批单步骤生产企业成本核算——品种法

表 3-7

转 账 凭 证

20××年8月31日　　　　　　　　　　　　　　　　转字第3号

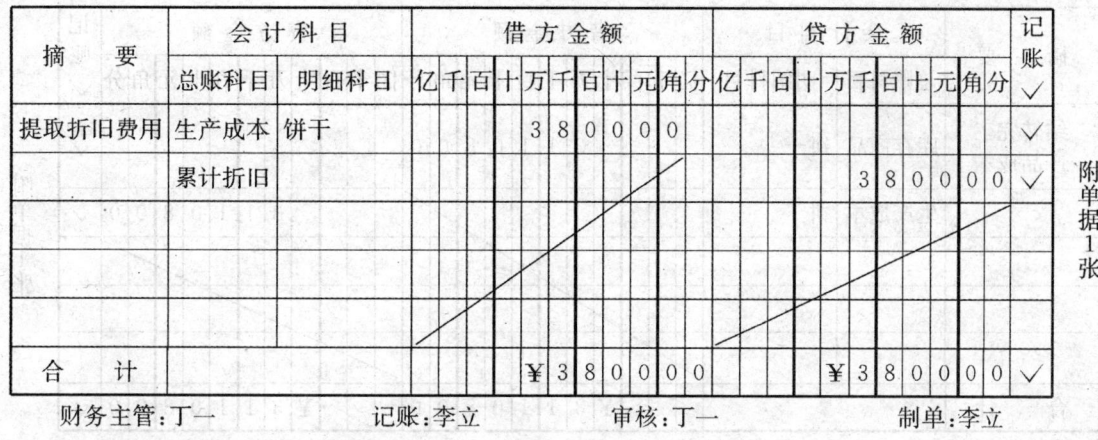

摘要	会计科目		借方金额	贷方金额	记账
	总账科目	明细科目	亿千百十万千百十元角分	亿千百十万千百十元角分	√
提取折旧费用	生产成本	饼干	3 8 0 0 0 0		√
	累计折旧			3 8 0 0 0 0	√
合　计			¥ 3 8 0 0 0 0	¥ 3 8 0 0 0 0	√

财务主管：丁一　　　　记账：李立　　　　审核：丁一　　　　制单：李立

二、登记基本生产成本明细账，计算产品成本

在对各种要素费用进行会计处理后，王清同学根据自己做的记账凭证登记生产成本明细账。由于该企业每个月基本上没有在产品，所以，王清在登记8月份生产成本明细账时，特别注意查看了一下上月月末，果然没有余额。王清逐笔登记完凭证后，将本月的产品成本结转出来。最后做好月末的结账工作。生产成本明细账，如表3-8所示。

表 3-8　　　　　　　　　　　　**生产成本明细账**

产品名称：饼干　　　　　　　20××年8月　　　　　　　　　单位：元

20××年		凭证		摘要	借方金额明细							贷方	余额
月	日	字	号		材料	薪酬	折旧费	水费	电费	其他	合计		
8	5	转	1	材料分配表	6 760.00						6 760.00		6 760.00
	31	转	2	薪酬分配表		15 148.00					15 148.00		21 908.00
	31	转	3	其他费用分配表			3 800.00				3 800.00		25 708.00
	31	付	1	其他费用分配表				620.00	3 680.00	1 100.00	5 400.00		31 108.00
	31	转	4	月末分配结转								31 108.00	
8	31			本月合计	6 760.00	15 148.00	3 800.00	620.00	3 680.00	1 100.00	31 108.00		

结转完工入库产品成本的会计分录：

借：库存商品——饼干　　　　　　　　　　　　　　　　　　31 108
　　贷：生产成本——饼干　　　　　　　　　　　　　　　　　　31 108

转账凭证，如表3-9所示。

为了让大家能更清楚地看明白产品成本的核算过程，王清特地为大家编制了一张饼干的成本计算单，如表3-10所示。

表 3-9

转 账 凭 证

20××年8月31日　　　　　　　　　　　转字第4号

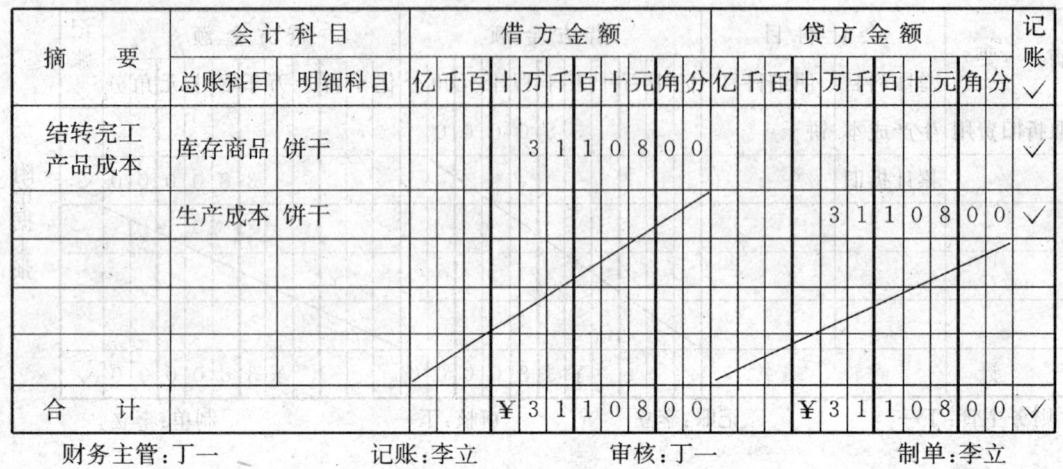

摘　要	会计科目		借方金额	贷方金额	记账
	总账科目	明细科目	亿千百十万千百十元角分	亿千百十万千百十元角分	√
结转完工产品成本	库存商品	饼干	3 1 1 0 8 0 0		√
	生产成本	饼干		3 1 1 0 8 0 0	√
合　计			￥3 1 1 0 8 0 0	￥3 1 1 0 8 0 0	√

附单据1张

财务主管:丁一　　　　记账:李立　　　　审核:丁一　　　　制单:李立

表 3-10　　　　　　　　　　完工产品成本计算单

产品名称:饼干　　　　　　20××年8月　　　　　　完工产量:4 000千克

项目	材料	薪酬	折旧	水费	电费	其他	合计
月初在产品成本							0
本月生产费用	6 760	15 148	3 800	620	3 680	1 100	31 108
生产费用合计	6 760	15 148	3 800	620	3 680	1 100	31 108
完工产品成本	6 760	15 148	3 800	620	3 680	1 100	31 108
单位产品成本	1.69	3.79	0.95	0.16	0.92	0.28	7.78
在产品成本							0

　　本次任务已经顺利结束。希望同学们通过这个任务的学习,掌握品种法的概念、特点和核算程序。当然,这个任务比较简单,只是为了给大家讲解一下品种法的基本思路。在实际工作中,尤其是大中型企业中,生产部门的设置和企业生产产品的品种较多,发生的费用也比较多,采用品种法核算产品成本不可能像我们的任务1这样简单。但是,核算原理基本上都是一样的。希望同学们牢牢掌握这些知识,灵活地加以应用。我们将在下面的任务中给大家介绍稍微复杂一些的业务处理。

❓ 思考与练习

1. 品种法的特点有哪些?
2. 品种法的适用范围如何?
3. 品种法的成本核算程序是什么?
4. 在品种法下需要设置哪些账户?
5. 品种法的种类有哪些?

任务 2　生产费用的归集与分配

任务引入

某工业企业为单步骤简单生产企业，设有一个基本生产车间，即一车间，大量生产甲、乙两种产品；另设有运输、机修两个辅助生产车间，为全厂提供产品和劳务。辅助生产之间相互提供的产品和劳务，需进行交互分配，采用的是交互分配法。辅助生产不单独核算制造费用。月末在产品完工程度均为50%。原材料均为生产开始时一次投入。该企业20××年8月份有关成本资料如下所述。

(1) 产量资料，如表3-11所示。

表 3-11　　　　　　　　　产　量　资　料

20××年8月　　　　　　　　　　单位：件

产品名称	月初数量	本月投产数量	本月完工数量	月末在产品数量
甲产品	150	650	600	200
乙产品	220	460	500	160

(2) 月初在产品成本，如表3-12所示。

表 3-12　　　　　　　　月初在产品成本

20××年8月　　　　　　　　　　单位：元

产品名称		月初在产品成本			
		直接材料	直接人工	制造费用	合　计
一车间	甲产品	13 682.48	3 056.24	2 756.32	19 495.04
	乙产品	19 956.36	2 060.42	1285.69	23 302.47

(3) 本月发生的材料费用，如表3-13所示。

表 3-13　　　　　　　　本月材料费用

20××年8月　　　　　　　　　　单位：元

领料用途	直接领用A材料	共同耗用B材料	合　计	B材料定额耗用量（千克）
甲产品	20 000			700
乙产品	45 000			500
小　计	65 000	24 000	89 000	1 200
基本生产车间一般耗用	1 200		1 200	
机修车间	1 500		1 500	
运输车间	600		600	
合　计	68 300	24 000	92 300	

(4) 该企业按照工资总额的12%提取各类保险金,按照工资总额的8%提取职工福利,按照工资总额的8%提取住房公积金。本月职工薪酬费用资料表,如表3-14所示。

表3-14　　　　　　　　　　　本月职工薪酬费用资料表

20××年8月　　　　　　　　　　　　　金额单位:元

部门		人员类别	基本工资	岗位津贴	浮动奖金	交通/通讯等补助	病假扣款	事假扣款	合计
基本生产车间	一车间	生产工人	18 636.00	1 356.00	1 250.00	288.00	100.00		21 430.00
		管理人员	4 648.00	1 050.00	862.00	278.00		280.00	6 558.00
辅助生产车间	机修车间	生产工人	2 680.00	1 645.00	365.00	180.00			4 870.00
		管理人员	1 945.00	1 245.00	268.00	158.00	120.00		3 496.00
	运输车间	生产工人	2 748.00	2 356.00	348.00	126.00			5 578.00
		管理人员	1 456.00	1 186.00	246.00	154.00			3 042.00
厂部		管理人员	4 866.00	1 928.00	842.00	468.00		400.00	7 704.00
销售部门		管理人员	3 488.00	2 135.00	234.00	456.00			6 313.00
合计			40 467.00	12 901.00	4 415.00	2 108.00	220.00	680.00	58 991.00

(5) 本月月初的固定资产情况表,如表3-15所示。

表3-15　　　　　　　　　　　固定资产情况表

20××年8月　　　　　　　　　　　　　金额单位:元

部门	房屋建筑物 0.2%		机器设备 0.8%		合计
	原值	月折旧额	原值	月折旧额	
基本生产车间	200 000.00		75 500.00		
机修车间	100 000.00		27 300.00		
运输车间	120 000.00		32 650.00		
行政管理部门	280 000.00		40 000.00		
销售部门	100 000.00		28 000.00		
合计	800 000.00		203 450.00		

(6) 其他费用表(均以银行存款付讫),如表3-16所示。

表3-16　　　　　　　　　　　其 他 费 用 表

20××年8月　　　　　　　　　　　　　单位:元

部门	办公费	差旅费	水电费	其他	合计
基本生产车间一车间	1 230	268	1 200	560	3 258
辅助生产机修车间	1 325	208	800	249	2 582
辅助生产运输车间	1 100	326	600	456	2 482
行政管理部门	2 560	2 450	800	268	6 078

(续表)

部门	办公费	差旅费	水电费	其他	合计
销售部门	2 456	3 468	1 000	325	7 249
合计	8 671	6 720	4 400	1 858	21 649

(7) 工时记录,如表 3-17 所示。

表 3-17　　　　　　　　　　工 时 记 录

产品	本月生产工时
甲产品	3 000
乙产品	2 000
合计	5 000

(8) 辅助生产产品及劳务供应量,如表 3-18 所示。

表 3-18　　　　　　辅助生产产品及劳务供应量

20××年8月

项目	辅助生产提供部门	
	机修车间(小时)	运输车间(公里)
受益部门		
机修车间		500
运输车间	600	
一车间	200	2 000
管理部门	100	1 500
销售部门	100	500
合计	1 000	4 500

(9) 有关费用分配方法:①甲、乙产品共同耗用的材料费用按定额耗用量比例分配;②生产工人工资按甲、乙两产品生产工时比例分配;③制造费用按甲、乙两产品生产工时比例分配;④生产费用在完工产品和在产品之间的分配采用约当产量比例法。

任务要求:要求采用品种法计算本月甲、乙两种产品的成本。

提出问题:

(1) 根据资料分析,该企业应该采用哪种方法计算产品成本比较合理?
(2) 此任务中,采用品种法计算产品成本的具体程序是什么?
(3) 在要素费用分配中,应该注意的问题是什么?
(4) 应该设置哪些账户和明细账进行核算?

 **任务分析**

因为从企业生产流程的工艺特点讲,该企业为单步骤生产;从企业生产组织的特点来讲,该企业属于大量生产。所以,如果没有特殊情况,该企业为大量大批单步骤生产类型,应该采用品种法计算产品成本。

该企业基本生产车间生产甲、乙两种产品,所以应该设置两张基本生产成本明细账和一张制造费用明细账;因为任务里面明确说明辅助生产车间不单独核算制造费用,所以辅助生产车间的成本核算只需要设置两张辅助生产成本明细账即可。

在成本核算时,我们应该先进行要素费用的核算分配,然后是辅助生产车间的成本核算,最后是基本生产车间成本的核算。

 **任务实施**

一、设置各种成本费用明细账

在品种法下,应该按照产品的品种设置基本生产成本明细账。任务中的企业生产甲、乙两种产品,所以我们应该开设两张基本生产成本明细账(甲产品明细账见表 3-45,乙产品明细账见表 3-46),并登记期初在产品成本。该企业的基本生产成本明细账设置直接材料、直接人工和制造费用三个成本项目。

基本生产车间除了设置基本生产成本明细账外,还必须设置制造费用明细账。制造费用明细账按照车间发生的费用项目进行设置(见表 3-39)。

此外,我们还应该按照该企业的成本核算要求设置两张辅助生产成本明细账分别为辅助生产成本——机修车间和辅助生产成本——运输车间。因为该企业的辅助生产车间不单设制造费用明细账,所以辅助生产成本明细账按照成本项目和费用项目结合设置(见表 3-34 和表 3-35)。

另外,我们还应该设置财务费用明细账、管理费用明细账和销售费用明细账。但由于这些数据和计算产品成本无关,所以我们在此省略了。

二、进行各项要素费用的核算

1. 编制材料费用分配表,分配材料费用

在本任务中,根据"谁受益,谁负担"原则,甲产品消耗的 A 材料 20 000 元和乙产品消耗的 A 材料 45 000 元都是可以直接计入产品成本的费用,而甲、乙产品共同耗用的 B 材料的费用则是共用的费用,不能直接计入某一种产品的成本,而应该按照企业给定的分配标准分配计入。本业务中,分配标准为 B 材料的定额耗用量。所以,我们应该先计算一下 B 材料的分配率,然后再进行分配。

$$B 材料的分配率 = 24\,000 \div (700 + 500) = 20(元/千克)$$
$$甲产品分配的 B 材料费用 = 700 \times 20 = 14\,000(元)$$
$$乙产品分配的 B 材料费用 = 500 \times 20 = 10\,000(元)$$

材料费用分配表,如表 3-19 所示。

表 3-19 材料费用分配表

20××年8月 金额单位:元

应借科目			直接计入	分配计入			合计
总账科目	明细科目	成本费用项目		定额消耗量（千克）	分配率	分配金额	
基本生产成本	甲	原材料	20 000	700		14 000	34 000
	乙	原材料	45 000	500		10 000	55 000
	小　计		65 000	1 200	20	24 000	89 000
辅助生产成本	机修车间	原材料	1 500				1 500
	运输车间	原材料	600				600
	小　计		2 100				2 100
制造费用	基本车间	材料	1 200				1 200
	小　计		1 200				1 200
合计			68 300			24 000	92 300

编制会计分录如下：

借：基本生产成本——甲产品（材料费用）　　　　　　　　　　　　34 000
　　　　　　　　——乙产品（材料费用）　　　　　　　　　　　　55 000
　　辅助生产成本——机修车间（材料费用）　　　　　　　　　　　1 500
　　　　　　　　——运输车间（材料费用）　　　　　　　　　　　600
　　制造费用——基本生产车间　　　　　　　　　　　　　　　　　1 200
　　贷：原材料——A材料　　　　　　　　　　　　　　　　　　　68 300
　　　　　　　——B材料　　　　　　　　　　　　　　　　　　　24 000

转账凭证，如表 3-20 和表 3-21 所示。

表 3-20 转　账　凭　证

20××年8月7日 转字第 1$\frac{1}{2}$号

摘要	会计科目		借方金额										贷方金额										记账
	总账科目	明细科目	亿	千	百	十	万	千	百	十	元	角	分	亿	千	百	十	万	千	百	十	元	角	分	✓
分配材料费用	基本生产成本	甲产品					3	4	0	0	0	0	0												✓
		乙产品					5	5	0	0	0	0	0												✓
	辅助生产成本	机修车间						1	5	0	0	0	0												✓
		运输车间							6	0	0	0	0												✓
	制造费用							1	2	0	0	0	0												✓
合　计																									

财务主管：丁一　　　记账：李立　　　审核：丁一　　　制单：李立

附单据1张

表 3-21

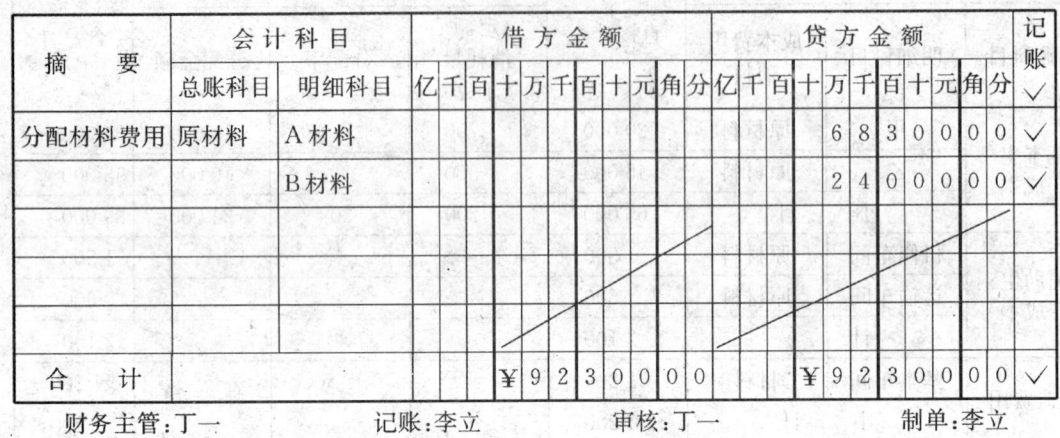

2. 编制职工薪酬分配表,并提取各项保险、公积金和福利

在本任务中,根据"谁受益,谁负担"原则,一车间生产工人的薪酬费用应该计入产品成本,但是,该车间生产了甲、乙两种产品,所以生产工人的薪酬费用为间接计入费用,即应该按照甲、乙两种产品的生产工时分配计入甲、乙产品的成本;一车间管理人员的薪酬费用不能直接计入产品成本,应该先计入车间的制造费用;而在薪酬结算表中,虽然两个辅助生产车间——机修车间和运输车间的薪酬也分为生产工人和车间管理人员两部分列示,但由于本企业的辅助生产车间不设置"制造费用"账户,所以我们应该将这两部分合并直接记入各自的"辅助生产成本"账户。

一车间生产工人薪酬分配率=21 430÷(3 000+2 000)=4.286 0(元/小时)
甲产品分配的薪酬费用=4.286 0×3 000=12 858(元)
乙产品分配的薪酬费用=4.286 0×2 000=8 572(元)

此外,我们应该根据本企业的要求,以薪酬费用结算单中的应付薪酬为基数,分别提取 12% 的保险、8% 的福利费用和 8% 的公积金。

职工薪酬分配表,如表 3-22 所示。

表 3-22 职工薪酬分配表
20××年8月　　　　　　　　　　　　　　　　单位:元

用途		工资分配			各类人员工资	提取保险 0.12	提取福利 0.08	提取公积金 0.08	合计
		工人工资分配记录							
		生产工时	分配率	分配金额					
一车间	甲产品	3 000		12 858.00	12 858.00	1 542.96	1 028.64	1 028.64	16 458.24
	乙产品	2 000		8 572.00	8 572.00	1 028.64	685.76	685.76	10 972.16
	小计	5 000	4.286 0	21 430.00	21 430.00	2 571.60	1 714.40	1 714.40	27 430.40

(续表)

用　　途		工资分配			提取保险	提取福利	提取公积金	合　　计
		工人工资分配记录		各类人员工资	0.12	0.08	0.08	
		生产工时	分配率	分配金额				
辅助生产车间	机修车间				8 366.00	1 003.92	669.28	669.28	10 708.48
	运输车间				8 620.00	1 034.40	689.60	689.60	11 033.60
	小计				16 986.00	2 038.32	1 358.88	1 358.88	21 742.08
制造费用	一车间				6 558.00	786.96	524.64	524.64	8 394.24
	小计				6 558.00	786.96	524.64	524.64	8 394.24
行政管理部门					7 704.00	924.48	616.32	616.32	9 861.12
销售部门					6 313.00	757.56	505.04	505.04	8 080.64
合计				21 430.00	58 991.00	7 078.92	4 719.28	4 719.28	75 508.48

编制会计分录如下：

借：基本生产成本——甲产品（人工费用）　　　　　　　　　　16 458.24

　　　　　　　　——乙产品（人工费用）　　　　　　　　　　10 972.16

　　辅助生产成本——机修车间（人工费用）　　　　　　　　　10 708.48

　　　　　　　　——运输车间（人工费用）　　　　　　　　　11 033.60

　　制造费用——基本生产车间（人工费用）　　　　　　　　　 8 394.24

　　管理费用——（人工费用）　　　　　　　　　　　　　　　 9 861.12

　　销售费用——（人工费用）　　　　　　　　　　　　　　　 8 080.64

　贷：应付职工薪酬——工资　　　　　　　　　　　　　　　　58 991.00

　　　　　　　　　——保险　　　　　　　　　　　　　　　　 7 078.92

　　　　　　　　　——福利　　　　　　　　　　　　　　　　 4 719.28

　　　　　　　　　——公积金　　　　　　　　　　　　　　　 4 719.28

转账凭证，如表 3-23 和表 3-24 所示。

表 3-23　　　　　　　　　　　转 账 凭 证

20××年 8 月 25 日　　　　　　　　　　转字第 2 $\frac{1}{2}$ 号

摘要	会计科目		借方金额										贷方金额										记账
	总账科目	明细科目	亿	千	百	十	万	千	百	十	元	角	分	亿	千	百	十	万	千	百	十	元	角	分	√
分配职工薪酬	基本生产成本	甲产品				1	6	4	5	8	2	4												√
		乙产品				1	0	9	7	2	1	6												√
	辅助生产成本	机修车间				1	0	7	0	8	4	8												√
		运输车间				1	1	0	3	3	6	0												√
	制造费用						8	3	9	4	2	4												√
合计																								

附单据 2 张

财务主管：丁一　　　记账：李立　　　审核：丁一　　　制单：李立

表 3-24　　　　　　　　　　　转 账 凭 证

20××年 8 月 25 日　　　　　　　　　　转字第 2 $\frac{1}{2}$ 号

摘要	会计科目		借方金额										贷方金额										记账
	总账科目	明细科目	亿	千	百	十	万	千	百	十	元	角	分	亿	千	百	十	万	千	百	十	元	角	分	√
分配职工薪酬费用		管理费用					9	8	6	1	1	2												√
		销售费用					8	0	8	0	6	4												√
		应付职工薪酬															7	5	5	0	8	4	8	√
合计						¥	7	5	5	0	8	4	8				¥	7	5	5	0	8	4	8	√

附单据 2 张

财务主管：丁一　　　记账：李立　　　审核：丁一　　　制单：李立

3. 编制折旧费用计算表，计算并提取折旧费用

折旧费用计算表，如表 3-25 所示。

表 3-25　　　　　　　　　　　折旧费用计算表

20××年 8 月　　　　　　　　　　　　　　　　单位：元

部 门	房屋建筑物(0.2%)		机器设备(0.8%)		合计
	原值	月折旧额	原值	月折旧额	
基本生产车间	200 000.00	400	75 500.00	604	1 004.00
机修车间	100 000.00	200	27 300.00	218.4	418.40
运输车间	120 000.00	240	32 650.00	261.2	501.20

(续表)

部门	房屋建筑物(0.2%)		机器设备(0.8%)		合计
	原值	月折旧额	原值	月折旧额	
行政管理部门	280 000.00	560	40 000.00	320	880.00
销售部门	100 000.00	200	28 000.00	224	424.00
合 计	800 000.00	1 600	203 450.00	1 627.6	3 227.60

编制提取折旧的会计分录:

借:辅助生产成本——机修车间(折旧费用)   418.40
            ——运输车间(折旧费用)   501.20
   制造费用——基本生产车间(折旧费用)   1 004.00
   管理费用——折旧费用   880.00
   销售费用——折旧费用   424.00
  贷:累计折旧   3 227.60

转账凭证,如表 3-26 和表 3-27 所示。

表 3-26

转 账 凭 证

20××年 8 月 31 日   转字第 3 $\frac{1}{2}$ 号

摘要	会计科目		借方金额	贷方金额	记账
	总账科目	明细科目	亿千百十万千百十元角分	亿千百十万千百十元角分	√
提取折旧费用	辅助生产成本	机修车间	4 1 8 4 0		√
		运输车间	5 0 1 2 0		√
	制造费用		1 0 0 4 0 0		√
	管理费用		8 8 0 0 0		√
	销售费用		4 2 4 0 0		√
合 计					

附单据 2 张

财务主管:丁一   记账:李立   审核:丁一   制单:李立

表 3-27

转 账 凭 证

20××年 8 月 31 日   转字第 3 $\frac{2}{2}$ 号

摘要	会计科目		借方金额	贷方金额	记账
	总账科目	明细科目	亿千百十万千百十元角分	亿千百十万千百十元角分	√
提取折旧费用	累计折旧			3 2 2 7 6 0	√
合 计			¥ 3 2 2 7 6 0	¥ 3 2 2 7 6 0	√

附单据 1 张

财务主管:丁一   记账:李立   审核:丁一   制单:李立

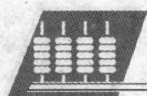

4. 核算其他费用,编制会计分录

借:制造费用——基本生产车间(其他费用)　　　　　　　3 258
　　辅助生产成本——机修车间(其他费用)　　　　　　　2 582
　　　　　　　　——运输车间(其他费用)　　　　　　　2 482
　　管理费用——其他费用　　　　　　　　　　　　　　6 078
　　销售费用——其他费用　　　　　　　　　　　　　　7 249
　　　贷:银行存款　　　　　　　　　　　　　　　　　21 649

付款凭证,如表 3-28 所示。

表 3-28　　　　　　　　　　付 款 凭 证
贷方科目:银行存款　　　20××年 8 月 31 日　　　付字第 1 号

摘要	借方科目		金额										记账
	总账科目	明细科目	亿	千	百	十	万	千	百	十	元	角	分	√
支付水电等费用	制造费用							3	2	5	8	0	0	√
	辅助生产成本	机修车间						2	5	8	2	0	0	√
		运输车间						2	4	8	2	0	0	√
	管理费用							6	0	7	8	0	0	√
	销售费用							7	2	4	9	0	0	√
合　计							¥	2	1	6	4	9	0	0	√

附单据 1 张

财务主管:丁一　　记账:李立　　出纳:　　审核:丁一　　制单:李立

经过以上核算,我们已经将材料费用、职工薪酬费用、折旧费用和其他费用等要素费用按照"谁受益,谁负担"的原则进行了分配和会计处理。至此,品种法计算产品成本的第一个步骤就结束了。下面,我们要对辅助生产车间发生的费用进行归集整理和分配处理。

三、登记辅助生产成本明细账,归集辅助生产费用,进行费用分配

1. 根据要素费用分配凭证,登记机修车间明细账

辅助生产成本明细账(机修车间),如表 3-29 所示。

表 3-29　　　　　　　　辅助生产成本明细账
车间名称:机修车间　　　　　　20××年 8 月　　　　　　　单位:元

2010 年		凭证		摘要	借方金额明细							借方合计	贷方	余额
月	日	字	号		原材料	工资费用	折旧费	办公费	差旅费	水费	其他			
8	7	转	1	材料分配表	1 500.00							1 500.00		1 500.00
	25	转	2	薪酬分配表		10 708.48						10 708.48		12 208.48
	31	转	3	折旧分配表			418.40					418.40		12 626.88
	31	付	1	其他费用分配表				1 325.00	208.00	800.00	249.00	2 582.00		15 208.88

模块三 大量大批单步骤生产企业成本核算——品种法

2. 根据要素费用分配凭证,登记运输车间明细账

辅助生产成本明细账(运输车间),如表3-30所示。

表3-30　　　　　　　　　　辅助生产成本明细账

车间名称:运输车间　　　　　20××年8月　　　　　　　　　　单位:元

2010年		凭证		摘要	借方金额明细							借方合计	贷方	余额
月	日	字	号		原材料	工资费用	折旧费	办公费	差旅费	水费	其他			
8	7	转	1	材料分配表	600.00							600.00		600.00
	25	转	2	薪酬分配表		11 033.60						11 033.60		11 633.60
	31	转	3	折旧分配表			501.20					501.20		12 134.80
	31	付	1	其他费用分配表				1 100.00	326.00	600.00	456.00	2 482.00		14 616.80

3. 分配辅助生产费用

根据辅助生产成本明细账和辅助生产劳务量的情况,采用交互分配法分配辅助生产费用。

编制辅助生产费用分配表(交互分配法),如表3-31所示。

表3-31　　　　　　　辅助生产费用分配表(交互分配法)

　　　　　　　　　　　20××年8月　　　　　　　　　金额单位:元

项目		交互分配			对外分配		
		机修车间	运输车间	小计	机修车间	运输车间	小计
待分配费用		15 208.88	14 616.80	29 825.68	7 707.65	22 118.03	29 825.68
劳务供应量		1 000	4 500		400	4 000	
分配率		15.208 9	3.248 2		19.269 1	5.529 5	
机修车间	耗用量		500				
	分配额		1 624.10	1 624.10			
运输车间	耗用量	600					
	分配额	9 125.33		9 125.33			
分配小计		9 125.33	1 624.10	10 749.43			
一车间	耗用量				200	2 000	
	分配额				3 853.82	11 059.00	14 912.82

(续表)

项目		交互分配			对外分配		
		机修车间	运输车间	小　计	机修车间	运输车间	小　计
管理部门	耗用量				100	1 500	
	分配额				1 926.91	8 294.25	10 221.16
销售部门	耗用量				100	500	
	分配额				1 926.92	2 764.78	4 691.70
分配金额合计					7 707.65	22 118.03	29 825.68

第一次分配:交互分配的计算过程。

机修车间的费用分配率＝15 208.88÷1 000＝15.208 9(元/小时)
分配给运输车间的费用＝600×15.208 9＝9 125.33(元)
运输车间的费用分配率＝14 616.80÷4 500＝3.248 2(元/公里)
分配给机修车间的费用＝500×3.248 2＝1 624.10(元)

第一次交互分配的会计分录:

借:辅助生产成本——机修车间　　　　　　　　　　　　1 624.10
　　　　　　　——运输车间　　　　　　　　　　　　9 125.33
　贷:辅助生产成本——运输车间　　　　　　　　　　　　1 624.10
　　　　　　　——机修车间　　　　　　　　　　　　9 125.33

第二次分配:对外分配的计算过程。

机修车间对外分配的费用＝15 208.88＋1 624.10－9 125.33＝7 707.65(元)
机修车间对外分配的费用分配率＝7 707.65÷(1 000－600)＝19.269 1(元/小时)
分配给一车间的修理费用＝200×19.269 1＝3 853.82(元)
分配给管理部门的修理费用＝100×19.269 1＝1 926.91(元)
分配给销售部门的修理费用＝7 707.65－3 853.82－1 926.91＝1 926.92(元)
运输车间对外分配的费用＝14 616.80－1 624.10＋9 125.33＝22 118.03(元)
运输车间对外分配的费用分配率＝22 118.03÷(45 000－500)＝5.529 5(元/公里)
分配给一车间的运输费用＝2 000×5.529 5＝11 059.00(元)
分配给管理部门的运输费用＝1 500×5.529 5＝8 294.25(元)
分配给销售部门的运输费用＝22 118.03－11 059.00－8 294.25＝2 764.78(元)

第二次对外分配的会计分录:

借:制造费用　　　　　　　　　　　　　　　　　　　14 912.82
　　管理费用　　　　　　　　　　　　　　　　　　　10 221.16
　　销售费用　　　　　　　　　　　　　　　　　　　 4 691.70
　贷:辅助生产成本——机修车间　　　　　　　　　　　 7 707.65
　　　　　　　——运输车间　　　　　　　　　　　 22 118.03

转账凭证,如表 3-32 和表 3-33 所示。

表 3-32 转 账 凭 证

20××年8月31日   转字第 4 号

摘要	会计科目		借方金额	贷方金额	记账
	总账科目	明细科目	亿千百十万千百十元角分	亿千百十万千百十元角分	
分配辅助生产费用	辅助生产成本	机修车间	1 6 2 4 1 0		√
		运输车间	9 1 2 5 3 3		√
	辅助生产成本	机修车间		9 1 2 5 3 3	√
		运输车间		1 6 2 4 1 0	√
合计			¥1 0 7 4 9 4 3	¥1 0 7 4 9 4 3	√

附单据 1 张

财务主管:丁一 记账:李立 审核:丁一 制单:李立

表 3-33 转 账 凭 证

20××年8月31日   转字第 5 号

摘要	会计科目		借方金额	贷方金额	记账
	总账科目	明细科目	亿千百十万千百十元角分	亿千百十万千百十元角分	
分配辅助生产费用	制造费用		1 4 9 1 2 8 2		√
	管理费用		1 0 2 2 1 1 6		√
	销售费用		4 6 9 1 7 0		√
	辅助生产成本	机修车间		7 7 0 7 6 5	√
		运输车间		2 2 1 1 8 0 3	√
合计			¥2 9 8 2 5 6 8	¥2 9 8 2 5 6 8	√

附单据 1 张

财务主管:丁一 记账:李立 审核:丁一 制单:李立

登记辅助生产成本明细账,如表 3-34 和表 3-35 所示。

表 3-34 辅助生产成本明细账

车间名称:机修车间   20××年8月   金额单位:元

20××年		凭证		摘要	借方金额明细						借方合计	贷方	余额
月	日	字	号		原材料	工资费用	折旧费	办公费	差旅费	水费	其他			
8	7	转	1	材料分配表	1 500.00							1 500.00		1 500.00
	25	转	2	薪酬分配表		10 708.48						10 708.48		12 208.48

(续表)

20××年		凭证		摘要	借方金额明细							借方合计	贷方	余额
月	日	字	号		原材料	工资费用	折旧费	办公费	差旅费	水费	其他			
	31	转	3	折旧分配表			418.40					418.40		12 626.88
	31	付	1	其他费用分配表				1 325.00	208.00	800.00	249.00	2 582.00		15 208.88
	31	转	4	辅助生产费用分配表							1 624.10	1 624.10	9 125.33	7 707.65
	31	转	5	辅助生产费用分配表									7 707.65	
8	31			本月合计	1 500.00	10 708.48	418.40	1 325.00	208.00	800.00	1 873.10	16 832.98		0.00

表 3-35　　　　　　　　　　　辅助生产成本明细账

车间名称：运输车间　　　　　　　20××年8月　　　　　　　金额单位：元

20××年		凭证		摘要	借方金额明细							借方合计	贷方	余额
月	日	字	号		原材料	工资费用	折旧费	办公费	差旅费	水费	其他			
8	7	转	1	材料分配表	600.00							600.00		600.00
	25	转	2	薪酬分配表		11 033.60						11 033.60		11 633.60
	31	转	3	折旧分配表			501.20					501.20		12 134.80
	31	付	1	其他费用分配表				1 100.00	326.00	600.00	456.00	2 482.00		14 616.80
	31	转	4	辅助生产费用分配表							9 125.33	9 125.33	1 624.10	22 118.03
	31	转	5	辅助生产费用分配表									22 118.03	
8	31			本月合计	600.00	11 033.60	501.20	1 100.00	326.00	600.00	9 581.33	23 742.13		0.00

经过以上核算，我们已经将辅助生产车间发生的费用按照交互分配法进行了分配，辅助生产成本明细账到月末已经结转完毕，其余额为零。下面，我们就应该对基本生产车间的制造费用进行会计处理了。

四、登记基本生产车间制造费用明细账，分配制造费用

1. 登记制造费用明细账

基本生产车间制造费用明细账，如表 3-36 所示。

表 3-36　　　　　　　　基本生产车间制造费用明细账

车间名称：一车间　　　　　　20××年8月　　　　　　金额单位：元

2010年		凭证		摘要	借方金额明细							借方合计	贷方	余额
月	日	字	号		原材料	工资费用	折旧费	办公费	差旅费	水费	其他			
8	7	转	1	材料分配表	1 200.00							1 200.00		1 200.00
	25	转	2	薪酬分配表		8 394.24						8 394.24		9 594.24
	31	转	3	折旧分配表			1 004.00					1 004.00		10 598.24
	31	付	1	其他费用分配表				1 230.00	268.00	1 200.00	560.00	3 258.00		13 856.24
	31	转	5	辅助生产费用分配表							14 912.82	14 912.82		28 769.06

2. 编制制造费用分配表

制造费用分配表，如表 3-37 所示。

表 3-37　　　　　　制造费用分配表（生产工时分配法）

20××年8月　　　　　　金额单位：元

分配对象	生产工时（小时）	分配率	分配金额
甲产品	3 000		17 261.44
乙产品	2 000		11 507.62
合计	5 000	5.753 8	28 769.06

3. 编制会计分录并登账

借：基本生产成本——甲产品（制造费用）　　　17 261.44
　　　　　　　　　——乙产品（制造费用）　　　11 507.62
　　贷：制造费用　　　　　　　　　　　　　　28 769.06

转账凭证，如表 3-38 所示。

表 3-38　　　　　　　　转 账 凭 证

20××年8月31日　　　　　　　　　　　　　　转字第5号

摘要	会计科目		借方金额										贷方金额										记账
	总账科目	明细科目	亿	千	百	十	万	千	百	十	元	角	分	亿	千	百	十	万	千	百	十	元	角	分	√
分配制造费用	基本生产成本	甲产品					1	7	2	6	1	4	4												√
		乙产品					1	1	5	0	7	6	2												√
	制造费用																	2	8	7	6	9	0	6	√
合　计							¥	2	8	7	6	9	0	6				¥	2	8	7	6	9	0	6	√

财务主管：丁一　　　　记账：李立　　　　审核：丁一　　　　制单：李立

附单据1张

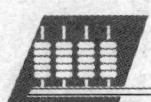

分配完制造费用后,我们应该根据该转账凭证继续登记制造费用明细账,并进行月末结账。制造费用明细账,如表3-39所示。

表3-39　　　　　　　　　　制造费用明细账
车间名称:一车间　　　　　　　　20××年8月　　　　　　　　金额单位:元

20××年		凭证		摘要	借方金额明细						借方合计	贷方	余额
月	日	字	号		原材料	工资费用	折旧费	办公费	差旅费	水费	其他			
8	7	转	1	材料分配表	1 200.00							1 200.00		1 200.00
	25	转	2	薪酬分配表		8 394.24						8 394.24		9 594.24
	31	转	3	折旧分配表			1 004.00					1 004.00		10 598.24
	31	付	1	其他费用分配表				1 230.00	268.00	1 200.00	560.00	3 258.00		13 856.24
	31	转	5	辅助生产费用分配表							14 912.82	14 912.82		28 769.06
	31	转	6	制造费用明细账									28 769.06	
8	31			本月合计	1 200.00	8 394.24	1 004.00	1 230.00	268.00	1 200.00	15 472.82	28 769.06	28 769.06	0

至此,各项要素费用(包括材料费用、人工费用、折旧和其他费用)、辅助生产费用和基本生产车间的制造费用都已经核算分配完毕。我们将依据记账凭证和原始凭证登记甲、乙产品的基本生产成本明细账,分别如表3-40和表3-41所示。

表3-40　　　　　　　　　　甲产品成本明细账
产品名称:甲产品　　　　　　　　20××年8月　　　　　　　　金额单位:元

20××年		凭证		摘要	借方	贷方	余额	借方金额明细		
月	日	字	号					直接材料	直接人工	制造费用
8	1			月初余额			19 495.04	13 682.48	3 056.24	2 756.32
	7	转	1	材料分配表	34 000.00		53 495.04	34 000.00		
	25	转	2	薪酬分配表	16 458.24		69 953.28		16 458.24	
	31	转	6	制造费用分配表	17 261.44		87 214.72			17 261.44

表3-41　　　　　　　　　　乙产品成本明细账
产品名称:乙产品　　　　　　　　20××年8月　　　　　　　　金额单位:元

20××年		凭证		摘要	借方	贷方	余额	借方金额明细		
月	日	字	号					直接材料	直接人工	制造费用
8	1			月初余额			23 302.47	19 956.36	2 060.42	1 285.69
8	7	转	1	材料分配表	55 000.00		78 302.47	55 000.00		
	25	转	2	薪酬分配表	10 972.16		89 274.63		10 972.16	
	31	转	6	制造费用分配表	11 507.62		100 782.25			11 507.62

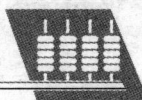

模块三 大量大批单步骤生产企业成本核算——品种法

思考与练习

1. 品种法下分配各种要素费用的方法有哪些?
2. 辅助生产费用的分配方法有哪些?
3. 制造费用的分配方法有哪些?
4. 在登记账簿时,应该注意哪些细节?

任务3　生产费用在完工产品与在产品之间的归集与分配

 任务引入

在品种法下,产品成本的计算是按月进行的。所以,每到月末,就应该及时计算本月完工产品和月末在产品的成本。一方面,要编制企业内部的成本报表,为经营管理者提供决策数据。另一方面,为编制资产负债表等外部会计报表及时提供相关数据。在任务2中,会计人员已经对本月发生的各项费用进行了会计处理,并且相关的成本数据已经都登记在甲、乙产品成本明细账中了。月末,如果你是企业的成本核算人员,请计算甲、乙产品的成本。

 **任务分析**

一般而言,到月末,基本生产明细账上已经登记好的资料既有月初在产品成本,也有本月产品发生的材料费用、人工费用、燃料动力费用和制造费用。成本核算人员要利用这些数据资料和本企业会计制度中规定的适当的方法,把月初和本月的生产费用合理地在完工产品和月末在产品之间进行分配,以正确计算出本月完工产品成本和月末在产品的成本。

通过上一个模块的学习,我们已经知道生产费用在完工产品和月末在产品之间的分配方法大致有七种。这七种方法虽然都能计算出完工产品的成本,但是不能任意使用。因为,每一种方法都有它特定的使用范围。一般而言,企业会在制订自己的成本会计制度时,将分配的方法加以明确。会计人员应该按照规定的方法进行成本计算。

 **相关知识**

生产费用在完工产品与在产品之间分配的七种方法如下所述。

一、不计算在产品成本法

不计算在产品成本法是指虽然月末有结存在产品,但月末在产品数量很少,价值很低,并且各月份在产品数量比较稳定,从而可对月末在产品成本忽略不计的一种分配方法。为简化产品成本计算工作,根据重要性原则,可以不计算月末在产品成本,本月生产费用全部视为完工产品成本,将本月各产品发生的生产耗费全部由完工产品负担。即本月完工产品成本=本月生产费用。这种方法应用于月末在产品数量很少,在产品的价值也很低的产品。

二、在产品按年初数固定计算法

在产品按年初数固定计算法是指对各月在产品按年初在产品成本计价的一种方法。这种方法适用于各月月末在产品结存数量较少,或者虽然在产品结存数量较多,但各月月末在产品数量稳定、起伏不大的产品。因为在这种情况下,月初、月末在产品成本的差额很小,对完工产品成本的影响不大,为了简化核算工作,并反映在产品资金的占用情况,各月在产品成本可固定按年初数计算。采用这种方法,由于各月月末在产品可按年初在产品成本计价,这样,各月月末在产品成本不变,月初、月末在产品成本相等。某种产品当月发生的生产费用就是当月完工产品的成本。用公式表示为:本月完工产品成本=本月生产费用。

三、在产品按原材料费用计价法

在产品按原材料费用计价是指月末在产品只计算所耗的原材料费用,不计算工资、福利费和制造费用等加工费用,产品的加工费用全部由完工产品负担的一种方法。用公式表示为:完工产品成本=期初在产品的原材料费用+本期生产费用-期末在产品所耗原材料费用。这种方法适用于各月在产品数量多,数量变化较大,且原材料费用在产品成本中所占比重较大的产品。

四、约当产量比例法

约当产量比例法是指将月末在产品数量按其完工程度折算为相当于完工产品的数量(即约当产量),然后按完工产品产量与月末在产品约当产量的比例分配计算完工产品费用与月末在产品费用的一种方法。这种方法适用范围较广,特别适用于月末在产品数量较大,各月月末在产品数量变化也较大,产品成本中原材料费用和工资及福利费以及制造费用等加工费用所占的比重相差不多的产品。

五、在产品按完工产品计算法

在产品按完工产品计算法是指将在产品视同完工产品计算、分配生产费用的一种方法。这种分配方法适用于月末在产品已接近完工,或已经加工完毕,但尚未验收或包装入库的产品。这是因为,在这种情况下,在产品已接近完工产品成本,为了简化产品成本计算工作,将在产品视同完工产品,按两者数量比例分配生产费用。

六、在产品按定额成本计价法

在产品按定额成本计价法是指按照预先制定的定额成本计算月末在产品成本,即月末在产品成本按其数量和单位定额成本计算的一种方法。产品的月初在产品费用加本月生产费用,减月末在产品的定额成本,其余额作为完工产品成本。每月生产费用脱离定额的差异,全部由完工产品负担。这种方法适用于定额管理基础较好,各项消耗定额或费用定额比较准确、稳定,而且各月在产品数量变动不大的产品。

七、定额比例法

定额比例法是指产品的生产费用按完工产品和月末在产品的定额消耗量或定额费用的比例,分配计算完工产品和月末在产品成本的一种方法。其中,原材料费用按原材料费用定额消耗量或原材料定额费用比例分配;工资和福利费、制造费用等各项加工费用,按定额工时或定额费用比例分配。这种方法适用于各项消耗定额或费用定额比较准确、稳定,但各月月末在产品数量变化较大的产品。

承任务 2 的资料,计算甲、乙两种产品的成本。该企业月末在产品完工程度均为 50%。原材料均为生产开始时一次投入,根据这些条件,在对生产费用在完工产品和在产品之间分配的时候,我们只能选择约当产量法。

为了让大家更清楚地掌握计算过程,我们在此专门列示一个成本计算单,相关的月初在产品成本和本月发生的费用数据都来自产品成本明细账。

甲产品成本计算单,如表 3-42 所示。

表 3-42 　　　　　　　　甲产品成本计算单
20××年 8 月

生产车间:一车间　　　　　　　　　　　　完工数量:600 件
产品名称:甲产品　　　　　　　　　　　　在产品数量:200 件,完工率:50%

摘　要	直接材料	直接人工	制造费用	合　计
月初在产品成本	13 682.48	3 056.24	2 756.32	19 495.04
本月发生费用	34 000.00	16 458.24	17 261.44	67 719.68
生产费用合计	47 682.48	19 514.48	20 017.76	87 214.72
分配率	59.603 1	27.877 8	28.596 8	
完工产品成本	35 761.86	16 726.68	17 158.08	69 646.62
产品单位成本	59.60	27.88	28.60	116.08
月末在产品成本	11 920.62	2 787.80	2 859.68	17 568.10

表 3-42 中的数据计算过程如下所述。

1. 分配材料费用

在约当产量法下,材料的分配首先要看投料方式。本企业的材料都是在生产开始时一次性投入,即在产品的投料率为 100%,所以,每一件在产品和每一件完工产品分得的材料费用都是相等的,即在计算分配率时,应该按照完工产品和在产品的总数量平均分配。

　　　　材料分配率=(13 682.48+34 000.00)÷(600+200)= 59.603 1(元/件)
　　　完工产品分配的材料费用=600×59.603 1=35 761.86(元)
　　　在产品分配的材料费用=13 682.48+34 000.00−35 761.86=11 920.62(元)

2. 分配人工费用

在约当产量法下，人工费用的分配首先要计算在产品的完工率。本例中，在产品的完工率已经直接给出，是50%，我们只需要按照这个完工率将在产品折合成约当产量即可。

在产品的约当产量＝200×50%＝100（件）

人工费用的分配率＝(3 056.24＋16 458.24)÷(600＋100)＝27.877 8（元/件）

完工产品分配的人工费用＝600×27.877 8＝16 726.68（元）

在产品分配的人工费用＝3 056.24＋16 458.24－16 726.68＝2 787.80（元）

3. 分配制造费用

制造费用的分配率＝(2 756.32＋17 261.44)÷(600＋100)＝28.596 8（元/件）

完工产品分配的制造费用＝600×28.596 8＝17 158.08（元）

在产品分配的制造费用＝2 756.32＋17 261.44－17 158.08＝2 859.68（元）

4. 汇总完工产品和在产品的总成本

汇总完工产品成本＝35 761.86＋16 726.68＋17 158.08＝69 646.62（元）

汇总在产品成本＝11 920.62＋2 787.80＋2 859.68＝17 568.10（元）

乙产品的成本计算单，如表3-43所示。

表3－43　　　　　　　　　　乙产品成本计算单
20××年8月

生产车间：一车间　　　　　　　　　　　　　　完工数量：500件
产品名称：乙产品　　　　　　　　　　　　　　在产品数量：160件，完工率：50%

摘　要	直接材料	直接人工	制造费用	合　计
月初在产品成本	19 956.36	2 060.42	1 285.69	23 302.47
本月发生费用	55 000.00	10 972.16	11 507.62	77 479.78
生产费用合计	74 956.36	13 032.58	12 793.31	100 782.25
分配率	113.570 2	22.470 0	22.057 4	
完工产品成本	56 785.10	11 235.00	11 028.70	79 048.80
产品单位成本	113.57	22.47	22.06	158.10
月末在产品成本	18 171.26	1 797.58	1 764.61	21 733.45

1. 分配材料费用

在约当产量法下，材料的分配首先要看投料方式。本企业的材料都是在生产开始时一次性投入，即在产品的投料率为100%，所以，每件在产品和每件完工产品分得的材料费用都是相等的，即在计算分配率时，应该按照完工产品和在产品的总数量平均分配。

材料分配率＝(19 956.36＋55 000.00)÷(500＋160)＝113.570 2（元/件）

完工产品分配的材料费用＝500×113.570 2＝56 785.10（元）

在产品分配的材料费用＝19 956.36＋55 000.00－56 785.10＝18 171.26（元）

2. 分配人工费用

在约当产量法下，人工费用的分配首先要计算在产品的完工率。本例中，在产品的完工率已经直接给出，是50%，我们只需要按照这个完工率将在产品折合成约当产量即可。

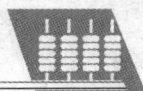

在产品的约当产量＝160×50％＝80(件)
人工费用的分配率＝(2 060.42＋10 972.16)÷(500＋80)＝22.470 0(元/件)
完工产品分配的人工费用＝500×22.470 0＝11 235.00(元)
在产品分配的人工费用＝2 060.42＋10 972.16－11 235.00＝1 797.58(元)

3. 分配制造费用

制造费用的分配率＝(1 285.69＋11 507.62)÷(500＋80)＝22.057 4(元/件)
完工产品分配的制造费用＝500×22.057 4＝11 028.70(元)
在产品分配的制造费用＝1 285.69＋11 507.62－11 028.70＝1 764.61(元)

4. 汇总完工产品和在产品的总成本

汇总完工产品成本＝56 785.10＋11 235.00＋11 028.70＝79 048.80(元)
汇总在产品成本＝18 171.26＋1 797.58＋1 764.61＝21 733.45(元)

思考与练习

1. 在月末进行生产费用分配时，有哪些具体方法？这些方法各自的特点是什么？
2. 这些分配方法的适用范围是什么？

任务4 结转完工产品成本

任务引入

试问：
月末，成本岗位会计计算完产品成本后，这个月的工作都完成了吗？如果没有，还差哪些工作需要继续处理呢？

任务分析

月末，当我们计算出产品成本后，还应该结转完工产品成本，编制产品入库的会计凭证，并据此登记产品成本明细账，结出月末余额。

任务实施

一、编制完工产品入库的会计分录

借：库存商品——甲产品　　　　　　　　　　　　　　　　69 646.62
　　　　　　——乙产品　　　　　　　　　　　　　　　　79 048.80
　贷：基本生产成本——甲产品　　　　　　　　　　　　　69 646.62
　　　　　　　　——乙产品　　　　　　　　　　　　　　79 048.80

转账凭证,如表3-44所示。

表3-44 转账凭证

20××年8月31日   转字第7号

摘要	会计科目		借方金额	贷方金额	记账
	总账科目	明细科目	亿千百十万千百十元角分	亿千百十万千百十元角分	
结转完工产品的成本	库存商品	甲产品	6 9 6 4 6 6 2		✓
		乙产品	7 9 0 4 8 8 0		✓
	基本生产成本	甲产品		6 9 6 4 6 6 2	✓
		乙产品		7 9 0 4 8 8 0	✓
合计			¥1 4 8 6 9 5 4 2	¥1 4 8 6 9 5 4 2	✓

附单据1张

财务主管:丁一　　记账:李立　　审核:丁一　　制单:李立

二、登记甲、乙产品明细账

甲、乙产品明细账,分别如表3-45和表3-46所示。

表3-45 甲产品明细账

20××年8月   金额单位:元

20××年		凭证		摘要	借方	贷方	余额	借方金额明细		
月	日	字	号					直接材料	直接人工	制造费用
8	1			月初余额			19 495.04	13 682.48	3 056.24	2 756.32
	7	转	1	材料分配表	34 000.00		53 495.04	34 000.00		
	25	转	2	薪酬分配表	16 458.24		69 953.28		16 458.24	
	31	转	6	制造费用分配表	17 261.44		87 214.72			17 261.44
8	31	转	7	转出完工产品成本		69 646.62		35 761.86	16 726.68	17 158.08
8	31			月末余额	17 568.10		17 568.10	11 920.62	2 787.80	2 859.68

表3-46 乙产品明细账

20××年8月   金额单位:元

20××年		凭证		摘要	借方	贷方	余额	借方金额明细		
月	日	字	号					直接材料	直接人工	制造费用
8	1			月初余额			23 302.47	19 956.36	2 060.42	1 285.69
	7	转	1	材料分配表	55 000.00		78 302.47	55 000.00		

138

(续表)

20××年		凭证		摘要	借方	贷方	余额	借方金额明细		
月	日	字	号					直接材料	直接人工	制造费用
	25	转	2	薪酬分配表	10 972.16		89 274.63		10 972.16	
	31	转	6	制造费用分配表	11 507.62		100 782.25			11 507.62
	31	转	7	结转完工产品成本		79 048.80		56 785.10	11 235.00	11 028.70
8	31			月末余额	21 733.45		21 733.45	18 171.26	1 797.58	1 764.61

思考与练习

1. 月末如何结转完工产品的成本?
2. 在根据结转完工产品成本的凭证登记成本明细账时,应该注意哪些问题?

实训题

一、单项选择题

1. 品种法的成本计算对象是( )。
   A. 每个加工阶段的半成品及最后加工阶段的产成品
   B. 各产品品种
   C. 产品的批别或订单
   D. 各车间的制造费用

2. 在大量大批多步骤生产的情况下,如果管理上不要求分步骤计算产品成本,其所采用的成本计算方法是( )。
   A. 品种法　　　B. 分批法　　　C. 分步法　　　D. 分类法

3. 如果企业只生产一种产品,那么产生的生产费用( )。
   A. 可以全部直接计入产品成本
   B. 可以全部间接计入产品成本
   C. 需要经分配后计入产品成本
   D. 可以部分直接计入产品成本,可以部分间接计入产品成本

4. 下列方法中,( )是计算产品成本最基本的方法。
   A. 品种法　　　B. 分批法　　　C. 分步法　　　D. 定额法

5. 在品种法下,计算月末完工产品成本时( )。
   A. 只需要将本月发生的费用结转给完工产品
   B. 只需要将本月发生的费用在完工产品和在产品之间分配
   C. 需要将月初在产品的成本和本月发生的费用一起结转给完工产品
   D. 需要将月初在产品的成本和本月发生的费用合计数在完工产品和在产品之间进行分配

二、多项选择题

1. 品种法适用于(　　)。
   A. 大量大批的单步骤生产
   B. 大量大批的多步骤生产
   C. 管理上不要求分步骤计算成本的大量大批的多步骤生产
   D. 小批、单件在管理上不要求分步骤计算成本的多步骤生产

2. 下列对品种法的表述中,正确的有(　　)。
   A. 以产品品种为成本计算对象
   B. 成本计算期与会计报告期一致
   C. 可以用于大量单步骤生产产品的企业
   D. 适用于大量大批、多步骤生产产品的企业

3. 下列关于在品种法下成本计算期的表述中,正确的有(　　)。
   A. 固定的
   B. 不固定
   C. 与会计报告期一致
   D. 与生产周期一致

4. 辅助生产费用的分配方法有(　　)。
   A. 交互分配法
   B. 直接分配法
   C. 计划成本分配法
   D. 代数分配法

5. 下列关于品种法的表述中,正确的有(　　)。
   A. 品种法的成本计算对象是产品品种
   B. 品种法的成本计算期与生产周期一致
   C. 品种法的成本计算程序是分批法和分步法的理论基础
   D. 品种法下可以不计算月末在产品成本

三、判断题

1. 产品成本计算的品种法,只适用于大量大批、单步骤生产的企业或车间。(　　)
2. 凡采用品种法计算产品成本的企业,都可以不计算期末在产品成本。(　　)
3. 如果企业只生产一种产品,本月发生的直接材料、直接工资和制造费用全部是直接费用,可直接计入所生产的产品中,无需进行任何生产费用分配。(　　)
4. 如果企业生产两种或两种以上产品,就必须进行生产费用的分配。(　　)
5. 品种法是最基本的成本计算方法,品种法的计算程序也就是产品成本计算的一般程序。(　　)
6. 品种法的成本计算期与生产周期一致。(　　)
7. 在品种法下,计算产品成本也可以按照批别设置成本明细账,只要最后报告各个品种的成本就可以。(　　)

四、操作题

操作题(一)

1. 资料

王清是一名职业学院会计专业的毕业生,现在一个发电厂实习。该发电厂需要一名成

本核算员,王清的实习岗位就是进行成本核算。首先,他了解了该厂的生产特点——属于单步骤大量生产企业,只生产电力一种产品,设有燃料、锅炉、汽机、电机四个基本生产车间和一个修理辅助生产车间。该企业采用品种法计算产品成本,设置基本生产成本明细账和辅助生产成本明细账,并建有产品成本计算单。基本生产成本明细账和辅助生产成本明细账中设置"燃料费""水费""材料费""职工薪酬""折旧费""其他费用"等成本项目。该厂20××年8月发生的经济业务资料如下:

(1) 根据有关凭证编制的燃料费用分配表,如表3-47所示。

表3-47　　　　　　　　　燃料费用分配表

20××年8月　　　　　　　　　　　　　　　　金额单位:元

燃料名称	数量(吨)	单价(元/吨)	金额
晋城原煤	1 200	300	360 000
阳泉原煤	1 500	200	300 000
合　计	1 500		660 000

(2) 基本车间一般耗用的材料费用分配表,如表3-48所示。

表3-48　　　　　　　　　材料费用分配表

20××年8月　　　　　　　　　　　　　　　　金额单位:元

车间名称	材料名称	数量(千克)	单价	金额
燃料车间	A	200	50	10 000
锅炉车间	B	150	30	4 500
汽机车间	C	280	40	11 200
电机车间	D	370	60	22 200
修理车间	E	210	20	4 200
合　计				52 100

(3) 各车间、部门工资结算凭证汇总表编制的职工薪酬分配表,如表3-49所示。

表3-49　　　　　　　　　职工薪酬分配表

20××年8月　　　　　　　　　　　　　　　　金额单位:元

车间名称	职工薪酬合计
燃料车间	22 800
锅炉车间	45 600
汽机车间	36 480
电机车间	23 940
修理车间	11 400
合　计	140 220

(4) 根据其他费用凭证编制其他费用分配表,如表3-50所示。

表 3-50　　　　　　　　　　其他费用分配表

20××年8月　　　　　　　　　　　　　　　金额单位:元

车间名称	水费	折旧费	其他费用	合　计
燃料车间	300	2 000	1 900	4 200
锅炉车间	22 000	1 500	2 900	26 400
汽机车间	1 000	1 800	2 320	5 120
电机车间	800	1 100	2 290	4 190
修理车间	600	3 000	1 770	5 370
合　计	24 700	9 400	11 180	45 280

(5) 本月电力生产量为900 000度。

2. 要求

(1) 根据各种要素费用分配表进行账务处理,编制各相关会计分录。

(2) 登记基本生产成本明细账和辅助生产成本明细账。

(3) 编制结转辅助生产成本的会计分录。

(4) 编制结转电力生产成本的会计分录。

3. 用表

辅助生产成本明细账,如表3-51至表3-53所示。

表 3-51　　　　　　　　　　辅助生产成本明细账

车间名称:修理车间　　　　　20××年8月　　　　　　　　金额单位:元

2010年		凭证字号	摘　要	借方金额明细						贷方	余额
月	日			材料	薪酬	折旧费	水电费	其他	合计		
			材料分配表								
			薪酬分配表								
			其他费用分配表								
			其他费用分配表								

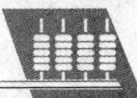

表 3-52　　　　　　　　　　　　基本生产成本明细账

车间名称：基本生产车间　　　　　　20××年8月　　　　　　　金额单位：元

2010年		凭证字号	摘要	借方金额明细							贷方	余额
月	日			燃料	材料	薪酬	折旧费	水电费	其他	合计		

表 3-53　　　　　　　　　　　　完工产品成本计算单

产品名称：电力　　　　　　　　　　20××年8月　　　　　　　金额单位：元

项目	燃料	材料	薪酬	折旧	水费	其他	合计
月初在产品成本							
本月生产费用							
生产费用合计							
完工产品成本							
单位产品成本							
在产品成本							

操作题（二）

1. 资料

某企业的一车间为基本生产车间，大量生产甲、乙两种产品，原材料都在生产开始时一次性投入，成本计算采用品种法。甲、乙产品共同耗用的A材料按照定额耗用量的比例进行分配；生产工人的薪酬和制造费用按照实际工时比例分配。某年11月份有关资料如下：

甲产品期初在产品成本：直接材料12 000元，直接人工4 500元，制造费用1 200元。乙产品没有期初在产品。

本月发生的有关费用为：甲、乙产品共消耗A材料64 000元，甲、乙产品的生产工人的薪酬费用共计为16 000元，生产工时分别为24 000小时和16 000小时。本月一车间发生的制造费用总额为6 200元。甲、乙两种产品A材料的消耗定额分别为4 000千克和1 000千克。

甲产品完工产品和在产品的费用按照约当产量比例法进行分配。本月完工900件，月末在产品400件，完工率为25%；乙产品本月完工800件，没有期末在产品。

2. 要求

(1) 编制材料费用分配表、薪酬费用和制造费用分配表。

(2) 编制相关会计分录。

(3) 计算完工产品成本。

(4) 编制完工产品入库的会计分录。

3. 用表

材料费用分配表、薪酬费用和制造费用分配表、甲产品成本计算表和乙产品成本计算表，分别如表3-54至表3-57所示。

表3-54　　　　　　　　　　　　　材料费用分配表

20××年9月　　　　　　　　　　　　　　　　金额单位：元

产品名称	定额消耗量	分配率	分配金额
甲产品			
乙产品			
合　计			

表3-55　　　　　　　　　　　薪酬费用和制造费用分配表

20××年9月　　　　　　　　　　　　　　　　金额单位：元

产品名称	生产工时	薪酬分配率	分配金额	制造费用分配率	分配金额
甲产品					
乙产品					
合　计					

表3-56　　　　　　　　　　　　　甲产品成本计算单

产品名称：甲产品　　　　　　　20××年9月　　　　　　　　金额单位：元

摘　要	材料费用	人工费用	制造费用	合　计
期初在产品成本				
本期生产费用				
生产费用合计				
完工数量				
月末在产品约当产量				
费用分配产量合计				
分配率				
完工产品成本				
单位成本				
期末在产品成本				

表 3-57　　　　　　　　　　　　　乙产品成本计算单

产品名称：乙产品　　　　　　20××年9月　　　　　　　　金额单位：元

摘　　要	材料费用	人工费用	制造费用	合　　计
期初在产品成本				
本期生产费用				
生产费用合计				
完工产品成本				
完工数量				
单位成本				
期末在产品成本				

操作题（三）

1. 资料

张宇作为宏大企业的成本会计，负责核算本企业生产的产品成本。宏大企业生产的产品品种单一，产销量非常大，属于大量大批单步骤生产的类型。

要求：用品种法核算该企业产品成本。

表 3-58　　　　　　　　　　　　　基本生产成本明细账

产品名称：甲产品　　　　　　20××年1月　　　　　　　　金额单位：元

2011年		凭证字号	摘　要	借方	贷方	余额	借方金额明细		
月	日						直接材料	直接人工	制造费用
4	1		月初余额	124 687		124 687	124 687		
	5		材料分配表	113 456		238 143	113 456		
	25		薪酬分配表	4 560		242 703		4 560	
	30		制造费用分配表	2 956		245 659			2 956

首先，张宇应该确定生产费用在完工产品和在产品之间分配所用的方法。经查阅相关制度，该企业生产的甲产品所消耗的材料费用在整个生产费用中占的比重非常大，人工费用和制造费用所占比重较小，所以，采用的是在产品只计算材料费用的分配方法。

其次，在进行费用分配时，除了明细账中登记的费用资料外，还需要完工产品和在产品的产量资料。这些数据可由生产车间提供。经查，本月甲产品完工800件，月末有在产品200件。甲产品的原材料在生产开始时一次性投入。

2. 要求

请列示一个成本计算单来完成甲产品成本的计算过程,编制相关会计分录,并将产品成本明细账登记完整。

3. 用表

甲产品成本计算表,如表3-59所示。

表3-59　　　　　　　　　　　　甲产品成本计算单

20××年4月　　　　　　　　完工产量:800件

产品名称:甲产品　　　　　　　　　　　　　　　在产品数量:200件

摘　要	直接材料	直接人工	制造费用	合　计
月初在产品成本				
本月发生费用				
生产费用合计				
分配率				
完工产品成本				
产品单位成本				
月末在产品成本				

操作题(四)

1. 资料

10月月末,某企业采用品种法计算出本月完工的甲产品成本为26 700元,乙产品成本为34 200元。

2. 要求

编制结转完工产品成本的会计分录。

操作题(五)

1. 资料

宏远公司是一家中型生产加工企业,有两个基本生产车间和两个辅助生产车间。一车间和二车间为基本生产车间,一车间大量生产甲、乙两种产品,二车间大量生产丙、丁两种产品。根据企业的生产工艺特点和管理要求,企业确定采用品种法计算产品成本。辅助生产车间为机修车间和运输车间,这两个车间的制造费用不通过"制造费用"账户核算。企业产品成本设置的成本项目为:直接材料、直接人工、燃料动力、制造费用。各个车间的人员工资采用计时工资制。生产甲、乙产品共同耗用A、B、C三种材料,另外,生产丙、丁产品分别耗用A、E、D三种材料。各种材料均在生产开始时一次性投入,月末在产品的完工率均为50%。

本年度3月份的有关资料如下:

(1) 本月产品产量表,如表3-60所示。

表 3-60　　　　　　　　　　　　　产 量 表

20××年3月　　　　　　　　　　　　　　　　　单位：件

产品名称	月初数量	本月投产数量	本月完工数量	月末在产品数量
甲产品	150	650	500	300
乙产品	220	460	600	80
丙产品	230	430	450	210
丁产品	100	600	400	300

(2) 本月发生的银行存款支出汇总表，如表 3-61 所示。

表 3-61　　　　　　　　　　　银行存款支出汇总表

20××年3月　　　　　　　　　　　　　　　　　单位：元

部门	办公费	财产保险费	其他	合计
基本生产车间一车间	1 230	1 200	560	2 990
基本生产车间二车间	1 856	800	340	2 996
辅助生产机修车间	1 325	800	249	2 374
辅助生产运输车间	1 100	600	456	2 156
行政管理部门	2 560	800	268	3 628
销售部门	2 456	1 000	325	3 781
合　计	10 527	5 200	2 198	17 925

(3) 本月领料情况，如表 3-62 至表 3-73 所示。

表 3-62　　　　　　　　　　　　　领 料 单

领料部门：一车间　　　　　开票日期 20××年3月3日　　　　　　　NO：001

材料编号	材料名称	规格	单位	请领数量	实发数量	计划单价	计划总金额	
1001	A		千克	300	300	150	45 000	第二联 交会计
用途	甲、乙产品	发料部门			领料部门			
		核准人	发料人		负责人	领料人		
		王一兴	王一清		李小梅	赵月		

表 3-63　　　　　　　　　　　　　领 料 单

领料部门：一车间　　　　　开票日期 20××年3月3日　　　　　　　NO：002

材料编号	材料名称	规格	单位	请领数量	实发数量	计划单价	计划总金额	
1002	B		千克	10	10	210	2 100	第二联 交会计
用途	甲、乙产品	发料部门			领料部门			
		核准人	发料人		负责人	领料人		
		王一兴	王一清		李小梅	赵月		

表3-64

领料单

领料部门：一车间　　开票日期 20××年3月3日　　NO:003

材料编号	材料名称	规格	单位	请领数量	实发数量	计划单价	计划总金额
1003	C		千克	250	250	200	50 000
用途	甲、乙产品	发料部门			领料部门		
		核准人	发料人		负责人	领料人	
		王一兴	王一清		李小梅	赵月	

第二联　交会计

表3-65

领料单

领料部门：运输车间　　开票日期 20××年3月5日　　NO:004

材料编号	材料名称	规格	单位	请领数量	实发数量	计划单价	计划总金额
1004	汽油	93#	吨	0.1	0.1	7 000	700
用途	运送货物	发料部门			领料部门		
		核准人	发料人		负责人	领料人	
		王一兴	王一清		王田	赵敏	

第二联　交会计

表3-66

领料单

领料部门：运输车间　　开票日期 20××年3月10日　　NO:005

材料编号	材料名称	规格	单位	请领数量	实发数量	计划单价	计划总金额
1005	手套		双	10	10	15	150
用途	劳动保护	发料部门			领料部门		
		核准人	发料人		负责人	领料人	
		王一兴	张云		王田	赵敏	

第二联　交会计

表3-67

领料单

领料部门：一车间　　开票日期 20××年3月10日　　NO:006

材料编号	材料名称	规格	单位	请领数量	实发数量	计划单价	计划总金额
1005	手套		双	50	50	15	750
用途	劳动保护	发料部门			领料部门		
		核准人	发料人		负责人	领料人	
		王兴	张云		李梅	赵月	

第二联　交会计

表3-68　　　　　　　　　　　　　领 料 单

领料部门：管理部门　　　　开票日期　20××年3月11日　　　　　　NO：007

材料编号	材料名称	规格	单位	请领数量	实发数量	计划单价	计划总金额	
1006	文件柜		个	2	2	500	1 000	第二联　交会计
用途	办公用品	发料部门			领料部门			
		核准人	发料人		负责人		领料人	
		王兴	张云		李梅		赵月	

表3-69　　　　　　　　　　　　　领 料 单

领料部门：二车间　　　　　开票日期　20××年3月20日　　　　　　NO：008

材料编号	材料名称	规格	单位	请领数量	实发数量	计划单价	计划总金额	
1007	D		千克	1 000	1 000	25	25 000	第二联　交会计
用途	丙、丁产品	发料部门			领料部门			
		核准人	发料人		负责人		领料人	
		于莉	王清				赵军	

表3-70　　　　　　　　　　　　　领 料 单

领料部门：二车间　　　　　开票日期　20××年3月20日　　　　　　NO：009

材料编号	材料名称	规格	单位	请领数量	实发数量	计划单价	计划总金额	
1001	A		千克	300	300	150	45 000	第二联　交会计
用途	丙、丁产品	发料部门			领料部门			
		核准人	发料人		负责人		领料人	
		于莉	王颖				张翔	

表3-71　　　　　　　　　　　　　领 料 单

领料部门：二车间　　　　　开票日期　20××年3月20日　　　　　　NO：010

材料编号	材料名称	规格	单位	请领数量	实发数量	计划单价	计划总金额	
2002	E		吨	5	5	600	3 000	第二联　交会计
用途	丙、丁产品	发料部门			领料部门			
		核准人	发料人		负责人		领料人	
		于莉	王颖				张翔	

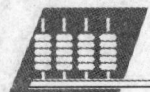

表 3-72　　　　　　　　　　　　　　领　料　单

领料部门：机修车间　　　　　开票日期 20××年3月9日　　　　　　　NO：011

材料编号	材料名称	规格	单位	请领数量	实发数量	计划单价	计划总金额
4001	工具		个	18	18	120	2 160
用途	车间用	发料部门			领料部门		
		核准人	发料人		负责人	领料人	
		于莉	王清			赵军	

第二联　交会计

表 3-73　　　　　　　　　　　　　　领　料　单

领料部门：二车间　　　　　　开票日期 20××年3月10日　　　　　　NO：012

材料编号	材料名称	规格	单位	请领数量	实发数量	计划单价	计划总金额
1005	手套		双	60	60	15	900
用途	劳动保护	发料部门			领料部门		
		核准人	发料人		负责人	领料人	
		王兴	张云		李梅	赵月	

第二联　交会计

（4）单件产品材料定额表，如表 3-74 所示。

表 3-74　　　　　　　　　单件产品材料定额表

20××年3月

材料名称	单位	甲产品	乙产品	丙产品	丁产品
A 材料	千克	0.25	0.28	0.4	0.2
B 材料	千克	0.01	0.008		
C 材料	千克	0.23	0.2		
D 材料	千克			1	1
E 材料	吨			0.005	0.005

（5）本月的职工薪酬汇总表，如表 3-75 所示。

表 3-75　　　　　　　　　　职工薪酬汇总表

20××年3月

部	门	人员类别	基本工资	岗位津贴	浮动奖金	交通/通讯等补助	病假扣款	事假扣款	合　　计
基本生产车间	一车间	生产工人	26 636.00	1 056.00	1 050.00	288.00	200.00		28 830.00
		管理人员	5 648.00	1 080.00	962.00	278.00		280.00	7 688.00
	二车间	生产工人	24 896.00	1 346.00	1 664.00	356.00	150.00		28 112.00
		管理人员	5 326.00	1 420.00	1 300.00	328.00			8 374.00

(续表)

部门		人员类别	基本工资	岗位津贴	浮动奖金	交通/通讯等补助	病假扣款	事假扣款	合计
辅助生产车间	机修车间	生产工人	1 680.00	1 745.00	375.00	180.00			3 980.00
		管理人员	1 345.00	1 445.00	278.00	158.00	130.00		3 096.00
	运输车间	生产工人	2 048.00	2 756.00	358.00	126.00			5 288.00
		管理人员	1 256.00	1 286.00	256.00	154.00			2 952.00
厂部		管理人员	4 966.00	828.00	942.00	468.00		400.00	6 804.00
销售部门		管理人员	3 688.00	1 135.00	198.00	456.00			5 477.00
合计			77 489.00	14 097.00	7 383.00	2 792.00	480.00	680.00	100 601.00

（6）本月的生产工时统计表，如表3-76所示。

表3-76　　　　　　　　　　　生产工时统计表

20××年3月　　　　　　　　　　　　　　　　　　单位：小时

产品名称	本月生产工时
甲产品	3 000
乙产品	2 000
丙产品	2 500
丁产品	1 500
合计	9 000

（7）本月固定资产情况表，如表3-77所示。

表3-77　　　　　　　　　　　固定资产情况表

20××年3月　　　　　　　　　　　　　　　　　　单位：元

部门	房屋建筑物（折旧率:0.2%）		机器设备（折旧率:0.8%）		合计
	原值	月折旧额	原值	月折旧额	
一车间	200 000.00		75 500.00		
二车间	300 000.00		84 175.00		
机修车间	100 000.00		27 300.00		
运输车间	120 000.00		32 650.00		
行政管理部门	280 000.00		40 000.00		
销售部门	100 000.00		28 000.00		
合计	1 100 000.00		287 625.00		

（8）本月外购电费为20 200元，增值税额为3 434元，各部门用电情况，如表3-78所示。

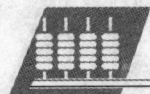

表3-78 部门用电情况表

20××年3月　　　　　　　　单位:度

用电部门	生产产品用电	其他用电	合　　计
一车间	8 500	500	9 000
二车间	6 000	600	6 600
机修车间	850	300	1 150
运输车间	450	350	800
管理部门		1 400	1 400
销售部门		1 250	1 250
合　　计	15 800	4 400	20 200

（9）本月外购水费为14 625元，增值税额为877.50元，各部门用水情况，如表3-79所示。

表3-79 各部门用水情况表

20××年3月　　　　　　　　单位:吨

用　水　部　门	用　水　量
一车间	850
二车间	650
机修车间	300
运输车间	400
管理部门	800
销售部门	250
合　　计	3 250

（10）辅助生产车间劳务量资料表，如表3-80所示。

表3-80 辅助生产车间劳务量资料表

20××年3月

受　益　部　门	机修车间(小时)	运输车间(公里)
机修车间		500
运输车间	200	
基本生产一车间	350	1 000
基本生产二车间	250	1 200
管理部门	40	2 500
销售部门	60	3 000
合　　计	900	8 200

（11）本月甲、乙、丙、丁四种产品的月初在产品成本表，如表3-81所示。

152

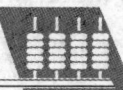

表 3-81　　　　　　　　　　月初在产品成本表
20××年3月　　　　　　　　　　　　单位：元

产品名称		月初在产品成本				
		直接材料	直接人工	燃料动力	制造费用	合　计
一车间	甲产品	13 682.48	3 056.24	1 028.84	2 756.32	20 523.88
	乙产品	19 956.36	2 060.42	1 063.25	1 285.69	24 365.72
二车间	丙产品	21 537.86	3 067.47	1 168.23	434.25	26 207.81
	丁产品	5 602.34	834.87	632.89	567.88	7 637.98

2．要求

（1）根据领料情况，编制领料汇总表。

（2）编制材料费用分配表和会计分录。

（3）根据薪酬资料，编制薪酬费用分配表和会计分录。

（4）根据固定资产情况表，编制提取折旧费用表和会计分录。

（5）根据本月电费和用电情况表，编制外购动力费用分配表和会计分录。

（6）根据本月水费和用水情况表，编制水费分配表和会计分录。

（7）根据各种费用分配表，登记辅助生产成本明细账。

（8）编制辅助生产费用分配表和分配辅助生产费用的会计分录。

（9）登记基本生产车间制造费用明细账。

（10）编制制造费用分配表和分配制造费用的会计分录。

（11）登记产品成本明细账，计算产品成本。

3．用表

（1）情况编制领料汇总表，如表 3-82 所示。

表 3-82　　　　　　　　　　领料汇总表
20××年　月　　　　　　　　　　　　单位：元

材料名称	单位	材料单价	一车间				二车间				机修车间		运输车间		管理部门		合　计	
			产品		车间		产品		车间		数量	金额	数量	金额	数量	金额	数量	金额
			数量	金额	数量	金额	数量	金额	数量	金额								
A	千克																	
B	千克																	
C	千克																	
D	千克																	
E	吨																	
汽油	吨																	
工具	个																	
手套	双																	
文件柜	个																	
合计																		

(2) 一车间材料费用分配表,如表 3-83 所示。

表 3-83　　　　　　　　　　一车间材料费用分配表

20××年　　月　　　　　　　　　　　　单位:元

材料名称	分配对象	分配记录				
		定额	产量	定额耗用量	分配率	分配金额
A 材料	甲产品					
	乙产品					
	小计					
B 材料	甲产品					
	乙产品					
	小计					
C 材料	甲产品					
	乙产品					
	小计					
	甲产品					
	乙产品					
	合计					

注:A、B、C 三种材料都是甲、乙产品共同耗用的,在领料汇总表里汇总的一车间产品耗用的材料费用都要按照材料的定额在甲、乙两种产品之间进行分配。分配率保留 4 位小数,甲产品所耗材料费用用乘法计算,乙产品所耗材料费用用倒轧求得。

(3) 二车间材料费用分配表,如表 3-84 所示。

表 3-84　　　　　　　　　　二车间材料费用分配表

20××年　　月　　　　　　　　　　　　单位:元

材料名称	分配对象	分配记录				
		定额	产量	定额耗用量	分配率	分配金额
A 材料	丙产品					
	丁产品					
	小计					
D 材料	丙产品					
	丁产品					
	小计					
E 材料	丙产品					
	丁产品					
	小计					

(续表)

材料名称	分配对象	分配记录				
		定额	产量	定额耗用量	分配率	分配金额
	丙产品					
	丁产品					

注：A、D、E三种材料都是丙、丁产品共同耗用的，在领料汇总表里汇总的二车间产品耗用的材料费用都要按照材料的定额在丙、丁两种产品之间进行分配。分配率保留4位小数，丙产品所耗材料费用用乘法计算，丁产品所耗材料费用用倒轧求出。

编制材料分配的会计分录。

（4）职工薪酬费用分配表，如表3-85所示。

表3-85　　　　　　　　　　　职工薪酬费用分配表

20××年　　月　　　　　　　　　　　　　　　　单位：元

用途		工资分配			各类人员工资	提取保险 0.12	提取福利 0.08	提取公积金 0.08	合计
		工人工资分配记录							
		生产工时	分配率	分配金额					
一车间	甲产品								
	乙产品								
	小计								
二车间	丙产品								
	丁产品								
	小计								
辅助生产车间	机修车间								
	运输车间								
	小计								
制造费用	一车间								
	二车间								
	小计								
行政管理部门									
销售部门									
合计									

编制职工薪酬分配的会计分录。

（5）折旧计算表，如表3-86所示。

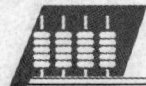

表 3-86　　　　　　　　　　　折 旧 计 算 表

20××年　月　　　　　　　　　　　　　单位：元

部　　门	房屋建筑物 原　值	月折旧率(0.2%) 月折旧额	机器设备 原　值	月折旧率(0.8%) 月折旧额	合　　计
一车间	200 000.00		75 500.00		
二车间	300 000.00		84 175.00		
机修车间	100 000.00		27 300.00		
运输车间	120 000.00		32 650.00		
行政管理部门	280 000.00		40 000.00		
销售部门	100 000.00		28 000.00		
合　　计	1 100 000.00		287 625.00		

编制提取折旧的会计分录。

(6) 外购动力费用分配表，如表 3-87 所示。

表 3-87　　　　　　　　　　外购动力费用分配表

20××年　月　　　　　　　　　　　　　单位：元

应借科目			生产工时 (分配率：)	度数 (分配率：)	金额
总账账户		明细科目　成本费用项目			
基本生产成本	一车间	甲　燃料及动力费			
		乙　燃料及动力费			
		小　计			
	二车间	丙产品			
		丁产品			
		小　计			
辅助生产成本		机修车间　燃料及动力费			
		运输车间			
		小　计			
制造费用	一车间	电费			
	二车间	电费			
		小　计			
管理费用		电费			
销售费用		电费			
合　计					

注：两个生产车间各生产两种产品，没有单独的电表装置，所以，两个车间产品的电费是共用的，应该在按照单价计算出费用以后再按照生产工时进行一次再分配。

编制动力费用分配的会计分录。

(7) 水费分配表,如表3-88所示。

表3-88　　　　　　　　　　　水 费 分 配 表

20××年　　月　　　　　　　　　　　　　　　单位:元

应借科目			用水量	分配率	金额
总账账户	明细科目	成本费用项目			
制造费用	一车间	水费			
	二车间	水费			
	小　计				
辅助生产成本	机修车间	水费			
	运输车间	水费			
	小　计				
总账账户	明细科目	成本费用项目			
管理费用	厂部	水费			
销售费用	销售部门	水费			
合　计					

注:企业从自来水公司购入的水费增值税税率为6%。

编制分配水费的会计分录。

(8) 机修车间辅助生产成本明细账,如表3-89所示。

表3-89　　　　　　　　　　　辅助生产成本明细账

户名:　　　　　　　　　20××年　　月　　　　　　　　　单位:元

年		凭证字号	摘要	借方金额明细								借方合计	贷方	余额
月	日			原材料	工资费用	折旧费	保险费	办公费	其他费用	水费	电费			
			材料分配表											
			薪酬分配表											
			折旧分配表											
			其他费用分配表											
			电费分配表											
			水费分配表											
			辅助生产费用分配表											

(续表)

年		凭证字号	摘要	借方金额明细								借方合计	贷方	余额
月	日			原材料	工资费用	折旧费	保险费	办公费	其他费用	水费	电费			
			辅助生产费用分配表											
			本月合计											

(9) 运输车间辅助生产成本明细账,如表 3-90 所示。

表 3-90　　　　　　　　　　　辅助生产成本明细账
20××年　月

户名:　　　　　　　　　　　　　　　　　　　　　　　　　　　　　　　单位:元

年		凭证字号	摘要	借方金额明细								借方合计	贷方	余额
月	日			原材料	工资费用	折旧费	保险费	办公费	其他费用	水费	电费			
			材料分配表											
			薪酬分配表											
			折旧分配表											
			其他费用分配表											
			电费分配表											
			水费分配表											
			辅助生产费用分配表											
			辅助生产费用分配表											
			本月合计											

(10) 辅助生产费用分配表(交互分配法),如表 3-91 所示。

表 3-91　　　　　　　　　辅助生产费用分配表(交互分配法)

20××年　月　　　　　　　　　　　　　　单位：元

项　目		交互分配			对外分配		
		机修车间	运输车间	小计	机修车间	运输车间	小计
待分配费用							
劳务供应量							
分配率							
机修车间	耗用量						
	分配额						
运输车间	耗用量						
	分配额						
分配小计							
一车间	耗用量						
	分配额						
二车间	耗用量						
	分配额						
管理部门	耗用量						
	分配额						
销售部门	耗用量						
	分配额						
分配金额合计							

编制辅助生产费用分配的会计分录。

(11) 一车间制造费用明细账,如表 3-92 所示。

表 3-92　　　　　　　　　制造费用明细账

户名：　　　　　　　　　20××年　月　　　　　　　　　单位：元

年		凭证	摘　要	借方金额明细								借方合计	贷方	余额
月	日	字号		原材料	工资费用	折旧费	保险费	办公费	其他费用	水费	电费			
			材料分配表											
			薪酬分配表											
			折旧分配表											
			其他费用分配表											
			电费分配表											

(续表)

年		凭证		摘要	借方金额明细								借方合计	贷方	余额
月	日	字	号		原材料	工资费用	折旧费	保险费	办公费	其他费用	水费	电费			
				水费分配表											
				辅助生产费用分配表											
				制造费用分配表											

（12）二车间制造费用明细账，如表3-93所示。

表3-93　　　　　　　　　制造费用明细账

户名：　　　　　　　20××年　　月　　　　　　　　　　单位：元

年		凭证		摘要	借方金额明细								借方合计	贷方	余额
月	日	字	号		原材料	工资费用	折旧费	保险费	办公费	其他费用	水费	电费			
				材料分配表											
				薪酬分配表											
				折旧分配表											
				其他费用分配表											
				电费分配表											
				水费分配表											
				辅助生产费用分配表											
				制造费用分配表											

(13) 基本生产车间制造费用分配表,如表 3-94 所示。

表 3-94　　　　　　　　　　　制造费用分配表

20××年　　月　　　　　　　　　　　　　　　单位:元

一车间				二车间			
产品名称	生产工时	分配率	分配金额	产品名称	生产工时	分配率	分配金额
甲产品				丙产品			
乙产品				丁产品			
合计				合计			

注:制造费用按照生产工时进行分配,分配率保留 4 位小数,甲产品和丙产品分配数用乘法计算,乙产品和丁产品的分配数用倒轧求得。

编制制造费用分配的会计分录。

(14) 甲产品成本计算单,如表 3-95 所示。

表 3-95　　　　　　　　　　　甲产品成本计算单

20××年　　月

车间名称:　　　　　　　　　　　　　　　　　　　　　　　　　　完工数量:
产品名称:　　　　　　　　　　　　　　　　　　　　　　　　　　在产品数量:

摘　要	数量	材料费用	人工费用	燃料动力	制造费用	合计
期初在产品成本						
本期生产费用						
生产费用合计						
完工数量						
月末在产品约当产量						
费用分配产量合计						
分配率						
完工产品成本						
单位成本						
期末在产品成本						

(15) 乙产品成本计算单,如表 3-96 所示。

表 3-96　　　　　　　　　　　乙产品成本计算单

20××年　　月

车间名称:　　　　　　　　　　　　　　　　　　　　　　　　　　完工数量:
产品名称:　　　　　　　　　　　　　　　　　　　　　　　　　　在产品数量:

摘　要	数量	材料费用	人工费用	燃料动力	制造费用	合计
期初在产品成本						
本期生产费用						
生产费用合计						

(续表)

摘要	数量	材料费用	人工费用	燃料动力	制造费用	合计
完工数量						
月末在产品约当产量						
费用分配产量合计						
分配率						
完工产品成本						
单位成本						
期末在产品成本						

(16) 丙产品成本计算单,如表3-97所示。

表3-97　　　　　　　　　丙产品成本计算单

20××年　　月

车间名称:　　　　　　　　　　　　　　　　　　　　　　完工数量:
产品名称:　　　　　　　　　　　　　　　　　　　　　　在产品数量:

摘要	数量	材料费用	人工费用	燃料动力	制造费用	合计
期初在产品成本						
本期生产费用						
生产费用合计						
完工数量						
月末在产品约当产量						
费用分配产量合计						
分配率						
完工产品成本						
单位成本						
期末在产品成本						

(17) 丁产品成本计算单,如表3-98所示。

表3-98　　　　　　　　　丁产品成本计算单

20××年　　月

车间名称:　　　　　　　　　　　　　　　　　　　　　　完工数量:
产品名称:　　　　　　　　　　　　　　　　　　　　　　在产品数量:

摘要	数量	材料费用	人工费用	燃料动力	制造费用	合计
期初在产品成本						
本期生产费用						
生产费用合计						
完工数量						
月末在产品约当产量						

(续表)

摘要	数量	材料费用	人工费用	燃料动力	制造费用	合计
费用分配产量合计						
分配率						
完工产品成本						
单位成本						
期末在产品成本						

(18) 甲产品基本生产成本明细账,如表 3-99 所示。

表 3-99　　　　　　　　　　基本生产成本明细账
　　　　　　　　　　　　　　　20××年　　月

产品名称:甲产品　　　　　　　　　　　　　　　　　　　　金额单位:元

年		凭证字号	摘要	借方	贷方	余额	借方金额明细			
月	日						直接材料	直接人工	燃料动力	制造费用
			月初余额							
			材料分配表							
			薪酬分配表							
			燃料动力分配表							
			制造费用分配表							
			结转完工产品成本							
			月末余额							

(19) 乙产品基本生产成本明细账,如表 3-100 所示。

表 3-100　　　　　　　　　　基本生产成本明细账
　　　　　　　　　　　　　　　20××年　　月

产品名称:乙产品　　　　　　　　　　　　　　　　　　　　金额单位:元

年		凭证字号	摘要	借方	贷方	余额	借方金额明细			
月	日						直接材料	直接人工	燃料动力	制造费用
			月初余额							
			材料分配表							
			薪酬分配表							
			燃料动力分配表							
			制造费用分配表							

(续表)

年		凭证字号	摘要	借方	贷方	余额	借方金额明细			
月	日						直接材料	直接人工	燃料动力	制造费用
			结转完工产品成本							
			月末余额							

(20) 丙产品基本生产成本明细账,如表 3-101 所示。

表 3-101 　　　　　　　基本生产成本明细账
　　　　　　　　　　　20××年　　月

产品名称:丙产品　　　　　　　　　　　　　　　　　　　金额单位:元

年		凭证字号	摘要	借方	贷方	余额	借方金额明细			
月	日						直接材料	直接人工	燃料动力	制造费用
			月初余额							
			材料分配表							
			薪酬分配表							
			燃料动力分配表							
			制造费用分配表							
			结转完工产品成本							
			月末余额							

(21) 丁产品基本生产成本明细账,如表 3-102 所示。

表 3-102 　　　　　　　基本生产成本明细账
　　　　　　　　　　　20××年　　月

产品名称:丁产品　　　　　　　　　　　　　　　　　　　金额单位:元

年		凭证字号	摘要	借方	贷方	余额	借方金额明细			
月	日						直接材料	直接人工	燃料动力	制造费用
			月初余额							
			材料分配表							
			薪酬分配表							
			燃料动力分配表							
			制造费用分配表							
			结转完工产品成本							
			月末余额							

模块四　单件小批量生产企业产品成本核算——分批法

任务1　分批法概述

任务引入

丽人服装厂为一外贸服装加工企业,按订单加工服装出口。该企业设有三个流水线生产车间:剪裁车间、缝制车间和整理车间。剪裁车间将布料按照样板进行剪裁,然后将布料交给缝制车间进行缝制,缝制过程中添加一些辅助材料做成成衣,再交给整理车间进行熨烫、定型、钉扣、包装等后,形成产成品。该企业还设有一个辅助生产车间:供汽车间,为全厂提供蒸汽。辅助生产车间不设制造费用明细账。主要材料在生产开始时一次投入。

20××年9月,该厂各批产品期初情况如下所述。

(1) 701批号:西服。

7月25日,按生产订单投产500套,8月份没有完工产品,形成9月份期初在产品500套。

(2) 801批号:纯棉T恤衫。

8月21日,接订单3 000件,先投产1 500件,8月份没有完工产品,形成9月份期初在产品1 500件。

期初成本,如表4-1所示。

表4-1　　　　　　　　　期初成本

项　　目	数量	直接材料	直接人工	燃料及动力	制造费用	合计
701批号西服	500	98 000	11 000	5 500	8 700	123 200
801批号纯棉T恤衫	1 500	58 500	10 200	3 500	7 700	79 900

提出问题:

(1) 该服装厂采用何种方法计算产品成本?

(2) 分批法成本核算的特点是什么?

(3) 如何设置基本生产成本明细账或产品成本计算单?

任务分析

因为丽人服装厂是按照订单生产的企业,即使它是多步骤生产,但由于不可能出售半

成品,所以不用核算半成品成本,应该选择分批法计算产品成本。

分批法的特点是以产品的批别为成本计算对象,成本计算期与生产周期相一致,月末一般不计算在产品成本,若批内产品跨月陆续完工,即月末部分产品已完工,部分尚未完工,则需要进行完工产品与在产品成本的分配。分批法主要适用于单件、小批单步骤生产和单件、小批多步骤生产,且管理上不要求分步计算产品成本的企业,如重型机械、船舶、精密仪器、专用设备、模具的生产。某些大量成批生产企业中,新产品开发、来料加工等成本计算也可以采用分批法。

一、分批法的含义

分批法是指以产品批别作为成本计算对象归集生产费用、计算产品成本的一种方法。

产品批别在成批组织生产的企业或车间中,是按照一定品种、一定批量产品划分的。实际中,产品的品种和批量往往是根据客户的订单来确定,因此也称订单法。

二、分批法的适用范围

分批法主要适用于单件、小批单步骤生产和单件、小批多步骤生产,且管理上不要求分步计算产品成本的企业。如重型机械、船舶、精密仪器、专用设备、模具的生产。某些大量成批生产企业中,新产品开发、来料加工等成本计算也可以采用分批法。

分批法的适用范围主要包括:
(1) 按产品批号组织生产的企业。
(2) 专门从事机器设备修理业务的企业。
(3) 从事新产品试制、加工自制设备、自制工具和模具的车间。

三、分批法的特点

1. 以产品的批别(订单或生产通知单)为成本计算对象

分批法以产品的批别(订单或生产通知单)为成本计算对象,为产品开设产品成本计算单或设置基本生产成本明细账。对于能够分清批次的直接计入费用,直接记入各批产品的基本生产成本明细账,对于各批产品共同耗用的间接计入费用,应采用适当方法分配记入各批产品的基本生产成本明细账。

产品批别一般根据客户的订单确定,以一张订单上的产品为一批,企业根据订单开设生产通知单号,车间根据生产通知单号组织生产,会计部门根据生产通知单号开设产品成本计算单或设置基本生产成本明细账,归集生产费用,计算产品成本。

但产品的批别与订单并不完全相同。根据客户的要求和生产组织的需要,一张订单可分成多个批别组织生产,几张相同产品的订单也可合为一批组织生产。比如当一张订单中包括多种产品,为了分别核算不同产品的成本,可以按照产品的品种划分批别;当一张订单中只有一种产品,但数量较多且要求分批交货时,可以分成几批组织生产;当同一月份的几张订单中有相同的产品时,为了经济、合理地组织生产,可以将其合并为一批。

2. 成本计算期与生产周期一致

在分批法下,由于是按照产品的批别作为成本计算对象,按月归集生产费用,但只有等到该批产品实际完工,才能计算其实际成本。因此,分批法下产品成本计算期与各批产品的生产周期一致,与会计报告期通常不一致。

3. 一般不需要进行完工产品与在产品成本的分配

由于分批法的成本计算期与生产周期一致,所以,月末一般不需要进行完工产品与在产品成本的分配。就单件生产来说,在该产品完工之前,基本生产成本明细账上归集的生产费用都是在产品成本,产品完工时,就是完工产品成本,所以月末不需要进行完工产品与在产品成本的分配。

如果是小批生产,若批内产品都能同时完工,月末不需要进行完工产品与在产品成本的分配;若批内产品跨月陆续完工,即月末部分产品已完工,部分尚未完工,则需要进行完工产品与在产品成本的分配。分配方法如下:

若批内产品跨月陆续完工的情况较多,月末批内完工产品的数量占全部批量的比重较大,则生产费用在完工产品与在产品成本之间的分配,应相应采用定额比例法或约当产量法或在产品按定额成本计价法等方法。

若批内产品跨月陆续完工的情况不多,可采用简便的分配方法。即按计划单位成本、定额单位成本或最近时期相同产品的实际单位成本计算完工产品成本。但在该批产品全部完工时,应重新计算该批产品的实际总成本和实际单位成本;而对已经转账的完工产品成本,不作账目调整。

四、分批法成本计算的一般程序

分批法成本计算程序与品种法基本一致。

1. 按批别开设基本生产成本明细账

根据生产部门签发的生产任务通知单中所规定的产品批号,为每批产品开设基本生产成本明细账,在明细账账页上既要注明批号,也要列明产品名称。

2. 编制各项要素费用分配表,按批别归集与分配本月生产费用

在月份内,须将各批次产品的直接费用按批号直接汇总记入各批产品基本生产成本明细账内,而将发生的间接费用按照一定的标准在各批次产品之间进行分配,分别计入有关批次的产品成本。

3. 分配辅助生产费用

在设有辅助生产车间的企业,月末根据辅助生产成本明细账记录和辅助生产车间提供的劳务量,采用适当的方法,在受益部门之间分配辅助生产费用,并登记有关成本费用明细账。

4. 分配基本车间制造费用

月末根据基本生产车间制造费用明细账记录,采用适当的方法,将制造费用在本车间的各批产品之间进行分配,并登记各产品的基本生产成本明细账。

5. 计算完工产品成本

月末加计完工批别基本生产成本明细账中所归集的费用,计算完工产品的实际总成本

和单位成本；月末各批未完工产品基本生产成本明细账中归集的生产费用即月末在产品成本；若月末产品部分完工，部分未完工，则要采用适当的方法在完工产品和月末在产品之间分配费用。

由于分批法下，批内产品跨月陆续完工的情况不多，因此，在跨月陆续完工的情况下，月末计算完工产品成本时，可采用计划成本、定额成本或最近时期相同产品的实际成本对完工产品进行计价的简易方法计算，等到全部产品完工时，再重新计算该批产品实际的总成本和单位成本。

（1）采用分批法计算产品成本。

（2）分批法的特点是以产品的批别为成本计算对象，成本计算期与生产周期相一致，月末一般不计算在产品成本，若批内产品跨月陆续完工，即月末部分产品已完工，部分尚未完工，则需要进行完工产品与在产品成本的分配。

（3）应当建立基本生产成本明细账，如表4-2和表4-3所示。

表4-2　　　　　　　　　　　基本生产成本明细账
批号：701　　　　　　　　　　　　　　　　　开工日期：20××年7月25日
产品名称：西服　　　　　　　批量：500件　　完工日期：

2011年		摘要	直接材料	直接人工	燃料及动力	制造费用	合计
月	日						
9	1	月初在产品	98 000	11 000	5 500	8 700	123 200

表4-3　　　　　　　　　　　基本生产成本明细账
批号：801　　　　　　　　　　　　　　　　　开工日期：20××年8月21日
产品名称：纯棉T恤衫　　　　批量：3 000件　完工日期：

2011年		摘要	直接材料	直接人工	燃料及动力	制造费用	合计
月	日						
9	1	月初在产品	58 500	10 200	3 500	7 700	79 900

思考与练习

1. 分批法的特点是什么？
2. 分批法的适用范围包括哪些？

模块四 单件小批量生产企业产品成本核算——分批法

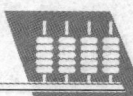

任务 2　生产费用的归集与分配

任务引入

丽人服装厂9月份相关资料如下所述。

1. 产量、工时记录

(1) 西服(批号701)：9月完工500套,已全部完工。

(2) 纯棉T恤衫(批号801)：9月份又投产1 500件,完工1 600件,在产品1 400件。

完工产品按计划成本结转,每件计划成本54元,其中：直接材料40元,直接人工7元,燃料及动力2元,制造费用5元。

(3) 9月15日按生产订单投产连衣裙(批号901)800件,当月全部完工。

产量工时统计表,如表4-4所示。

表4-4　　　　　　　　　　产量、工时统计表

20××年9月　　　　　　　　　　　　　　　　　　　　　　　　单位：件,小时

项　目	西服(批号701)	纯棉T恤衫(批号801)	连衣裙(批号901)
月初在产品	500	1 500	
本月投产		1 500	800
本月完工	500	1 600	800
月末在产品		1 400	
生产工时	6 200	6 000	4 000

2. 材料耗用情况

材料发出汇总表,如表4-5所示。

表4-5　　　　　　　　　　材料发出汇总表

20××年9月　　　　　　　　　　　　　　　　　　　　　　　　金额：元

材料类别	成　本	用　途
棉　布	59 100	生产纯棉T恤衫
雪纺布	83 000	生产连衣裙
辅助材料	800	生产西服
	750	生产纯棉T恤衫
	660	生产连衣裙
包装材料	1 200	生产西服
	1 100	生产纯棉T恤衫
	550	生产连衣裙

(续表)

材料类别	成本	用途
机物料	3 500	基本车间领用
	2 500	供汽车间领用
其他材料	2 800	管理部门领用
合计	155 960	—

3. 职工薪酬费用

本月共发生职工薪酬费用 100 600 元,其中:基本生产车间生产工人职工薪酬为 48 600 元,车间管理人员职工薪酬为 17 000 元,辅助车间职工薪酬为 14 000 元,企业管理人员职工薪酬为 21 000 元。基本生产车间生产工人职工薪酬按生产工时的比例在各批产品之间分配。

4. 固定资产原值及折旧率

固定资产原值及折旧率表,如表 4-6 所示。

表 4-6　　　　　　　　　固定资产原值及折旧率表　　　　　　　　单位:元

部门		房屋及建筑物	机器设备	合计
基本生产车间	剪裁车间	500 000	110 000	610 000
	缝制车间	650 000	850 000	1 500 000
	整理车间	580 000	200 000	780 000
	小计	1 730 000	1 160 000	2 890 000
供汽车间		400 000	120 000	520 000
企业管理部门		380 000	80 000	460 000
合计		2 510 000	1 360 000	3 870 000

房屋及建筑物月折旧率为 0.4%,机器设备月折旧率为 1%。

5. 电费

本月共用电 34 300 度,每度电 0.6 元。

各部门耗电情况表,如表 4-7 所示。

表 4-7　　　　　　　　　各部门耗电情况表　　　　　　　　单位:度

部门	基本生产车间		供汽车间	企业管理部门	合计
	制造产品	车间照明			
耗电量(度)	24 300	3 000	5 000	2 000	34 300

6. 以银行存款支付的其他费用

其他费用情况表,如表 4-8 所示。

模块四 单件小批量生产企业产品成本核算——分批法

表 4-8　　　　　　　　　　　其他费用情况表　　　　　　　　　　　单位:元

部门		办公费	水费	其他	合计
基本生产车间	剪裁车间	300	400	600	1 300
	缝制车间	350	300	800	1 450
	整理车间	300	500	700	1 500
	小计	950	1 200	2 100	4 250
供汽车间		350	3 500	600	4 450
企业管理部门		600	300	900	1 800
合计		1 900	5 000	3 600	10 500

7. 供汽车间劳务提供

供汽车间劳务情况表,如表 4-9 所示。

表 4-9　　　　　　　　　供汽车间劳务情况表　　　　　　　　　单位:立方米

部门	基本生产车间	企业管理部门	合计
供汽量(立方米)	40 000	13 500	53 500

提出问题:
(1) 丽人服装厂如何进行各项要素费用的分配?
(2) 丽人服装厂如何进行辅助生产成本的分配?
(3) 丽人服装厂如何进行制造费用的分配?

任务分析

　　丽人服装厂应采用分批法计算产品成本,故成本计算的一般程序应为:首先,按批别开设基本生产成本明细账;然后,编制各项要素费用分配表;按批别归集与分配本月生产费用;接着,分配基本车间制造费用;最后,计算完工产品成本。

　　因为 701 批号西服和 801 批号纯棉 T 恤衫已经建账,所以只需为 9 月新投产的 901 批号连衣裙建账。建账后分配材料费、职工薪酬、折旧费、电费以及其他要素费用。各批次产品的直接费用,按批号直接汇总记入各批产品基本生产成本明细账内,而将发生的间接费用按照一定的标准在各批次产品之间进行分配,分别计入有关批次的产品成本。随着要素费用的分配完毕,供汽车间辅助生产费用也就归集完整了,月末根据"辅助生产成本——供汽车间"明细账记录所提供的劳务量,计算分配率,在受益部门之间分配辅助生产费用,并登记有关成本费用明细账。随着辅助生产费用的分配完毕,基本车间制造费用明细账也就归集完整了,月末根据基本生产车间制造费用明细账记录,采用适当的方法,将制造费用在基本车间的各批产品之间进行分配,并登记各产品的基本生产成本明细账。

相关知识

在本任务中,分批法的成本核算程序依然是先进行材料费、职工薪酬费等要素费用的归集与分配,再进行辅助生产费用的分配,最后进行制造费用的分配。具体分配方法前文已作了详细介绍,这里不再重复。

1. 建立连衣裙(批号901)明细账

基本生产成本明细账,如表4-10所示。

表4-10　　　　　　　　　　　基本生产成本明细账

批号:901　　　　　　　　　　　　　　　　　　　　开工日期:20××年9月15日
产品名称:连衣裙　　　　　　　　批量:800件　　　　完工日期:

2011年		摘　要	直接材料	直接人工	燃料及动力	制造费用	合　计
月	日						

2. 分配本月发生的各项要素费用

(1) 分配材料费用。根据发出材料汇总表编制原材料费用分配表(见表4-11)和记账凭证(见表4-12),并登记有关账簿。

表4-11　　　　　　　　　　　原材料费用分配表

　　　　　　　　　　　20××年9月30日　　　　　　　　　　金额单位:元

应　借　账　户		成本项目或费用项目	直接计入
基本生产成本	701批号西服	直接材料	2 000
	801批号纯棉T恤衫	直接材料	60 950
	901批号连衣裙	直接材料	84 210
	小　　　　计		147 160
辅助生产成本	供汽车间	机物料	2 500
制造费用	基本车间	机物料	3 500
管理费用	厂部	低值易耗品摊销	2 800
合　　　　计			155 960

表 4-12 转 账 凭 证

20××年9月30日　　　　　　　　　　　　　　转字第1号

摘　　要	总账科目	明细科目	✓	借方金额	贷方金额
分配材料费用	基本生产成本	701批号西服	✓	2 000	
		801批号纯棉T恤衫	✓	60 950	
		901批号连衣裙	✓	84 210	
	辅助生产成本	供汽车间	✓	2 500	
	制造费用	基本车间	✓	3 500	
	管理费用	低值易耗品摊销	✓	2 800	
	原材料	原料及辅助材料	✓		155 960
合　　计				￥155 960	￥155 960

财务主管：赵江　　　　记账：李红　　　复核：王秀芬　　　　　　制单：钱丹

(2) 分配职工薪酬费用。根据有关资料编制职工薪酬费用分配表(见表4-13)和记账凭证(见表4-14)，并登记有关账簿。

表 4-13 职工薪酬费用分配表

20××年9月30日　　　　　　　　　　　　　　金额单位：元

应借账户		成本项目或费用项目	生产工时	分配率	分配的费用
基本生产成本	701批号西服	直接人工	6 200		18 600
	801批号纯棉T恤衫	直接人工	6 000		18 000
	901批号连衣裙	直接人工	4 000		12 000
	小　　计		16 200	3	48 600
辅助生产成本	供汽车间	人工费			14 000
制造费用	基本车间	人工费			17 000
管理费用	厂　部	人工费			21 000
合　　计					100 600

表 4-14 转 账 凭 证

20××年9月30日　　　　　　　　　　　　　　转字第2号

摘　　要	总账科目	明细科目	✓	借方金额	贷方金额
分配职工薪酬费用	基本生产成本	701批号西服	✓	18 600	
		801批号纯棉T恤衫	✓	18 000	
		901批号连衣裙	✓	12 000	

（续表）

摘 要	总账科目	明细科目	√	借方金额	贷方金额
	辅助生产成本	供汽车间	√	14 000	
	制造费用	基本车间	√	17 000	
	管理费用		√	21 000	
	应付职工薪酬		√		100 600
	合 计			￥100 600	￥100 600

财务主管：赵江　　　记账：李红　　　复核：王秀芬　　　制单：钱丹

（3）计提本月折旧费。根据固定资产原值及折旧率明细表，编制固定资产折旧计算表（见表4-15）和记账凭证（见表4-16），并登记有关账簿。

表 4-15　　　　　　　　　固定资产折旧计算表
20××年9月30日　　　　　　　　　　　金额单位：元

部　门		房屋及建筑物(0.4%)		机器设备(1%)		折旧额合计
		固定资产原值	月折旧额	固定资产原值	月折旧额	
基本生产车间	剪裁车间	500 000	2 000	110 000	1 100	3 100
	缝制车间	650 000	2 600	850 000	8 500	11 100
	整理车间	580 000	2 320	200 000	2 000	4 320
	小　计	1 730 000	6 920	1 160 000	11 600	18 520
供汽车间		400 000	1 600	120 000	1 200	2 800
企业管理部门		380 000	1 520	80 000	800	2 320
合　计		2 510 000	10 040	1 360 000	13 600	23 640

房屋及建筑物月折旧率为0.4%，机器设备月折旧率为1%。

表 4-16　　　　　　　　　　　转　账　凭　证
20××年9月30日　　　　　　　　　　　　转字第3号

摘 要	总账科目	明细科目	√	借方金额	贷方金额
计提折旧费	制造费用	基本车间	√	18 520	
	辅助生产成本	供汽车间	√	2 800	
计提折旧费	管理费用		√	2 320	
	累计折旧		√		23 640
	合　计			￥23 640	￥23 640

财务主管：赵江　　　记账：李红　　　复核：王秀芬　　　制单：钱丹

（4）分配电费。根据各部门耗电情况，编制外购动力费分配表（见表4-17）和记账凭证（见表4-18），并登记有关账簿。

表 4-17　　　　　　　　　　　　外购动力费分配表

20××年9月30日　　　　　　　　　　　　　　　　金额单位:元

应借账户		成本项目或费用项目	生产工时	分配率	耗电度数	单价	分配的费用
基本生产成本	701 批号西服	燃料及动力	6 200		9 300		5 580
	801 批号纯棉T恤衫	燃料及动力	6 000		9 000		5 400
	901 批号连衣裙	燃料及动力	4 000		6 000		3 600
	小　计		16 200	1.5	24 300		14 580
辅助生产成本	供汽车间	燃料及动力			5 000		3 000
制造费用	基本车间	燃料及动力			3 000		1 800
管理费用	厂部	电费			2 000		1 200
合　计					34 300	0.6	20 580

表 4-18　　　　　　　　　　　　付 款 凭 证

贷方科目:银行存款　　　　　　20××年9月30日　　　　　　　　付字第1号

摘　要	借方科目		√	金　额
	总账科目	明细科目		
分配外购动力费用	基本生产成本	701 批号西服	√	5 580
		801 批号纯棉T恤衫	√	5 400
		901 批号连衣裙	√	3 600
	辅助生产成本	供汽车间	√	3 000
	制造费用	基本车间	√	1 800
	管理费用		√	1 200
	合　计			￥20 580

财务主管:赵江　　记账:李红　　出纳:陈明　　复核:王秀芬　　制单:钱丹

(5) 分配其他要素费用。编制其他费用分配表(见表 4-19)和记账凭证(表 4-20),并登记有关账簿。

表 4-19　　　　　　　　　　　其他费用分配表

应借账户		办公费	水　费	其　他	合　计
制造费用	剪裁车间	300	400	600	1 300
	缝制车间	350	300	800	1 450
	整理车间	300	500	700	1 500
	小　计	950	1 200	2 100	4 250
辅助生产成本		350	3 500	600	4 450
管理费用		600	300	900	1 800
合　计		1 900	5 000	3 600	10 500

表 4-20　　　　　　　　　　　付　款　凭　证

贷方科目：银行存款　　　　　20××年9月30日　　　　　　　　　　　　付字第2号

摘　要	借方科目		√	金　额
	总账科目	明细科目		
分配其他费用	制造费用	基本车间	√	4 250
	辅助生产成本	供汽车间	√	4 450
	管理费用		√	1 800
合　计				￥10 500

财务主管：赵江　　　记账：李红　　　出纳：陈明　　　复核：王秀芬　　　制单：钱丹

3. 分配辅助生产成本

根据前面各项要素费用的分配结果，归集辅助生产成本，然后再编制辅助生产成本分配表（见表4-21），分配辅助生产费用，并编制记账凭证（见表4-22），登记辅助生产成本明细账（见表4-23）。

表 4-21　　　　　　　　辅助生产费用分配表（直接分配法）

　　　　　　　　　　　　20××年9月30日　　　　　　　　　　金额单位：元

应借科目	劳务量	分配率	金　额
制造费用	40 000		20 000
管理费用	13 500		6 750
合　计	53 500	0.5	26 750

表 4-22　　　　　　　　　　　转　账　凭　证

　　　　　　　　　　　　20××年9月30日　　　　　　　　　　　　转字第4号

摘　要	总账科目	明细科目	√	借方金额	贷方金额
分配辅助生产费用	制造费用	基本车间	√	20 000	
	管理费用		√	6 750	
	辅助生产成本	供汽车间	√		26 750
合　计				￥26 750	￥26 750

财务主管：赵江　　　记账：李红　　　复核：王秀芬　　　制单：钱丹

表 4-23　　　　　　　　　辅助生产成本明细账

车间名称：供汽车间　　　　　　　　　　　　　　　　　　　　　　金额单位：元

2011年		摘要	直接材料	直接人工	燃料及动力	制造费用	合　计
月	日						
9	30	分配材料费	2 500				2 500
	30	分配职工薪酬费用		14 000			14 000

(续表)

2011年		摘要	直接材料	直接人工	燃料及动力	制造费用	合计
月	日						
	30	计提折旧				2 800	2 800
	30	分配外购动力费			3 000		3 000
	30	分配其他费用				4 450	4 450
	30	待分配费用合计	2 500	14 000	3 000	7 250	26 750
	30	分配转出	2 500	14 000	3 000	7 250	26 750

4. 分配制造费用

根据前面各项费用的分配结果，归集制造费用，然后再编制制造费用分配表（见表4-24），分配制造费用，并编制记账凭证（见表4-25），登记制造费用明细账（见表4-26）。

表4-24　　　　　　　　　　制造费用分配表

20××年9月30日　　　　　　　　　　　　　　　　金额单位：元

应借科目		生产工时	分配率	金额
基本生产成本	701批号西服	6 200		24 924
	801批号纯棉T恤衫	6 000		24 120
	901批号连衣裙	4 000		16 026
合计		16 200	4.02	65 070

分配率保留两位小数，尾差计入最后一行。

表4-25　　　　　　　　　　转　账　凭　证

20××年9月30日　　　　　　　　　　　　　　　　　转字第5号

摘要	总账科目	明细科目	√	借方金额	贷方金额
分配制造费用	基本生产成本	701批号西服	√	24 924	
		801批号纯棉T恤衫		24 120	
		901批号连衣裙	√	16 026	
	制造费用		√		65 070
合计				￥65 070	￥65 070

财务主管：赵江　　　　记账：李红　　　　复核：王秀芬　　　　制单：钱丹

表4-26　　　　　　　　　　制造费用明细账

车间名称：基本生产车间　　　　　　　　　　　　　　　金额单位：元

2011年		摘要	机物料	人工费	燃料及动力	折旧费	其他费用	合计
月	日							
9	30	分配材料费	3 500					3 500
	30	分配职工薪酬费用		17 000				17 000

(续表)

2011年		摘　　要	机物料	人工费	燃料及动力	折旧费	其他费用	合　计
月	日							
	30	计提折旧				18 520		18 520
	30	分配外购动力费			1 800			1 800
	30	分配其他费用					4 250	4 250
	30	分配辅助生产成本			20 000			20 000
	30	待分配费用合计	3 500	17 000	21 800	18 520	4 250	65 070
	30	分配转出	3 500	17 000	21 800	18 520	4 250	65 070

思考与练习

1. 分批法的成本核算程序是什么？
2. 分批法下需要设置哪些成本账户？

任务3　完工产品成本的结转

任务引入

丽人服装厂9月份相关资料如任务1、任务2所述，根据以上资料登记基本生产成本明细账，如表4-27至表4-29所示。

表4-27　　　　　　　　　　　基本生产成本明细账
批号：701　　　　　　　　　　　　　　　　　　　开工日期：20××年7月25日
产品名称：西服　　　　　　　　批量：500件　　　　完工日期：

2011年		摘　　要	直接材料	直接人工	燃料及动力	制造费用	合　计
月	日						
8	31	生产费用合计	98 000	11 000	5 500	8 700	123 200
9	30	分配材料费	2 000				2 000
	30	分配职工薪酬费用		18 600			18 600
	30	分配外购动力费			5 580		5 580
	30	分配制造费用				24 924	24 924

模块四　单件小批量生产企业产品成本核算——分批法

表4-28　　　　　　　　　　　　基本生产成本明细账

批号：801　　　　　　　　　　　　　　　　　　　　　开工日期：20××年8月21日

产品名称：纯棉T恤衫　　　　　　　批量：3 000件　　　完工日期：

2011年		摘　要	直接材料	直接人工	燃料及动力	制造费用	合计
月	日						
8	31	生产费用合计	58 500	10 200	3 500	7 700	79 900
9	30	分配材料费	60 950				60 950
	30	分配职工薪酬费用		18 000			18 000
	30	分配外购动力费			5 400		5 400
	30	分配制造费用				24 120	24 120

表4-29　　　　　　　　　　　　基本生产成本明细账

批号：901　　　　　　　　　　　　　　　　　　　　　开工日期：20××年9月15日

产品名称：连衣裙　　　　　　　　　批量：800件　　　　完工日期：

2011年		摘　要	直接材料	直接人工	燃料及动力	制造费用	合　计
月	日						
9	30	分配材料费	84 210				84 210
	30	分配职工薪酬费用		12 000			12 000
	30	分配外购动力费			3 600		3 600
	30	分配制造费用				16 026	16 026

提出问题：三批产品中完工产品的总成本是多少？

任务分析

综合任务1和任务2，三批产品的基本生产成本明细账已经登记完毕，生产费用合计就是本月归集的全部生产费用，需要采用适当的方法在完工产品和在产品之间分配。

相关知识

生产成本在完工产品和在产品之间的分配方法有：不计在产品成本法、在产品按年初固定数计算法、在产品按原材料费用计价法、在产品按完工产品成本计算法、约当产量、定额比例法，根据情况选择使用。

分批法下完工产品成本计算的方法

由于分批法下，批内产品跨月陆续完工的情况不多，因而，在跨月陆续完工的情况下，月末计算完工产品成本时,可采用计划成本、定额成本或最近时期相同产品的实际成本对完工产品进行计价的简易方法计算,等到全部产品完工时,再重新计算该批产品实际的总成本和单位成本。

任务实施

1. 归集各批产品生产费用的合计数

基本生产成本明细账,如表 4-30 至表 4-32 所示。

表 4-30　　　　　　　　　　　基本生产成本明细账

批号:701　　　　　　　　　　　　　　　　　　　开工日期:20××年7月25日

产品名称:西服　　　　　　　批量:500 件　　　　完工日期:20××年9月23日

2011年		摘　要	直接材料	直接人工	燃料及动力	制造费用	合　计
月	日						
8	31	本月生产费用合计	98 000	11 000	5 500	8 700	123 200
9	30	分配材料费	2 000				2 000
	30	分配职工薪酬费用		18 600			18 600
	30	分配外购动力费			5 580		5 580
9	30	分配制造费用				24 924	24 924
		生产费用累计	100 000	29 600	11 080	33 624	174 304

表 4-31　　　　　　　　　　　基本生产成本明细账

批号:801　　　　　　　　　　　　　　　　　　　开工日期:20××年8月21日

产品名称:纯棉 T 恤衫　　　　批量:3 000 件　　　完工日期:

2011年		摘　要	直接材料	直接人工	燃料及动力	制造费用	合　计
月	日						
8	31	本月生产费用合计	58 500	10 200	3 500	7 700	79 900
	30	分配材料费	60 950				60 950
	30	分配职工薪酬费用		18 000			18 000
	30	分配外购动力费			5 400		5 400
	30	分配制造费用				24 120	24 120
		生产费用累计	119 450	28 200	8 900	31 820	188 370

表 4-32　　　　　　　　　　　　基本生产成本明细账

批号:901　　　　　　　　　　　　　　　　　　　　　开工日期:20××年9月15日
产品名称:连衣裙　　　　　　　　批量:800件　　　　完工日期:20××年9月28日

2011年		摘　要	直接材料	直接人工	燃料及动力	制造费用	合　计
月	日						
9	30	分配材料费	84 210				84 210
	30	分配职工薪酬费用		12 000			12 000
	30	分配外购动力费			3 600		3 600
	30	分配制造费用				16 026	16 026
9	30	本月生产费用合计	84 210	12 000	3 600	16 026	115 836

2.编制成本计算单,计算完工产品成本

产品成本计算表和完工产品成本计算表,分别如表4-33至表4-36所示。

表 4-33　　　　　　　　　　　　产品成本计算单

批号:701　　　　　　　　　　　20××年9月
产品名称:西服　　　　　　　　　批量:500件　　　　　　　　　　金额单位:元

项　目	数　量	直接材料	直接人工	燃料及动力	制造费用	合　计
期初在产品成本	500	98 000	11 000	5 500	8 700	123 200
本月生产费用		2 000	18 600	5 580	24 924	51 104
生产费用合计	500	100 000	29 600	11 080	33 624	174 304
完工产品成本	500	100 000	29 600	11 080	33 624	174 304
单位成本		200	59.2	22.16	67.25	348.61

表 4-34　　　　　　　　　　　　产品成本计算单

批号:801　　　　　　　　　　　20××年9月
产品名称:纯棉T恤衫　　　　　　批量:3 000件　　　　　　　　　金额单位:元

项　目	数　量	直接材料	直接人工	燃料及动力	制造费用	合　计
期初在产品成本	1 500	58 500	10 200	3 500	7 700	79 900
本月生产费用	1 500	60 950	18 000	5 400	24 120	108 470
生产费用合计	3 000	119 450	28 200	8 900	31 820	188 370
完工产品成本	1 600	64 000	11 200	3 200	8 000	86 400
计划单位成本		40	7	2	5	54
期末在产品成本	1 400	55 450	17 000	5 700	23 820	101 970

表 4-35 产品成本计算单

批号:901　　　　　　　　　　　20××年9月
产品名称:连衣裙　　　　　批量:800件　　　　　　　　　金额单位:元

项　目	数　量	直接材料	直接人工	燃料及动力	制造费用	合　计
本月生产费用	800	84 210	12 000	3 600	16 026	115 836
生产费用合计	800	84 210	12 000	3 600	16 026	115 836
完工产品成本	800	84 210	12 000	3 600	16 026	115 836
单位成本		105.26	15	4.5	20.04	144.80

表 4-36 完工产品成本计算表

项　目	完工产品产量	直接材料	直接人工	燃料及动力	制造费用	总成本	单位成本
701批号西服	500	100 000	29 600	11 080	33 624	174 304	348.61
801批号纯棉T恤衫	1 600	64 000	11 200	3 200	8 000	86 400	54
901批号连衣裙	800	84 210	12 000	3 600	16 026	115 836	144.80

3. 编制记账凭证

编制转账凭证,如表 4-37 所示。

表 4-37 转 账 凭 证

20××年9月30日　　　　　　　　　　　　　　　　　转字第6号

摘　要	总账科目	明细科目	√	借方金额	贷方金额
结转完工产品成本	库存商品	701批号西服	√	174 304	
		801批号纯棉T恤衫	√	86 400	
		901批号连衣裙	√	115 836	
	基本生产成本	701批号西服	√		174 304
		801批号纯棉T恤衫	√		86 400
		901批号连衣裙	√		115 836
合　计				¥376 540	¥376 540

财务主管:赵江　　　　记账:李红　　　　复核:王秀芬　　　　制单:钱丹

4. 登记各批产品的生产成本明细账

基本生产成本明细账,如表 4-38 至表 4-40 所示。

表 4-38　　　　　　　　　　　　　　基本生产成本明细账

批号：701　　　　　　　　　　　　　　　　　　　　　　　开工日期：20××年7月25日
产品名称：西服　　　　　　　　　　　批量：500件　　　　完工日期：20××年9月23日

2011年		摘　要	直接材料	直接人工	燃料及动力	制造费用	合　计
月	日						
8	31	本月生产费用合计	98 000	11 000	5 500	8 700	123 200
9	30	分配材料费	2 000				2 000
	30	分配职工薪酬费用		18 600			18 600
	30	分配外购动力费			5 580		5 580
	30	分配制造费用				24 924	24 924
		生产费用累计	100 000	29 600	11 080	33 624	174 304
	30	转出完工产品成本	100 000	29 600	11 080	33 624	174 304

表 4-39　　　　　　　　　　　　　　基本生产成本明细账

批号：801　　　　　　　　　　　　　　　　　　　　　　　开工日期：20××年8月21日
产品名称：纯棉T恤衫　　　　　　　　批量：3 000件　　　完工日期：

2011年		摘　要	直接材料	直接人工	燃料及动力	制造费用	合　计
月	日						
8	31	本月生产费用合计	58 500	10 200	3 500	7 700	79 900
9	30	分配材料费	60 950				60 950
	30	分配职工薪酬费用		18 000			18 000
	30	分配外购动力费			5 400		5 400
	30	分配制造费用				24 120	24 120
		生产费用合计	119 450	28 200	8 900	31 820	188 370
	30	转出完工产品成本	64 000	11 200	3 200	8 000	86 400
	30	月末在产品成本	55 450	17 000	5 700	23 820	101 970

表 4-40　　　　　　　　　　　　　　基本生产成本明细账

批号：901　　　　　　　　　　　　　　　　　　　　　　　开工日期：20××年9月15日
产品名称：连衣裙　　　　　　　　　　批量：800件　　　　完工日期：20××年9月28日

2011年		摘　要	直接材料	直接人工	燃料及动力	制造费用	合　计
月	日						
9	30	分配材料费	84 210				84 210
	30	分配职工薪酬费用		12 000			12 000
	30	分配外购动力费			3 600		3 600

(续表)

2011年		摘要	直接材料	直接人工	燃料及动力	制造费用	合计
月	日						
	30	分配制造费用				16 026	16 026
		生产费用合计	84 210	12 000	3 600	16 026	115 836
	30	转出完工产品成本	84 210	12 000	3 600	16 026	115 836

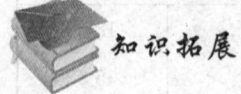

简 化 分 批 法

在有些小批单件生产的企业或车间里，订单多、产品生产周期长，而实际每月完工的订单并不多。在这种情况下，如果采用当月分配法分配各项费用，即将当月发生的各项生产费用全部分配给各批产品，而不论各批产品完工与否，这样，由于产品批次众多，费用分配的核算工作量将非常繁重。因而，为了简化核算，这类企业或车间可采用不分批计算在产品成本的分批法，又称间接费用累计分配法或简化的分批法。

一、适用范围

在投产批数繁多而且月末未完工批数较多的企业，多采用此法。

二、简化分批法的特点

1. 按批别设置基本生产成本明细账并设置基本生产成本二级账

在各批产品完工之前，产品生产成本明细账内只按月登记直接计入费用（如直接材料）和生产工时。每月发生的各项间接计入费用（包括直接人工、制造费用等），不是按月在各批产品之间进行分配，而是先通过基本生产成本二级账进行归集，按成本项目累计起来，仅在有产品完工的月份，按照完工产品累计生产工时的比例，在各批完工产品直接进行分配。对未完工的在产品则不分配间接计入费用。

2. 间接计入费用的累计分配

对各批完工产品分配间接计入费用，一般按完工产品累计生产工时比例分配。其计算公式如下：

$$\frac{某项间接费用}{累计分配率} = \frac{全部产品累计该项间接费用}{全部产品累计工时}$$

$$\frac{某批产品应负担的}{该项间接费用} = \frac{该批完工产}{品累计工时} \times \frac{该项间接费用}{累计分配率}$$

三、账务处理流程

简化分批法流程图，如图 4-1 所示。

模块四　单件小批量生产企业产品成本核算——分批法

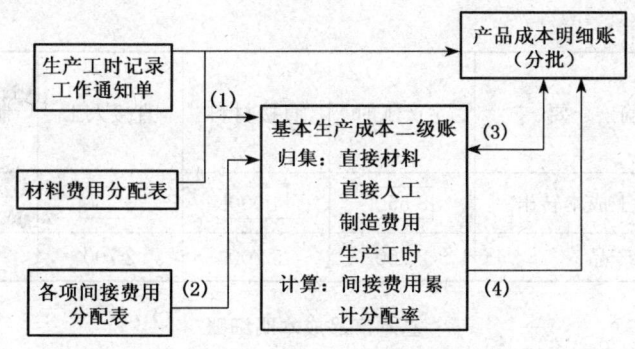

图 4-1　简化分批法流程图

（1）根据生产任务通知单设立多个基本生产成本明细账，并设置基本生产成本二级账。根据材料费用分配表和生产工时记录等，将各批别耗用的材料费用和耗用的工时记入各成本明细账和二级账。

（2）根据其他费用要素分配表，将人工费用和制造费用记入基本生产成本二级账。

（3）月终，将基本生产成本二级账中直接材料费用和生产工时与基本生产成本明细账中直接材料费用和生产工时核对。

（4）月终，如有完工产品，计算累计间接费用分配率，并据此分配间接费用，登记基本生产成本明细账。

四、简化分批法举例

资料：宏发工厂属于小批生产，产品批数较多，适合于采用简化的分批法计算产品成本。20××年9月份生产情况如下：

(1) 各批产品生产情况：

701 批号 A 产品，7 月投产 10 件，本月全部完工；

801 批号 B 产品，8 月投产 8 件，本月完工 4 件；

802 批号 C 产品，8 月投产 6 件，本月尚未完工；

901 批号 D 产品，9 月投产 5 件，本月尚未完工。

(2) 该厂9月份的月初在产品成本和本期发生的生产费用及工时登记在基本生产成本二级账和基本生产成本明细账，如表 4-41 至表 4-45 所示。

表 4-41　　　　　　　　　基本生产成本二级账

20××年9月　　　　　　　　　　　　　　　　　金额单位：元

20××年		摘　要	生产工时	直接材料	直接人工	制造费用	合　计
月	日						
9	1	期初余额	3 450	5 800	2 100	2 025	9 925
	30	本月发生	2 800	4 800	4 150	2 350	11 300
	30	累计发生数	6 250	10 600	6 250	4 375	21 225
		累计间接费用分配率			1	0.70	

185

(续表)

20××年		摘　要	生产工时	直接材料	直接人工	制造费用	合　计
月	日						
		本月完工成本转出	3 550	4 900	3 550	2 485	10 935
		月末在产品	2 700	5 700	2 700	1 890	10 290

表 4-42　　　　　　　　　　　基本产品成本明细账

批号：701　　　　　　　投产日期：7月　　　　　　批量：10件

产品名称：A产品　　　　完工日期：9月　　　　　　金额单位：元

20××年		摘　要	生产工时	直接材料	直接人工	制造费用	合　计
月	日						
7	31	本月发生	550	750			
8	31	本月发生	800	1 450			
9	30	本月发生	600	900			
	30	累计发生数	1 950	3 100			
		累计间接费用分配率			1	0.70	
		完工产品应负担间接费用	1 950		1 950	1 365	
		本月完工成本转出	1 950	3 100	1 950	1 365	6 415
		完工产品单位成本		310	195	136.5	641.5

表 4-43　　　　　　　　　　　基本产品成本明细账

批号：801　　　　　　　投产日期：8月投产8件

产品名称：B产品　　　　完工日期：9月完工4件　　金额单位：元

20××年		摘　要	生产工时	直接材料	直接人工	制造费用	合　计
月	日						
8	31	本月发生	1 700	1 400			
9	30	本月发生	1 000	1 200			
9	30	累计发生数	2 700	2 600			
		累计间接费用分配率			1	0.70	
		完工产品应负担间接费用	1 600		1 600	1 120	
		本月完工成本转出	1 600	1 800	1 600	1 120	4 520
		月末在产品	1 100	800			

假定完工产品的成本按定额成本计算,单位产品定额工时为400小时,单位产品的定额材料费为450元。

表 4-44 　　　　　　　　　基本产品成本明细账

批号:802　　　　　　　　投产日期:8月　　　　　　　　批量:6件

产品名称:C产品　　　　　完工日期:　　　　　　　　　金额单位:元

20××年		摘　要	生产工时	直接材料	直接人工	制造费用	合　计
月	日						
8	31	本月发生	400	2 200			
9	30	本月发生	800	1 400			

表 4-45 　　　　　　　　　基本产品成本明细账

批号:901　　　　　　　　投产日期:9月　　　　　　　　批量:5件

产品名称:D产品　　　　　完工日期:　　　　　　　　　金额单位:元

20××年		摘　要	生产工时	直接材料	直接人工	制造费用	合　计
月	日						
9	30	本月发生	400	1 300			

思考与练习

1. 分批法与品种法的区别是什么?
2. 简化分批法适用于什么类型的企业?
3. 简化分批法有何特点?

实训题

一、单项选择题

1. 下列方法中,必须设置基本生产成本二级账的是(　　)。
   A. 分类法　　　　　　　　　　　　B. 简化的分批法
   C. 定额法　　　　　　　　　　　　D. 简化的品种法
2. 分批法的主要特点是(　　)。
   A. 批内产品都同时完工,不存在完工产品与在产品之间分配费用的问题
   B. 以产品批别为成本计算对象
   C. 费用归集和分配比较简便
   D. 定期计算成本
3. 分批法适用于(　　)的企业。
   A. 大量大批生产　　B. 单件小批生产　　C. 单步骤生产　　D. 大量生产
4. 采用简化的分批法,在产品完工之前,产品成本明细账(　　)。
   A. 不登记任何费用　　　　　　　　B. 只登记直接费用和生产工时
   C. 只登记原材料费用　　　　　　　D. 登记间接费用,不登记直接费用

5. 简化分批法是一种（　　）。
   A. 分批计算在产品成本的分批法
   B. 不分批计算在产品成本的分批法
   C. 不计算在产品成本的分批法
   C. 不分批计算完工产品成本的分批法
6. 采用分批法计算产品成本时，若是单件生产，月末计算产品成本时（　　）。
   A. 需要将生产费用在完工产品和在产品之间进行分配
   B. 不需要将生产费用在完工产品和在产品之间进行分配
   C. 区别不同情况确定是否分配生产费用
   D. 应采用同小批生产一样的核算方法
7. 采用分批法计算产品成本，若是小批生产，出现批内陆续完工的现象，并且批内完工数量较多时，完工产品和月末在产品成本的计算应采用（　　）。
   A. 计划成本
   B. 定额成本法
   C. 按年初固定数计算
   D. 约当产量法
8. 如果一张订单中规定了几种产品，产品批别应按（　　）划分。
   A. 订单
   B. 产品品种
   C. 订单或产品品种
   D. 各种产品数量多少
9. 简化的分批法与分批成本法的主要区别是（　　）。
   A. 不分配间接费用
   B. 分批计算直接材料成本
   C. 不分批计算在产品成本
   D. 不分批计算完工产品成本
10. 简化的分批法适用于（　　）的企业。
    A. 投产批数繁多，而且未完工批数较多
    B. 投产批数繁多，而且完工批数较多
    C. 投产批数繁多，而未完工批数较少
    D. 投产批数较少，而未完工批数较多

二、多项选择题

1. 采用分批法计算产品成本，在批内产品跨月陆续完工不多的情况下，结转完工产品成本的方法可以按（　　）。
   A. 定额单位成本计算
   B. 计划单位成本计算
   C. 近期同种产品实际单位成本计算
   D. 暂不结转，待全部完工后一并计算
   E. 实际单位成本
2. 分批法适用于（　　）。
   A. 新产品的试制
   B. 单件生产
   C. 小批生产
   D. 辅助生产的工具、模具制造
   E. 机器设备的大修理
3. 采用分批法计算产品成本，作为某一成本计算对象的批别，可以按（　　）确定。
   A. 同一订单中的多种产品
   B. 同一订单中同种产品的组成部分
   C. 不同订单中的同种产品
   D. 不同订单中的不同产品
   E. 本企业规定的产品批别
4. 采用简化的分批法，在各批产品成本明细账中，对于没有完工产品的月份，只登记（　　）。

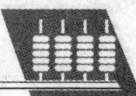

   A. 生产工时　　　　　　　　　　B. 直接材料
   C. 直接人工费用　　　　　　　　D. 制造费用
   E. 间接计入费用
5. 采用简化的分批法,必须具备的条件有(　　)。
   A. 各个月份的间接计入费用的水平相差悬殊
   B. 各个月份的间接计入费用的水平相差不多
   C. 月末完工产品批数比较多
   D. 月末完工产品批数比较少
   E. 月末未完工产品批数比较多
6. 在简化的分批法下,(　　)。
   A. 在产品完工之前,产品成本计算单只登记直接材料费用和生产工时
   B. 在产品完工之前,产品成本计算单既要登记直接计入费用,又要登记间接计入费用
   C. 在基本生产成本二级账中,既要登记直接计入费用,又要登记间接计入费用
   D. 只在有完工产品的那个月份,才计算完工产品成本
   E. 不分批计算在产品成本

三、判断题

1. 在月末未完工产品批数较多的情况下,不适宜采用简化的分批法。　　　　　　(　　)
2. 在单件小批生产的企业中,按照产品批别计算产品成本,往往也就是按照订单计算产品成本,因此,产品成本计算的分批法,也称订单法。　　　　　　　　　　　　(　　)
3. 采用简化的分批法计算产品成本,不必设置基本生产成本二级账。　　　　　(　　)
4. 采用分批法计算产品成本时,不存在完工产品与月末在产品之间分配费用的问题。
　　　　　　　　　　　　　　　　　　　　　　　　　　　　　　　　　　　(　　)
5. 简化的分批法就是不分批计算在产品成本的分批法。　　　　　　　　　　　(　　)
6. 分批法下的产品批量必须根据购买者的订单确定。　　　　　　　　　　　　(　　)
7. 为了使同一批产品同时完工,避免跨月陆续完工的情况,减少在完工产品与月末在产品之间分配费用的工作,产品的批量越小越好。　　　　　　　　　　　　　(　　)
8. 在简化的分批法下,在各批产品成本计算单中,对于没有完工产品的月份,只登记直接材料费用和生产工时。　　　　　　　　　　　　　　　　　　　　　　　(　　)
9. 采用简化的分批法计算产品成本,各批完工产品的间接计入费用是根据完工产品生产工时和累计间接计入费用分配率计算的。　　　　　　　　　　　　　　　(　　)
10. 采用分批法计算产品成本时,其成本计算期与生产周期一致,而与会计报告期不一致。
　　　　　　　　　　　　　　　　　　　　　　　　　　　　　　　　　　　(　　)

四、操作题

某企业属小批生产,产品批数多,该厂 10 月份的产品批号资料如下:
901 批号:甲产品 8 台,9 月份投产,10 月份完工;
902 批号:乙产品 6 台,9 月份投产,10 月份未完工;
1001 批号,丙产品 4 台,10 月份投产,10 月份完工。

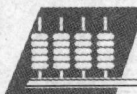

该厂9、10月份的生产经费和生产工时资料如下：

(1) 材料费用，如表4-46所示。

表4-46　　　　　　　　　　　　材料费用　　　　　　　　　　　金额单位：元

月　份	甲产品	乙产品	丙产品
9	9 500	6 600	
10	7 000	3 100	19 000

(2) 工时资料，如表4-47所示。

表4-47　　　　　　　　　　　　工时资料　　　　　　　　　　　工时单位：小时

月　份	甲产品	乙产品	丙产品	合计
9	4 400	3 800		8 200
10	6 600	4 200	6 900	17 700

(3) 生产费用，如表4-48所示。

表4-48　　　　　　　　　　　　生产费用　　　　　　　　　　　金额单位：元

月	日	摘　要	直接人工	制造费用
9	30	本月发生	10 250	8 200
10	31	本月发生	31 860	15 930

要求：

(1) 采用分批法计算产品成本，并填制表4-49至表4-51。

(2) 采用简化分批法计算产品成本，并填制表4-52至表4-55。

表4-49　　　　　　　　　　　　生产成本计算单

批号：901　　　　　　　　　　产品名称：甲产品　　　　　　　　　金额单位：元

开工日期：20××年9月份　　完工日期：20××年10月份　　　　完工数量：8台

20××年		凭证号数	摘　要	直接材料	直接人工	制造费用	合　计
月	日						
9	30	(略)					
10	31	(略)					

模块四　单件小批量生产企业产品成本核算——分批法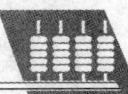

表 4-50　　　　　　　　　　　　生产成本计算单
批号：902　　　　　　　　产品名称：乙产品　　　　　　　金额单位：元
开工日期：20××年9月份　　完工日期：月末未完工　　　　　完工数量：

20××年		凭证号数	摘　　要	直接材料	直接人工	制造费用	合　　计
月	日						
9	30	（略）					
10	31	（略）					

表 4-51　　　　　　　　　　　　生产成本计算单
批号：1001　　　　　　　　产品名称：丙产品　　　　　　　金额单位：元
开工日期：20××年10月份　　完工日期：20××年10月份　　完工数量：4台

20××年		凭证号数	摘　　要	直接材料	直接工资	制造费用	合　　计
月	日						
9	30	（略）					
10	31	（略）					

表 4-52　　　　　　　　　　　　基本生产成本二级账　　　　　　　　金额单位：元

20××年		凭证号数	摘　　要	生产工时	直接材料	直接工资	制造费用	合　计
月	日							
10	1	（略）	期初余额					
	31	（略）	本月发生额					
	31	（略）	累计					
	31	（略）	间接费用累计分配率					
	31		完工转出					
			期末余额					

表 4-53　　　　　　　　　　　　生产成本计算单
批号：901　　　　　　　　产品名称：甲产品　　　　　　　金额单位：元
开工日期：20××年9月份　　完工日期：20××年10月份　　完工数量：8台

20××年		凭证号数	摘　　要	生产工时	直接材料	直接工资	制造费用	合　计
月	日							
9	30	（略）	本月发生					
10	31	（略）	本月发生					

191

(续表)

20××年		凭证号数	摘要	生产工时	直接材料	直接工资	制造费用	合 计
月	日							
	31	（略）	累计数及间接费用累计分配率					
	31		本月转出完工产品成本					
			完工产品单位成本					

表4-54　　　　　　　　　　　　　生产成本计算单
批号：902　　　　　　　　　产品名称：乙产品　　　　　　　金额单位：元
开工日期：20××年11月份　　完工日期：月末未完工　　　　　完工数量：

20××年		凭证号数	摘要	生产工时	直接材料	直接工资	制造费用	合 计
月	日							
9	30	（略）	本月发生					
10	31	（略）	本月发生					

表4-55　　　　　　　　　　　　　生产成本计算单
批号：1001　　　　　　　　产品名称：丙产品　　　　　　　金额单位：元
开工日期：20××年10月份　　完工日期：20××年10月份　　完工数量：4台

20××年		凭证号数	摘要	生产工时	直接材料	直接人工	制造费用	合计
月	日							
10	31	（略）	本月发生					
	31	（略）	累计数及间接费用累计分配率					
	31		本月转出完工产品成本					
			完工产品单位成本					

模块五 大量大批多步骤生产企业的产品成本核算——分步法

任务1 分步法概述

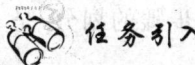 **任务引入**

张强与王颖到企业实习,张强去的宏达公司,王颖去的是星光工厂,他们都被安排在成本计算岗。

张强去的宏达公司生产丙产品,该产品生产分为三个步骤:第一车间将原材料加工成甲半成品;第二车间将甲半成品加工成乙半成品;第三车间将乙半成品加工成丙产品。甲、乙半成品除自用外,还对外出售。

第一车间生产耗用的原材料在生产开始时一次性投入,期末在产品平均完工程度为50%,完工的甲半成品转入半成品仓库;第二车间生产耗用的甲半成品也是在生产开始时一次性投入,期末在产品平均完工程度为50%,完工的乙半成品转入半成品仓库;第三车间生产耗用的乙半成品也是在生产开始时一次性投入,期末在产品平均完工程度为50%,完工的丙产品转入产成品仓库。生产费用的分配采用约当产量比例法。

王颖去的星光工厂是一个中型工业企业,设有三个基本生产车间。铸锻车间造型、熔炼浇铸成铁铸件,由加工车间加工成零部件,最后由装配车间装配成设备。后车间耗用的前一车间的半成品均为1件,各车间生产费用的分配均采用约当产量法(注:案例参阅了Baidu文库的相关资料改写)。

提出问题:
(1) 这两个企业分别采用何种方法计算产品成本?
(2) 它们应采用的成本核算方法有什么特点?
(3) 应设置哪些基本生产成本明细账或产品成本计算单?

任务分析

张强去的宏达公司,第一车间和第二车间生产加工的都是半成品,企业除了自用外,还有另一部分对外出售,所以每一个生产步骤,都需要计算成本。该企业又是大量大批生产,应该采用逐步结转分步法计算产品的成本。

王颖去的星光工厂也属大批大量生产,后车间耗用的前一车间的半成品,最后由装配车间装配完成产品生产。采用分步法,又因前两步骤都不需要计算半成品成本,各步骤只需核算本步骤发生的费用,故采用平行结转分步法。

一、分步法的含义

简单地说,分步法是按照产品的品种和生产步骤归集生产费用,计算产品成本的一种方法,是以产品的品种及其生产步骤作为成本计算对象,来归集和分配生产费用,计算产品成本的一种方法。分步法的分步,一般是按产品的品种及其生产步骤分步的。这是因为在多步骤生产的企业里,其生产工艺过程是从原材料投入生产到产成品制造完成要经过一系列的加工步骤。除最后一个步骤生产出来成品外,其余各个步骤所生产完成的都是各种不同的半成品。每一个步骤生产的半成品要交给下一个步骤继续加工,直到最后一个步骤加工完成,方成为产成品。生产步骤是按产品成本管理的要求划分的。生产步骤的划分,是分步法的前提。

在大量大批多步骤生产的企业里,为了加强各生产步骤的成本管理,特别是实行分级管理、分级核算的企业,不仅要求按照产品的品种计算成本,而且还要求按照生产步骤计算成本,以便为考核和分析各种产品及其生产步骤的成本计划的执行情况提供资料。

二、分步法的适用范围

分步法适用于大量大批多步骤生产且管理上要求分步骤核算的企业,如纺织、冶金、造纸以及大量大批生产的机械制造等企业。在这些企业中,产品的生产过程由若干个生产步骤所构成,如纺织企业可分为纺纱、织布等步骤;钢铁企业可分为炼铁、炼钢、轧钢等步骤;造纸企业可分为制浆、制纸、包装等步骤。机械制造企业可分为铸造、机加工、装配等步骤。这类企业的特点是:第一,加工步骤是有一定顺序的,每一生产步骤生产出来的半成品的形状、性质不同,有的可以对外销售;第二,这种连续加工式的生产通常是大量大批生产;第三,各种产品生产过程、生产方式都是相同的。对于这样的企业使用分步法比较适合。

三、分步法的特点

分步法的主要特点如下所述。

1. 以产品的品种及其生产步骤作为成本计算对象

在采用分步法计算产品成本时,应以产品的品种及其生产步骤作为成本计算对象,按每种产品的各个生产步骤开设基本生产成本明细账,归集和分配生产费用、计算产品成本。如果企业只生产一种产品,则应按各生产步骤为该种产品设置基本生产成本明细账;如果企业生产多种产品,则应按各种产品及其生产步骤设置基本生产成本明细账。

需要说明的是:在通常情况下,一个生产步骤就是一个基本生产车间。但是,作为成本核算的生产步骤,它与产品的实际生产步骤不一定完全一致。为了简化成本计算工作,可以对管理上需要单独计算或单独考核其成本的生产步骤,单独作为成本计算对象,设立基本生产成本明细账,单独计算成本;对管理上不要求单独计算或单独考核其成本的生产步骤,则可以与其他生产步骤合并成一个成本计算对象,设立基本生产成本明细账,合并计算成本。例如,造纸企业的包装步骤,如费用不大,为了简化成本计算工作,也可以与制纸步骤合并在一起计算成本。同理,在按生产步骤设立车间的企业中,一般来说,分步骤计算成本也就是分车间计算成本。但是,如果企业生产规模很小,管理上不要求分车间计算成本,也可以将几个车间合并为一个生产步骤计算成本;相反,如果企业的生产规模较大,车间内还可以分成几个生产步骤,管理上又要求分步骤计算成本,这时也可在车间内分步骤计算产品成本。因此,分步骤计算成本与分车间计算成本,有时也不是一个概念。

2. 产品成本计算期按月进行,与会计报告期一致

在大量大批多步骤生产的企业里,原材料连续投入,在产品不断地往下移动,产成品连续不断地完工。由于生产过程较长,产品往往都是跨月陆续完工。所以,成本计算是定期的,成本计算期与生产周期不一致,但与会计报告期一致,即定期按月计算产品成本。

3. 月末需要在完工产品与在产品之间分配生产费用

由于大量大批多步骤生产的产品往往是跨月陆续完工,月末通常会有在产品。因此,采用分步法计算产品成本时,记入各种产品、各生产步骤基本生产成本明细账中的生产费用,大多要采用适当的分配方法在完工产品与月末在产品之间进行分配,计算各种产品、各个生产步骤的完工产品成本和月末在产品成本;然后按照产品品种结转各步骤的完工产品成本,计算每种产品的产成品成本。

四、分步法的种类

按是否计算和结转各步骤半成品成本,分为逐步结转分步法和平行结转分步法。

1. 逐步结转分步法

逐步结转分步法又称顺序结转分步法,是指在分步法下,自制半成品成本随半成品在各生产步骤之间移动而顺序结转的一种方法。在这一方法下,必须分生产步骤计算自制半成品成本。自制半成品从一个生产步骤转移至下一个生产步骤时,其成本从原生产步骤的产品成本明细账结转到下一个生产步骤的产品成本明细账。如此顺序结转累计,直至最后一个生产步骤,算出产成品成本。计算各个生产步骤所生产的半成品成本,是逐步结转分步法的显著特征。因此,逐步结转分步法又称计算半成品成本的分步法。按半成品成本的结转方法差别,可以分为:

(1) 综合结转法,是指各步骤所耗上一步骤的半成品成本不分成本项目,而是以综合数额记入各该步骤产品成本明细账中的"自制半成品"项目的一种成本结转方法。

(2) 分项结转法,是指将各步骤耗用的上一步骤半成品成本,按照成本项目分项转入下一步骤产品成本明细账的各个成本项目中的方法。

2. 平行结转分步法

平行结转分步法又称平行汇总分步法,是指在分步法下,自制半成品成本不在生产步骤之间结转,而在月终将应由产成品负担的各步骤的生产费用平行地汇总,以求得产成品成本的一种方法。在这一方法下,各生产步骤产品成本明细账户所记录的只是在本步骤发生的生产费用,自制半成品成本保留在各生产步骤的产品成本明细账户中。平行结转分步法按照生产步骤归集生产费用,但只计算完工产成品在各生产步骤的成本"份额",不计算和结转各生产步骤所产的半成品成本。因此,平行结转分步法又称不计算半

成品成本的分步法。

分步法分类图,如图 5-1 所示。

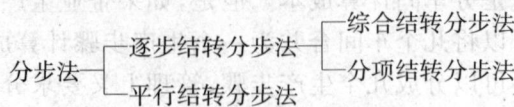

图 5-1 分步法分类图

任务实施

(1) 采用分步法计算产品成本。但两家企业各有不同,一个选用逐步结转分步法,另一个选用平行结转分步法,超越新材料公司选用逐步结转分步法,星光工厂选用平行结转分步法。

(2) 超越新材料公司,以产品品种和生产步骤为成本计算对象。按生产车间和产品品种开设明细账,主要开设:颗粒加工车间白色品种明细账、颗粒加工车间灰色品种明细账、板材加工车间白色品种明细账、板材加工车间灰色品种明细账、蒸汽车间明细账和供电车间明细账。按月计算成本,每月月末计算成本时需要把费用在完工产品和在产品之间进行分配。

(3) 星光工厂采用的平行结转分步法,即自制半成品成本不在生产步骤之间结转,而在月终将应由产成品负担的各步骤的生产费用平行地汇总,以求得产成品成本的一种方法。开设型铸锻造车间明细账、加工车间明细账、装配车间明细账和辅助生产成本明细账。按月计算成本,每月月末计算成本时需要把费用在完工产品和在产品之间进行分配。

思考与练习

1. 什么是分步法?
2. 分步法的特点是什么?
3. 分步法的适用范围如何?
4. 分步法的种类有哪些?

任务2 逐步结转分步法

任务引入

张强收集整理了宏达公司20××年3月份的产品成本的相关资料,为方便同学们理解逐步结转分步法的理论和应用,本任务直接给出3月份的产品期初余额和本月的生产费用。

1. 产量资料

产量表,如表 5-1 所示。

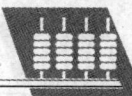

模块五 大量大批多步骤生产企业的产品成本核算——分步法

表 5-1   产 量 表

20××年3月   单位:件

项 目	第一车间	第二车间	第三车间
月初在产品数量	20	30	40
本月投入数量	100	110	100
本月完工数量	90	120	80
月末在产品数量	30	20	60

2. 期初在产品成本资料

月初在产品成本表,如表 5-2 所示。

表 5-2   月初在产品成本表

20××年3月   单位:元

摘要	直接材料	自制半成品	直接人工	制造费用	合计
第一车间	2 000		3 000	4 000	9 000
第二车间		2 800	3 500	4 800	11 100
第三车间		3 500	4 500	6 200	14 200

3. 本月生产费用资料

本月生产费用表,如表 5-3 所示。

表 5-3   本月生产费用表

20××年3月   单位:元

摘要	直接材料	直接人工	制造费用	合计
第一车间	5 000	16 000	17 500	38 500
第二车间		17 000	16 000	33 000
第三车间		6 000	9 000	15 000

4. 半成品库资料

3月初,甲半成品有库存50件,总成本为23 000元;乙半成品有库存20件,总成本为13 000元。

提出问题:

1. 逐步结转分步法的种类、程序如何?

2. 半成品的结转方法如何?

3. 采用逐步结转分步法计算甲半成品、乙半成品和丙产品的成本,并对丙产品进行成本还原。

前面已经分析,宏达公司分三个生产步骤,每个步骤都要计算半成品或产成品的成本,

所以应选择逐步结转分步法。

在逐步结转分步法下,各步骤所耗用的上一步骤半成品的成本,要随着半成品实物的转移,从上一步骤的产品成本明细账转入下一步骤相同产品的成本明细账中,以便逐步计算各步骤的半成品成本和最后步骤的产成品成本。

本企业按产成品和各步骤半成品设置基本生产成本明细账,归集发生的生产费用。到月末,将第一步骤产品(半成品)基本生产成本明细账所归集的生产费用,采用适当的分配方法,在完工产品和月末在产品之间分配,计算出本步骤完工半成品成本。然后将甲半成品成本转入半成品仓库,采用加权平均法计算半成品的单位成本。第二车间按照领用的半成品数量和加权平均单位成本计算领用的半成品金额,转入第二车间本月的"自制半成品"项目中,到月末,再将第二步骤产品(半成品)基本生产成本明细账所归集的生产费用,采用适当的分配方法,在完工产品和月末在产品之间分配,计算出本步骤完工半成品成本。如此循环,直到计算出产成品的成本。

相关知识

一、逐步结转分步法的特点

逐步结转分步法除具有分步法的一般特点外,还具有自身的特点,主要表现在如下几个方面:

(1)各生产步骤的半成品成本,随着半成品实物的转移在各生产步骤之间顺序结转。这样不仅可以反映最终产品成本,而且也可以反映各生产步骤半成品成本。

(2)各生产步骤产品成本明细账的期末余额,反映该步骤结存的在产品成本,即在产品成本是按在产品实物所在地反映的。

(3)将各生产步骤所归集的本步骤发生的生产费用(包括上一步骤转入的半成品成本),在完工半成品与狭义在产品之间进行分配。

通过上述特点分析,我们可总结出逐步结转分步法的优缺点如下所述。

1. 逐步结转分步法的优点

(1)按产品的加工步骤计算各步骤半成品和产成品的成本,能够提供各个生产步骤的半成品成本资料,为确定半成品的销售价格提供了依据,有利于分析并考核企业产品成本计划和各生产步骤半成品成本计划的执行情况。

(2)半成品的成本随实物的转移而同步结转,各生产步骤产品成本明细账中的生产费用余额,反映留存在各个生产步骤的在产品成本。因而,能够为半成品和在产品的实物管理和资金管理提供资料。

2. 逐步结转分步法的缺点

(1)产品成本的计算按加工步骤顺序进行,影响成本计算的及时性。

(2)后面步骤的半成品(或产成品)成本包括以前步骤的成本,各步骤成本受以前步骤成本水平波动的影响,不利于考核各加工步骤的成本管理工作,也不便于进行成本分析。

(3)成本核算工作量大。如采用综合结转法进行成本计算,成本还原的工作量大,也不能确切地反映成本结构的构成情况;如半成品按计划成本结转,还要计算和调整半成品成本差异；如采用分项结转法，各步骤成本结转工作量大。

二、逐步结转分步法的成本计算程序

逐步结转分步法的成本计算程序取决于半成品实物的流转程序。

1. 半成品不通过仓库收发的情况下，逐步结转分步法的产品成本计算程序

在这种情况下，先计算第一步骤半成品成本，然后随半成品实物转移，将其成本转入第二步骤产品成本明细账，再加上第二步骤所发生的各项费用，计算出第二步骤半成品成本。随着加工步骤顺序累计结转，直到最后一个步骤计算出产成品成本。其成本计算程序，如图5-2所示。

2. 半成品通过仓库收发的情况下，成本计算程序

在半成品通过仓库收发的情况下，应设置自制半成品明细账进行核算，其成本计算程序，如图5-3所示。

由上述逐步结转分步法的成本计算程序，可以看出逐步结转分步法实质上就是品种法的分次连接运用。

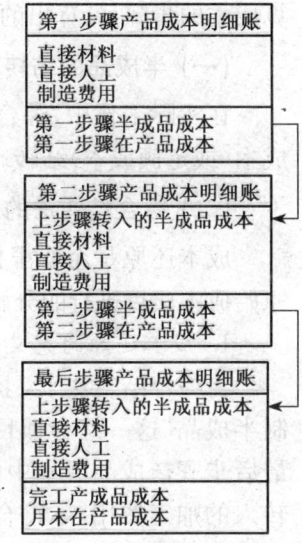

图5-2 成本计算程序图(一)

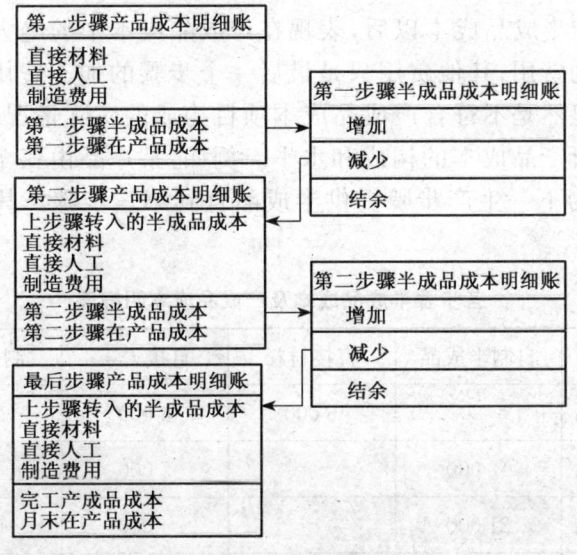

图5-3 成本计算程序图(二)

逐步结转分步法按照半成品成本在下一步骤产品成本明细账中的反映方法不同或半成品成本结转的具体方式不同，又可分为综合结转法和分项结转法两种。

三、综合结转法

综合结转法是指各步骤所耗上一步骤的半成品成本不分成本项目，而是以综合余额记入各该步骤产品成本明细账中的"自制半成品"项目的一种成本结转方法。

综合结转法结转半成品成本的程序从成本计算的第一步骤开始计算出半成品成本，第

二步骤将耗用的第一步骤转入的半成品成本转入"自制半成品"项目中,加上第二步骤发生的各项费用计算出第二步骤的半成品成本并向第三步骤结转,以此类推,直至最后一个计算成本的步骤,计算出的即为完工产品成本。

(一) 半成品的结转

在实际工作中,综合结转可以按照半成品的实际成本结转,也可以按照半成品的计划成本(或定额成本)结转。

(二) 综合结转法的成本还原

成本还原是企业根据管理的要求,对产成品成本中的自制半成品这一综合项目,按照原始成本项目进行的分解还原。

1. 成本还原的意义

在综合结转法下,上一步骤转给下一步骤继续加工的自制半成品成本,一般是以"自制半成品"这一综合项目反映在下一步骤的成本计算单中。这样,逐步结转计算出来的最后步骤产成品成本中的自制半成品项目,既包括第一步骤原材料费用,还包括各步骤转入的加工费用,不符合产品成本构成的实际情况,不利于按成本项目考核和分析成本计划的完成情况。因此,必须对产品成本中的"自制半成品"成本项目进行还原,将产品成本还原为按原始成本项目反映的产成品成本,以满足企业考核和分析产品成本构成的需要。

分步骤综合结转半成品成本以后,表现在产成品成本中的绝大部分费用,是最后一个步骤所耗半成品的费用;其他费用只是最后一个步骤的加工费用,在产成品成本中所占的比重很小。这显然是不符合产成品成本项目构成的实际情况,因而,不能据以从整个企业的角度来分析产品成本的构成和水平。例如,某产品由三个生产步骤加工完成,上一生产步骤直接为下一生产步骤提供半成品直到第三步骤。其逐步结转结果,如表5-4所示。

表 5-4　　　　　　各步骤半成品成本及产成品成本明细表

生产步骤	自制半成品	直接材料	直接人工	制造费用	成本合计
第一生产步骤的半成品		6 000	4 000	2 000	12 000
第二生产步骤的半成品	12 000		5 000	4 000	21 000
第三生产步骤的产成品	21 000		4 000	6 000	31 000
实际原始成本项目金额		6 000	13 000	12 000	31 000

从表5-4中可以看出,各步骤半成品成本逐步结转,最后算出的第三步骤的产成品成本,绝大部分是半成品费用,为21 000元,而直接人工只有4 000元,制造费用只有6 000元。这与该企业此产品实际成本结构,即直接材料6 000元、直接人工13 000元、制造费用12 000元,出入很大。因此,在管理上要求从整个企业角度考核和分析产品成本的构成时,还应将逐步综合结转算出的产成品成本进行成本还原,即将产成品成本还原为按原始成本项目反映的成本。

表 5-4 中所列,各步骤所耗的半成品费用恰好是上一步骤完工的半成品成本,两者可以互相抵销,这样成本还原的方法很简单,只要将各步骤所耗半成品的费用略而不计,其余各项目分别汇总即可。但在实际工作中,上一步骤所产半成品数量与下一步骤所耗半成品的数量往往不相等,因而上述两者不能互相抵销。这就需要进行专门的成本还原。

2. 成本还原的方法

成本还原通常采用的方法是:从最后一个加工步骤开始,将产成品中所耗上一步骤自制半成品的综合成本,按上一加工步骤所产自制半成品成本结构,依次从后向前逐步分解,直至第一加工步骤为止,再汇总各加工步骤相同成本项目的余额,从而计算出按原始成本项目反映的产成品成本。

其计算公式为:

$$\frac{成本还原}{分配率} = \frac{本月产成品所耗上一}{步骤自制半成品成本} \div \frac{本月上一步骤所产该}{种自制半成品总成本}$$

$$\frac{半成品成本还原为}{各成本项目数} = \frac{本月上一步骤所产该种半成品}{成本中某个成本项目的数量} \times \frac{成本还原}{分配率}$$

(三) 综合结转法的优缺点

(1) 优点:可在各生产步骤的产品成本明细账中,反映各该步骤完工产品所耗半成品费用的水平和本步骤加工费用的水平,有利于各生产步骤的成本管理。

(2) 缺点:为了从整个企业的角度反映产品成本的构成,加强企业综合的成本管理,必须进行成本还原,从而增加了核算工作量。

四、分项结转分步法

1. 分项结转分步法的概念

分项结转分步法是指各步骤所耗上一步骤完工半成品成本,按照成本项目记入该步骤产品成本计算单的相同项目之中,分成本项目反映的一种方法。一般情况下,分项结转多采用按实际成本分项结转的方法。

2. 计算程序

在逐步结转分步法下,各步骤所耗用的上一步骤半成品的成本,要随着半成品实物的转移,从上一步骤的产品成本明细账转入下一步骤相同产品的成本明细账中,以便逐步计算各步骤的半成品成本和最后步骤的产成品成本。

(1) 按产成品品种和各步骤半成品品种设置基本生产成本明细账,归集发生的生产费用,记入各步骤的基本生产成本明细账。

(2) 月末,将第一步骤产品(半成品)基本生产成本明细账所归集的生产费用,采用适当的分配方法,在完工产品和月末在产品之间分配,计算出本步骤完工半成品成本。

(3) 第二步骤基本生产明细账所归集的费用,则包括第一步骤分项转入的完工半成品成本及本步骤发生的费用,通过分配计算出第二步骤的半成品成本。以此类推,直到计算出完工产品成本为止。

若半成品通过半成品库收发,在自制半成品明细账中登记半成品成本时,也要按照成本项目分别登记。

分项结转分步法成本计算程序,如图 5-4 所示。

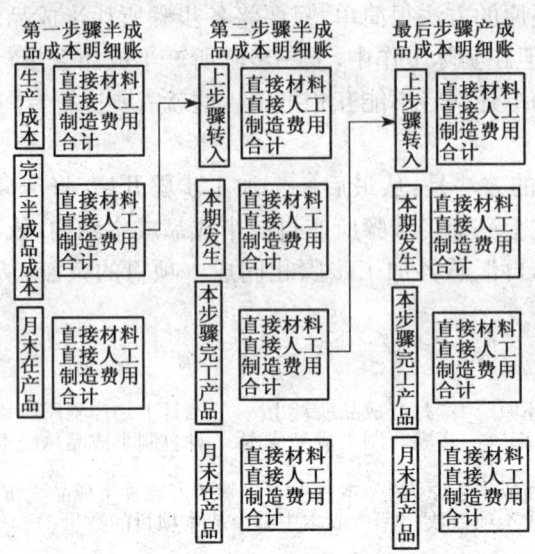

图 5-4　分项结转分步法成本计算程序

3. 适用范围

分项结转分步法一般适用于管理上不要求计算各步骤完工产品所耗上步骤半成品费用和本步骤加工费用,而要求按原始成本项目计算产品成本的企业。

4. 分项结转分步法的主要优缺点

(1) 优点:可直接、正确地提供按原始成本项目反映的企业产品成本资料,便于从整个企业角度考核和分析产品成本计划的执行情况,不需进行成本还原。

(2) 缺点:①成本结转工作较复杂;②各步骤完工产品成本不能反映所耗上一步骤半成品费用和本步骤加工费用信息,不便于进行各步骤完工产品的成本分析。

五、逐步结转分步法的优缺点

通过上面分析,再把逐步结转分步法的优缺点总结如下所述。

1. 优点

(1) 不仅提供产成品成本资料,而且提供各步骤半成品成本资料。

(2) 半成品成本随实物转移而结转,有利于加强半成品和在产品的实物和资金管理。

(3) 综合结转法下,有利于对各加工步骤完工产品成本进行分析、考核。

(4) 分项结转法下,可直接提供按原始成本项目反映的产品成本资料,不必进行成本还原。

2. 缺点

(1) 核算工作较复杂,成本计算的及时性差。

(2) 综合结转法下,成本还原工作量较大;分项结转法下,各步骤半成品成本结转的工作量较大。

(3) 分项结转法下,不利于对各加工步骤完工产品成本进行分析、考核。

一、采用综合结转分步法进行成本计算

具体步骤如下所述。

1. 设置产品成本计算单，计算第一车间甲半成品成本

表 5-5　　　　　　　　　　第一车间甲半成品成本计算单

20××年 3 月

完工数量：90 件，在产品数量：30 件

产品名称：甲半成品　　　　　　　　　　　　　　　　投料率：100%，完工率：50%

摘要	直接材料	直接人工	制造费用	合计
月初在产品成本	2 000	3 000	4 000	9 000
本月生产费用	5 000	16 000	17 500	38 500
生产费用合计	7 000	19 000	21 500	47 500
完工数量	90	90	90	
在产品约当产量	30	15	15	
数量合计	120	105	105	
分配率	58.333 3	180.952 4	204.761 9	
完工甲半成品成本	5 250.00	16 285.72	18 428.57	39 964.29
月末在产品成本	1 750.00	2 714.28	3 071.43	7 535.71

注：完工的半成品成本用乘法，在产品成本倒轧。

2. 编制甲半成品入库的会计分录，登记甲半成品明细账

借：自制半成品——甲半成品　　　　　　　　　　　　　　　　39 964.29
　　贷：基本生产成本——一车间甲半成品　　　　　　　　　　39 964.29

表 5-6　　　　　　　　　　　甲半成品明细账

20××年 3 月　　　　　　　　　　　　　　　　　　　　　　单位：件

月	日	摘要	收入		发出		结余		
			数量	金额	数量	金额	数量	单位成本	金额
3	1	期初库存					50		23 000
	31	入库	90	39 964.29			140	449.74	62 964.29
	31	出库			110	49 471.4			
	31	期末库存					30		13 492.89

表中的加权平均单位成本=(23 000+39 964.29)÷(50+90)=449.74(元/件)

第二车间领用 110 件甲半成品的成本=449.74×110=49 471.40(元)

编制第二车间领用甲半成品的会计分录：

借：基本生产成本——二车间乙半成品　　　　　　　　　　　　　　　　49 471.40
　　贷：自制半成品——甲半成品　　　　　　　　　　　　　　　　　　　49 471.40

3. 设置产品成本计算单，计算第二车间乙半成品成本

表 5-7　　　　　　　　　　第二车间乙半成品成本计算单
　　　　　　　　　　　　　　　　20××年3月

完工数量：120件，在产品数量：20件
产品名称：乙半成品　　　　　　　　　　　　　　　　投料率：100%，完工率：50%

摘要	自制半成品	直接人工	制造费用	合计
月初在产品成本	2 800	3 500	4 800	11 100
本月生产费用	49 471.4	17 000	16 000	82 471.4
生产费用合计	52 271.4	20 500	20 800	93 571.4
完工数量	120	120	120	
在产品约当产量	20	10	10	
数量合计	140	130	130	
分配率	373.367 1	157.692 3	160.000 0	
完工乙半成品成本	44 804.05	18 923.08	19 200.00	82 927.13
月末在产品成本	7 467.35	1 576.92	1 600.00	10 644.27

注：完工的半成品成本用乘法，在产品成本倒轧。

4. 编制乙半成品入库的会计分录，登记乙半成品明细账

借：自制半成品——乙半成品　　　　　　　　　　　　　　　　　　　　82 927.13
　　贷：基本生产成本——二车间乙半成品　　　　　　　　　　　　　　　82 927.13

表 5-8　　　　　　　　　　　　乙半成品明细账
　　　　　　　　　　　　　　　20××年3月　　　　　　　　　　　　　　单位：件

月	日	摘要	收入		发出		结余		
			数量	金额	数量	金额	数量	单位成本	金额
3	1	期初库存					20		13 000
	31	入库	120	82 927.13			140	685.19	95 927.13
	31	出库			100	68 519			
	31	期末库存					40		27 408.13

表中的加权平均单位成本=(13 000+82 927.13)÷(20+120)=685.19(元/件)
第三车间领用100件乙半成品的成本=685.19×100=68 519(元)

编制第三车间领用乙半成品的会计分录：

借：基本生产成本——三车间丙成品　　　　　　　　　　　　　　　　　68 519
　　贷：自制半成品——乙半成品　　　　　　　　　　　　　　　　　　　68 519

5. 设置产品成本计算单,计算第三车间丙产品成本

表 5-9　　　　　　　　　　第三车间丙产品成本计算单

20××年3月

完工数量:80件,在产品数量:60件
投料率:100%,完工率:50%

产品名称:丙成品

摘要	自制半成品	直接人工	制造费用	合计
月初在产品成本	3 500	4 500	6 200	14 200
本月生产费用	68 519	6 000	9 000	83 519
生产费用合计	72 019	10 500	15 200	97 719
完工数量	80	80	80	
在产品约当产量	60	30	30	
数量合计	140	110	110	
分配率	514.421 4	95.454 5	138.181 8	
完工丙产品成本	41 153.71	7 636.36	11 054.54	59 844.61
月末在产品成本	30 865.29	2 863.64	4 145.46	37 874.39

注:完工的丙产品成本用乘法,在产品成本倒轧。

6. 编制丙产品入库的会计分录。

借:库存商品——丙产品　　　　　　　　　　　　　　　　　　　　　　59 844.61
　　贷:基本生产成本——三车间丙成品　　　　　　　　　　　　　　　　59 844.61

7. 对丙产品的完工成本进行成本还原

表 5-10　　　　　　　　　　成本还原计算表

20××年3月

项目	还原分配率	半成品乙	半成品甲	直接材料	直接人工	制造费用	合计
第三车间还原前产品成本		41 153.71			7 636.36	11 054.54	59 844.61
第二车间生产完工的半成品成本			44 804.05		18 923.08	19 200.00	82 927.13
第一次成本还原	0.496 26	(41 153.71)	22 234.46		9 390.77	9 528.48	0.00
第一车间生产完工的半成品成本				5 250.00	16 285.72	18 428.57	39 964.29
第二次成本还原	0.556 36		(22 234.46)	2 920.89	9 060.72	10 252.85	0.00
还原后的产品总成本				2 920.89	26 087.85	30 835.87	59 844.61

计算过程如下：

1. 第一次成本还原

(1) 计算第一次成本还原分配率＝41 153.71÷82 927.13＝0.496 26

(2) 将自制半成品乙的成本 41 153.71 元还原为：

自制半成品甲＝44 804.05×0.496 26＝22 234.46(元)

直接人工＝18 923.08×0.496 26＝9 390.77(元)

制造费用＝41 153.71－22 234.46－9 390.77＝9 528.48(元)

2. 第二次成本还原

(1) 计算第二次成本还原分配率＝22 234.46÷39 964.29＝0.556 36

(2) 将自制半成品甲的成本 22 234.46 元还原为：

直接材料＝5 250.00×0.555 63＝2 920.89(元)

直接人工＝16 285.72×0.556 36＝9 060.72(元)

制造费用＝22 234.46－2 920.89－9 060.72＝10 252.85(元)

3. 按原始成本项目进行成本汇总

直接材料＝0＋0＋2 920.89＝2 920.89(元)

直接人工＝7 636.36＋9 390.77＋9 060.72＝26 087.85(元)

制造费用＝11 054.54＋9 528.48＋10 252.85＝30 835.87(元)

总成本＝2 920.89＋26 087.85＋30 835.87＝59 844.61(元)

二、采用分项结转分步法进行成本计算

以上我们按综合分步结转法完成了操作的全过程，下面列举一例，演示一下分项结转分步法。

大多步骤与综合结转分步法相同，只是在半成品结转时，按各成本项目的数量金额分别结转。自制半成品明细账也按各成本项目登记。

【例 5-1】 某企业 20××年 3 月生产甲产品分两个生产步骤，第一步骤生产甲半成品，第二步骤将甲半成品加工成甲产成品。半成品不通过仓库收发，直接转入第二步骤进行加工。期初半成品仓库库存为零。有关资料如下所述。

1. 产量资料

产量表，如表 5-11 所示。

表 5-11   产 量 表

20××年 3 月   单位：件

项　　目	第一车间	第二车间
月初在产品数量	10	30
本月投入数量	30	20
本月完工数量	20	40
月末在产品数量	20	10

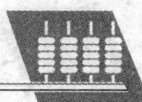

模块五 大量大批多步骤生产企业的产品成本核算——分步法

2. 期初在产品成本资料

期初在产品成本,如表 5-12 所示。

表 5-12　　　　　　　　　　期初在产品成本
　　　　　　　　　　　　　20××年3月　　　　　　　　　　　　　单位:元

摘要	直接材料	直接人工	制造费用	合计
第一车间	1 500	2 000	3 000	6 500
第二车间	2 000	3 160	4 200	9 360

3. 本月生产费用资料

本月生产费用,如表 5-13 所示。

表 5-13　　　　　　　　　　本月生产费用
　　　　　　　　　　　　　20××年3月　　　　　　　　　　　　　单位:元

摘要	直接材料	直接人工	制造费用	合计
第一车间	3 000	4 000	1 800	8 800
第二车间	1 000	3 100	3 130	7 230

要求:采用分项结转分步法计算甲产品的成本,编制成本计算单,生产费用采用约当产量法进行分配。两个车间的材料都是在生产开始时一次性投入,在产品的完工率均按照50%计算。

以下为成本计算过程:

1. 设置第一车间成本计算单,计算甲半成品成本

表 5-14　　　　　　　　第一车间甲半成品成本计算单
　　　　　　　　　　　　　20××年3月

　　　　　　　　　　　　　　　　　　　　　　完工数量:20 件,在产品数量:20 件
产品名称:甲半成品　　　　　　　　　　　　　投料率:100%,完工率:50%

摘要	直接材料	直接人工	制造费用	合计
月初在产品成本	1 500	2 000	3 000	6 500
本月生产费用	3 000	4 000	1 800	8 800
生产费用合计	4 500	6 000	4 800	15 300
完工数量	20	20	20	
在产品约当产量	20	10	10	
数量合计	40	30	30	
分配率	112.500 0	200.000 0	160.000 0	
完工甲半成品成本	2 250.00	4 000.00	3 200.00	9 450.00
月末在产品成本	2 250.00	2 000.00	1 600.00	5 850.00

将完工的甲半成品成本转入第二车间,编制会计分录:

借：基本生产成本——第二车间甲产品 9 450
  贷：基本生产成本——第一车间甲半成品 9 450

2. 设置第二车间成本计算单,计算甲产品成本

表 5-15   第二车间甲产品成本计算单

20××年3月

完工数量:40件,在产品数量:10件
投料率:100%,完工率:50%

产品名称:甲产品

摘要		直接材料	直接人工	制造费用	合计
月初在产品成本		2 000	3 160	4 200	9 360
本月生产费用	由第一车间转入的半成品成本	2 250	4 000	3 200	9 450
	第二车间本月生产费用	1 000	3 100	3 130	7 230
生产费用合计		5 250	10 260	10 530	26 040
完工数量		40	40	40	
在产品约当产量		10	5	5	
数量合计		50	45	45	
分配率		105.000 0	228.000 0	234.000 0	
完工甲产品成本		4 200.00	9 120.00	9 360.00	22 680.00
月末在产品成本		1 050.00	1 140.00	1 170.00	3 360.00

编制甲产品入库的会计分录：

借：库存商品——甲产品 22 680.00
  贷：基本生产成本——甲产品 22 680.00

 思考与练习

1. 逐步结转分步法的特点和成本计算程序是什么?
2. 什么是综合结转分步法和分项结转分步法?
3. 如何运用综合结转分步法计算产品成本?
4. 什么是成本还原?为什么要进行成本还原?
5. 成本还原的程序和计算方法是什么?

任务3 平行结转分步法

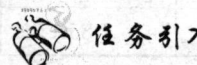 任务引入

王颖收集了星光工厂的相关成本计算资料,星光工厂设有三个基本生产车间和一个辅

助生产车间。三个基本车间为铸造车间、加工车间、装配车间,辅助车间为机修车间。后车间耗用的前一车间的半成品均为1件。各车间生产费用的分配企业要求采用约当产量法。具体资料如下所述。

1. 20××年3月产量资料

产量表,如表5-16所示。

表5-16　　　　　　　　　　　　产　量　表

20××年3月　　　　　　　　　　　　　　　　　　单位:件

摘要	铸造车间	加工车间	装配车间
月初在产品数量	30	10	30
本月投入数量	80	90	70
本月完工数量	90	70	60
月末在产品数量	20	30	40

2. 20××年3月各车间月初广义在产品成本资料

月初广义在产品成本表,如表5-17所示。

表5-17　　　　　　　　　　月初广义在产品成本表

20××年3月　　　　　　　　　　　　　　　　　　单位:元

摘要	直接材料	直接人工	制造费用	合计
铸造车间	4 000	1 700	1 800	7 500
加工车间		3 200	870	4 070
装配车间	2 000	3 100	2 000	7 100

3. 20××年3月发生的生产费用资料

本月生产费用表,如表5-18所示。

表5-18　　　　　　　　　　　本月生产费用表

20××年3月　　　　　　　　　　　　　　　　　　单位:元

摘要	直接材料	直接人工	制造费用	合计
铸造车间	5 000	3 900	2 400	11 300
加工车间		4 850	4 880	9 730
装配车间	1 000	4 850	4 880	10 730

铸造车间和装配车间所需的原材料,均在生产开始时一次投入,加工车间没有材料费用。三个车间月末在产品的加工程度均为50%。

提出问题:

1. 平行结转分步法有哪些特点?计算成本的具体程序如何?

2. 需开设哪些明细账？如何登记？
3. 各步骤费用中计入产成品中的份额如何计算？产成品成本汇兑计算表的编制？

 **任务分析**

前面已经分析，星光工厂设有三个基本生产车间，铸造车间和加工车间两个生产步骤不需计算半成品成本，只需计算本步骤成本。要求在装配车间计算最终产品成本，所以应选择平行结转分步法。

在平行结转分步法下，各加工步骤只计算本步骤发生的生产费用和这些生产费用应计入产成品成本的"份额"，将各步骤应计入完工产品成本的"份额"进行平行汇总，最后计算出产品成本。

我们可按下列步骤进行操作：

（1）按生产步骤和产品品种开设生产成本明细账，各步骤成本明细账按成本项目归集本步骤发生的生产费用（不包括耗用上一步骤半成品的成本）。

（2）月终，将各步骤归集的生产费用在产成品与广义在产品之间进行分配，计算各步骤应计入产成品成本中的费用（份额）。

（3）将各步骤生产费用总额减去本步骤应计入产成品成本的费用份额，即为本步骤期末在产品成本。

（4）将各步骤计入产成品成本的费用份额平行相加汇总，计算出产成品总成本，除以完工产品数量，即为单位成本。

 **相关知识**

一、平行结转分步法的特点

平行结转分步法是指各加工步骤只计算本步骤发生的生产费用，并将这些费用中应该计入产成品成本的份额进行平行汇总，计算出产品成本的一种成本计算方法。与逐步结转分步法相比，平行结转分步法的特点主要表现在以下几个方面。

（一）成本计算对象是各生产步骤和最终完工产品

在平行结转分步法下，各生产步骤的半成品均不作为成本计算对象，各步骤的成本计算都是为了算出最终产成品的成本。因此，从各步骤产品成本明细账中转出的只是该步骤应计入最终产成品的费用（份额），各步骤产品成本明细账不能提供其产出半成品的成本资料。

（二）半成品成本不随实物转移而结转

在平行结转分步法下，由于各步骤不计算半成品成本，只归集本步骤发生的生产费用，计算结转应计入产成品成本的份额，因此，各步骤半成品的成本资料只保留在该步骤的成本明细账中，并不随半成品实物的转移而结转，即半成品的成本结转与实物相分离。这时，不论半成品是通过仓库收发，还是各步骤之间直接转移，都不通过"自制半成品"账户进行价值核算，只能进行数量核算。

(三)月末,生产费用要在产成品与广义的在产品之间进行分配

在平行结转分步法下,每一生产步骤的生产费用也要选择适当的方法在完工产品与月末在产品之间分配,常用的方法是约当产量法和定额比例法,再把本步骤完工产品费用计入产成品中。但这里要注意:

(1) 完工产品:此处指狭义的完工产品,即最终产成品。

(2) 某步骤完工产品费用:指该步骤生产费用中计入产成品成本的"份额"。

(3) 在产品:此处指广义的在产品,即尚未完工的全部在产品和半成品。包括:①尚在本步骤加工的在产品,即狭义在产品;②本步骤已完工转入半成品库的半成品;③本步骤已完工转入以后步骤进一步加工、尚未最后制成产成品的半成品(以后步骤的在产品)。

某步骤在产品费用是指以上三部分的广义在产品的费用,各步骤的生产费用应在产成品与本步骤月末广义在产品之间进行分配。

二、平行结转分步法的计算程序

在平行结转分步法下,上一步骤所产半成品的成本,不随着半成品实物的转移而结转。在计算各步骤成本时,只计算本步骤发生的各项费用以及这些费用应计入产成品成本的份额。将相同产品的各步骤基本生产明细账中的"份额"平行结转、汇总,即可计算出产成品成本。平行结转分步法的计算程序图,如图 5-5 所示。

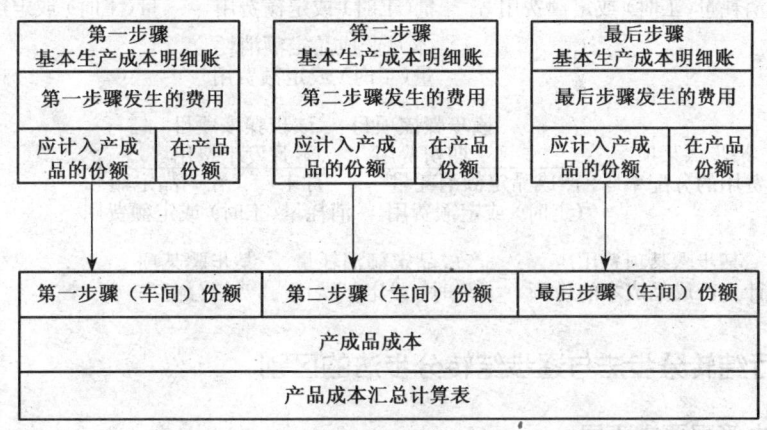

图 5-5 平行结转分步法的计算程序图

从图 5-5 中可以看出,在平行结转分步法下,各生产步骤不计算,也不结转半产品成本。只有在产成品入库时,才将各步骤费用中应计入产成品成本的份额从各步骤基本生产明细账中转出,即从"生产成本——基本生产成本"账户的贷方转出,转入"产成品"账户的借方。因此,采用这一方法,不论半成品是否在各步骤之间直接转移,都不通过"自制半成品"账户进行总分类核算。

三、各步骤结转产品成本的数量的计算

各生产步骤的生产费用也要选择适当的方法在完工产品与月末在产品之间分配,常用的方法是约当产量法和定额比例法。

1. 采用约当产量法分配费用

其计算公式如下:

$$\text{某步骤计入产成品份额} = \text{产成品数量} \times \frac{\text{单位产成品耗用该步骤半成品数量}}{} \times \text{该步骤单位半成品费用}$$

$$\text{该步骤单位半成品费用} = (\text{该步骤月初在产品费用} + \text{该步骤本月生产费用}) \div \text{该步骤的约当产量}$$

$$\text{某步骤约当产量} = \text{最终完工产品数量} + \text{广义在产品约当产量}$$

$$= \text{最终完工产品数量} + \text{本步骤月末狭义在产品约当产量}$$

$$+ \text{本步骤以后各步骤期末在产品数量} + \text{转入半成品库的半成品数量}$$

2. 采用定额比例分配法

作为分配费用标准的定额资料比较容易取得。产成品的定额消耗量或定额费用,可根据产成品数量乘以消耗定额或费用定额计算;在产品的定额消耗量或定额费用,可采用倒轧的方法计算出月末广义在产品的定额消耗量和费用定额,然后根据完工产品的定额和广义在产品的定额比例确定费用分配率,最后即可确定各生产步骤的生产费用应计入产成品成本的份额。其计算公式如下:

$$\text{月末广义在产品的定额消耗量(工时)或定额费用} = \text{月初广义在产品定额消耗量(工时)或定额费用} + \text{本月投入的定额消耗量(工时)或定额费用}$$

$$- \text{本月产成品定额消耗量(工时)或定额费用}$$

$$\text{某步骤某项费用的分配率} = \frac{\text{该步骤该项目期初费用} + \text{该步骤该项目本月发生费用}}{\text{产成品定额消耗量(工时)或定额费用} + \text{月末广义在产品定额消耗量(工时)或定额费用}}$$

$$\text{某步骤某项费用应计入产成品成本的份额} = \text{产成品定额消耗量(工时)或定额费用} \times \text{某步骤某项费用分配率}$$

四、平行结转分步法与逐步结转分步法的区别

(一) 成本管理要求不同

平行结转分步法各生产步骤只归集本步骤发生的费用,不计算半成品成本,适用于管理上要求分步控制费用,但不要求计算半成品成本的企业;逐步结转分步法各生产步骤逐步计算和结转半成品成本,适用于管理上要求分步控制费用,且需要计算半成品成本的企业。

当企业半成品种类很多,且不对外销售时,在管理上可以不计算半成品成本,这时采用平行结转分步法,既可以分步控制成本和费用,又可以简化和加速成本计算工作。当企业有自制半成品对外销售时,为了正确计算半成品的销售成本,在管理上必然要求计算半成品成本,这时应当采用逐步结转分步法。

(二) 半成品成本计算与其结转方式不同

平行结转分步法不计算各步骤半成品成本,半成品成本不随实物转移而结转;而逐步结转分步法需计算各步骤的半成品成本,半成品成本随着实物转移而结转。

(三)在产品的含义不同

平行结转分步法不计算也不结转半成品成本,各生产步骤完工产品是指最终产成品所耗用的本步骤的半成品,期末在产品则既包括本步骤正在加工的在产品,也包括已经完工交付以后各步骤,但尚未最终完工的半成品,即广义在产品。逐步结转分步法逐步计算并结转半成品成本,设有半成品仓库时,应设置"自制半成品"账户,同时进行数量和金额的核算。各生产步骤的完工产品,是指本步骤已经完工的半成品(最后步骤为产成品),在产品只包括本步骤正在加工的在产品,即狭义在产品。

(四)产成品成本的计算方式不同

平行结转分步法首先由各生产步骤同时计算出应计入产成品成本的份额,然后将各生产步骤应计入相同产成品成本的份额相加,就可求得产成品成本。逐步结转分步法是按照产品成本计算要求所划分的生产步骤,逐步计算和结转半成品成本,直到最后生产步骤计算出产成品成本。

采用平行结转分步法核算产品成本,生产费用的分配采用约当产量比例法。

1. 计算铸造车间的生产成本,编制产品成本计算单

铸造车间成本计算表,如表 5-19 所示。

表 5-19　　　　　　　　　铸造车间成本计算表

产品名称:设备 569　　　　　20××年 3 月　　　　　完工数量:60 件

摘要	直接材料	直接人工	制造费用	合计
月初广义在产品成本	4 000	1 700	1 800	7 500
本月生产费用	5 000	3 900	2 400	11 300
生产费用合计	9 000	5 600	4 200	18 800
完工数量	60	60	60	
广义在产品约当产量	90	80	80	
数量合计	150	140	140	
分配率	60.000 0	40.000 0	30.000 0	
计入产成品成本的份额	3 600.00	2 400.00	1 800.00	7 800
月末广义在产品成本	5 400.00	3 200.00	2 400.00	11 000.00

计算过程如下:

　　铸造车间月末广义在产品的结存数量＝20＋30＋40＝90(件)

(1)分配材料费用。

　　铸造车间分配材料费用的广义在产品约当产量＝20×100%＋30＋40＝90(件)
　　材料费用分配率＝(4 000＋5 000)÷(60＋90)＝60(元/件)
　　原材料费用应计入产品成本的份额＝60×60＝3 600(元)
　　期末广义的产品的材料费用＝(4 000＋5 000)－3 600＝5 400(元)

(2) 分配直接人工费用。

铸造车间分配人工费用的广义在产品约当产量＝20×50%＋30＋40＝80(件)
直接人工费用分配率＝(1 700＋3 900)÷(60＋80)＝40(元/件)
直接人工费用应计入产品成本的份额＝60×40＝2 400(元)
期末广义的产品的人工费用＝(1 700＋3 900)－2 400＝3 200(元)

(3) 分配制造费用。

铸造车间分配制造费用的广义在产品约当产量＝20×50%＋30＋40＝80(件)
制造费用分配率＝(1 800＋2 400)÷(60＋80)＝30(元/件)
制造费用应计入产品成本的份额＝60×30＝1 800(元)
期末广义在产品的制造费用＝(1 800＋2 400)－1 800＝2 400(元)

2. 计算加工车间的生产成本，编制产品成本计算单

加工车间成本计算表，如表5-20所示。

表 5-20　　　　　　　　　　加工车间成本计算表
产品名称：设备569　　　　　　20××年3月　　　　　　完工数量：60件

摘要	直接材料	直接人工	制造费用	合计
月初广义在产品成本		3 200	870	4 070
本月生产费用		4 850	4 880	9 730
生产费用合计		8 050	5 750	13 800
完工数量		60	60	
广义在产品约当产量		55	55	
数量合计		115	115	
分配率		70.000 0	50.000 0	
计入产成品成本的份额		4 200.00	3 000.00	7 200
月末广义在产品成本		3 850.00	2 750.00	6 600.00

计算过程如下：

加工年间月末广义在产品的结存数量＝30＋40＝70(件)

(1) 分配直接人工费用。

加工车间分配人工费用广义在产品约当产量＝30×50%＋40＝55(件)
直接工资费用分配率＝(3 200＋4 850)÷(60＋55)＝70(元/件)
直接人工费用应计入产品成本的份额＝60×70＝4 200(元)
期末广义在产品的费用＝(3 200＋4 850)－4 200＝3 850(元)

(2) 分配制造费用。

加工车间分配制造费用广义在产品约当产量＝30×50%＋40＝55(件)
制造费用分配率＝(870＋4 880)÷(60＋55)＝50(元/件)
制造费用应计入产品成本的份额＝60×50＝3 000(元)
期末广义在产品的费用＝(870＋4 850)－3 000＝2 750(元)

3. 计算装配车间的生产成本,编制产品成本计算单

装配车间成本计算表,如表 5-21 所示。

表 5-21　　　　　　　　　　　装配车间成本计算表

产品名称:设备 569　　　　　　　20××年 3 月　　　　　　　完工数量:60 件

月初广义在产品成本	2 000	3 100	2 000	7 100
本月生产费用	1 000	4 850	4 880	10 730
生产费用合计	3 000	7 950	6 880	17 830
完工数量	60	60	60	
广义在产品约当产量	40	20	20	
数量合计	100	80	80	
分配率	30.000 0	99.375 0	86.000 0	
计入产成品成本的份额	1 800.00	5 962.50	5 160.00	12 922.5
月末广义在产品成本	1 200.00	1 987.50	1 720.00	4 907.50

计算过程如下:

装配车间广义在产品的结存数量=40(件)

(1) 分配材料费用。

装置车间分配材料费用的广义在产品约当产量=40×100%=40(件)

材料费用分配率=(2 000+1 000)÷(60+40)=30(元/件)

原材料费用应计入产品成本的份额=60×30=1 800(元)

期末广义在产品的材料费用=(2 000+3 000)-1 800=1 200(元)

(2) 分配直接人工费用。

装配车间分配人工费用的广义在产品约当产量=40×50%=20(件)

直接人工费用分配率=(3 100+48 500)÷(60+20)=99.375 0(元/件)

直接人工费用应计入产品成本的份额=60×99.375 0=5 962.50(元)

期末广义在产品的人工费用=(3 100+4 850)-5 962.50=1 987.50(元)

(3) 分配制造费用。

装置车间分配制造费用的广义在产品约当产量=40×50%=20(件)

制造费用分配率=(2 000+4 800)÷(60+20)=86(元/件)

制造费用应计入产品成本的份额=60×86=5 160(元)

期末广义在产品的材料费用=(2 000+4 880)-5 160=1 720(元)

4. 编制产品成本汇总计算表,结转完工入库产品成本

根据上面的资料,编制产品成本汇总计算表,如表 5-22 所示。

表 5-22　　　　　　　　　　**产品成本汇总计算表**

20××年3月

产品名称：569 设备　　　　　　产量：60 件　　　　　　　　　　单位：元

摘要	直接材料	直接人工	制造费用	合计
铸造车间转入产成品的成本份额	3 600	2 400	1 800	7 800
加工车间转入产成品的成本份额		4 200	3 000	7 200
装配车间转入产成品的成本份额	1 800	5 962.5	5 160	12 922.5
成本合计	5 400	12 562.5	9 960	27 922.5

```
借：库存商品——设备                    27 922.50
    贷：基本生产成本——铸造车间                7 800.00
                 ——加工车间                7 200.00
                 ——装配车间               12 922.50
```

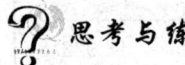 思考与练习

1. 平行结转分步法的概念和特点分别是什么？
2. 平行结转分步法的程序如何？
3. 如何用平行结转分步法计算结转各步骤产品成本的数量？
4. 平行结转分步法与逐步结转分步法的区别是什么？

实训题

一、单项选择题

1. 平行结转分步法中的在产品是指（　　）。
   A. 本步骤在制品　　　　　　　　B. 最终产成品
   C. 狭义在产品　　　　　　　　　D. 广义在产品
2. 一般情况下，下列企业中适合选择平行结转分步法的是（　　）。
   A. 纺织企业　　　　　　　　　　B. 采掘企业
   C. 冶金企业　　　　　　　　　　D. 重型机械制造企业
3. 下列企业中，必须采用逐步结转分步法计算产品成本的是（　　）。
   A. 采掘企业　　　　　　　　　　B. 有半成品对外销售的企业
   C. 发电厂　　　　　　　　　　　D. 单件小批生产企业
4. 在采用综合逐步结转分步法的情况下，下步骤耗用上步骤半成品的成本应转入下步骤生产明细账中的是（　　）。
   A. 直接材料项目　　　　　　　　B. 直接人工项目
   C. 自制半成品项目　　　　　　　D. 直接材料和自制半成品项目
5. 采用（　　）分步法，为反映原始成本项目，必须进行成本还原。
   A. 逐步结转　　　　　　　　　　B. 逐步分项结转
   C. 逐步综合结转　　　　　　　　D. 平行结转和逐步结转

6. 成本还原是将(　　)耗用各步骤半成品的综合成本,逐步还原成原始成本项目的成本。
   A. 广义在产品　　B. 自制半成品　　C. 产成品　　D. 狭义半成品
7. 在分步法中,必须进行成本还原的成本结转方式是(　　)。
   A. 逐步结转　　B. 平行结转　　C. 综合结转　　D. 分项结转
8. 产品成本计算的分步法是(　　)。
   A. 分车间计算产品成本的方法
   B. 计算各步骤半成品和最后产成品成本的方法
   C. 按生产步骤计算生产成本的方法
   D. 计算产品成本中各步骤份额的方法
9. 逐步结转分步法中在产品的含义是指(　　)。
   A. 自制半成品　　　　　　　　B. 广义在产品
   C. 狭义在产品　　　　　　　　D. 半成品和产成品
10. 分步法适用于(　　)。
    A. 大批大量生产　　　　　　　B. 单件生产
    C. 小批生产　　　　　　　　　D. 大量生产
11. 综合结转可以按照半成品的实际成本结转,也可以按照(　　)结转。
    A. 计划成本　　B. 估算成本　　C. 上期成本　　D. 预计成本
12. 下列不属于逐步结转分步法缺点的是(　　)。
    A. 产品成本的计算按加工步骤顺序进行,影响成本计算的及时性
    B. 不利于考核各加工步骤的成本管理工作,也不便于进行成本分析
    C. 成本核算工作量大
    D. 能够为半成品和在产品的实物管理和资金管理提供资料

二、多项选择题

1. 采用逐步结转分步法,按半成品成本在下一步骤成本计算单中反映方法的不同,可以分为(　　)。
   A. 平行结转　　B. 综合结转　　C. 分项结转　　D. 汇总结转
2. 在一般情况下,采用逐步结转分步法计算产品成本的企业有(　　)。
   A. 纺织企业　　B. 造纸厂　　C. 发电厂　　D. 钢铁厂
3. 在一般情况下,下列企业中需要采用逐步结转分步法的有(　　)。
   A. 有半成品外销的企业　　　　B. 需要计算半成品成本的企业
   C. 大量大批多步骤连续生产的企业　　D. 大量大批装配式多步骤生产企业
4. 企业成本核算的分步法可分为(　　)等几种。
   A. 逐步结转分步法　　　　　　B. 分项结转分步法
   C. 综合结转分步法　　　　　　D. 平行结转分步法
5. 逐步结转分步法的步骤为(　　)。
   A. 计算各步骤半成品成本　　　B. 半成品成本随实物的转移而转移
   C. 在产品的含义是广义的在产品　　D. 在产品的含义是狭义的在产品
6. 平行结转分步法的特点有(　　)。

A. 不计算各步骤半成品成本　　B. 半成品实物转移但成本不结转
C. 在产品是指广义在产品　　　D. 需要进行成本还原

7. 分步法的主要特点有（　　）。
   A. 以产品的品种及其生产步骤作为成本计算对象
   B. 产品成本计算按月进行，与会计报告期一致
   C. 月末需要在完工产品与在产品之间分配生产费用
   D. 以产品的品种为成本计算对象

8. 逐步结转分步法除具有分步法的一般特点外，它还有自身的特点，主要表现在（　　）。
   A. 各生产步骤的半成品成本随着半成品实物的转移在各生产步骤之间顺序结转
   B. 各生产步骤产品成本明细账的期末余额，反映该步骤结存的在产品成本
   C. 不进行成本还原
   D. 将各生产步骤所归集的本步骤发生的生产费用，在完工半成品与狭义在产品之间进行分配

9. 逐步结转分步法的优点包括（　　）。
   A. 不仅提供产成品成本资料，而且提供各步骤半成品成本资料
   B. 半成品成本随实物转移而结转，有利于加强半成品和在产品的实物和资金管理
   C. 综合结转法下，有利于对各加工步骤完工产品成本进行分析、考核
   D. 分项结转法下，可直接提供按原始成本项目反映的产品成本资料，不必进行成本还原

10. 平行结转分步法的特点主要表现在（　　）。
    A. 成本计算对象是各生产步骤和最终完工产品
    B. 半成品成本不随实物转移而结转
    C. 月末，生产费用要在产成品与广义的在产品之间进行分配
    D. 月末，生产费用要在产成品与狭义的在产品之间进行分配

三、判断题

1. 分步法中各生产步骤成本的计算和结转采用两种不同的方法，逐步结转和平行结转。（　　）
2. 成本还原就是把本月产成品成本中所耗上一步骤的半产品的综合成本，还原成直接材料、直接人工和制造费用等原始成本项目。（　　）
3. 产品成本的分步法适合于大量大批单步骤生产企业的成本核算。（　　）
4. 综合逐步结转分步法必须要进行成本还原。（　　）
5. 平行结转分步法中的在产品，指的是狭义在产品。（　　）
6. 平行结转分步法又称不计算半成品成本的分步法。（　　）
7. 平行结转分步法的关键是正确计算各步骤生产耗费中应计入产成品成本中的份额。（　　）
8. 平行结转分步法下计入产成品成本中的份额的计算通常采用约当产量法。（　　）

四、实训题

1. 练习逐步结转分步法

资料：某企业A产品生产分两个步骤，分别由第一、第二生产车间进行，半成品经半成

品库核算,半成品出库按加权平均法计算单位成本,两车间月末在产品均按定额成本计价,资料如表 5-23 所示。

要求:(1) 计算填列产品成本明细账(见表 5-23、表 5-25)及自制半成品明细账(见表 6-24)。

(2) 编制会计分录[填制记账凭证(略)]。

(3) 计算并填列产品成本还原计算表(列出计算程序),如表 5-26 所示。

表 5-23　　　　　　　　产品成本明细账

车间:第一车间　　　　　产品名称:　　　　　　　　　　　单位:元

项　目	直接材料	直接人工	制造费用	合　计
月初在产品定额成本	6 000	3 800	2 900	12 700
本月生产费用	30 200	21 500	16 500	68 200
生产费用合计				
完工半成品成本				
月末在产品定额	6 300	2 800	1 800	10 900

表 5-24　　　　　　　　自制半成品明细账

半成品名称:

月初余额		本月增加		合　计			本月减少	
数量	实际成本	数量	实际成本	数量	实际成本	单位成本	数量	实际成本
500	11 000	2 500					2 600	

表 5-25　　　　　　　　产品成本明细账

车间:第二车间　　　　　产品名称:　　　　　　　　　　　单位:元

项　目	半成品	直接人工	制造费用	合　计
月初在产品定额成本	27 600	2 450	2 600	
本月生产费用		19 600	15 400	
生产费用合计				
完工产成品成本				
月末在产品定额	13 800	5 250	4 000	

表 5-26　　　　　　　　产品成本还原计算表　　　　　　　单位:元

项　目	分配率	半成品	直接材料	直接人工	制造费用	合　计
还原前成本						
本月所产半成品成本						
成本还原						
还原后成本						

2. 分步法综合练习

资料：某工厂设有三个基本生产车间，大量生产甲产品，其生产过程是第一车间将原材料加工成 A 半成品，第二车间将 A 半成品加工成 B 半成品，第三车间再将 B 半成品加工成甲产品。原材料在开工时一次投入。

2012 年 5 月，各车间的产量记录和成本资料如下所述。

（1）产量记录，如表 5-27 所示。

表 5-27　　　　　　　　　　　　　产量记录

项　目	计量单位	第一车间	第二车间	第三车间
月初在产品	件	60	160	140
本月投产	件	1 040	980	1 020
本月完工	件	980	1 020	1 060
月末在产品	件	120	120	100
完工程度	件	60%	50%	40%

（2）成本资料，如表 5-28 所示。

表 5-28　　　　　　　　　　　　　成本资料　　　　　　　　　　　　　单位：元

成本项目		直接材料	直接人工	制造费用	合　计
第一车间	月初在产品	11 160	1 440	1 700	14 300
	本月发生费用	148 340	23 808	24 600	196 748
第二车间	月初在产品	15 080	7 400	9 760	32 240
	本月发生费用		46 600	85 280	131 880
第三车间	月初在产品	12 040	5 600	7 000	24 640
	本月发生费用		24 100	24 900	49 000

注：采用平行结转法第二、第三车间直接材料无余额。

要求：

（1）开设各车间生产成本明细账[分别按综合逐步结转法（见表 5-29 至表 5-35）、分项逐步结转法（见表 5-36 至表 5-41）和平行结转法（见表 5-42 至表 5-45）设置]。

（2）按综合逐步结转成本法计算产品成本，并进行成本还原。

（3）按分项逐步结转成本法计算产品成本。

（4）按平行结转法计算产品成本。

表 5-29　　　　　　　　　　　　基本生产成本明细账

车间：一车间　　　　　　　产品名称：A 半成品　　　　　　　　　　　单位：元

年		凭证号数	摘要	直接材料	直接人工	制造费用	合　计
月	日						

表 5-30　　　　　　　　　　　　基本生产成本明细账

车间:二车间　　　　　产品名称:B 半成品　　　　　　　　　单位:元

年		凭证号数	摘要	半成品	直接人工	制造费用	合计
月	日						

表 5-31　　　　　　　　　　　　基本生产成本明细账

车间:三车间　　　　　产品名称:甲产成品　　　　　　　　　单位:元

年		凭证号数	摘要	半成品	直接人工	制造费用	合计
月	日						

表 5-32　　　　　　　　　第一车间完工产品和在产品成本计算单

产品:A 半成品　　　　　　　　　　　　　　　　　　　　　　单位:元

项目	累计生产成本	生产量				单位成本	在产品成本	完工半成品成本
		完工产量	在产品约当产量		合计			
			在产品产量	完工程度	约当产量				
直接材料								
直接人工								
制造费用								
合计								

表 5-33　　　　　　　　　　第二车间完工产品和在产品成本计算单
产品：B 半成品　　　　　　　　　　　　　　　　　　　　　　　　　　单位：元

项目	累计生产费用	生产量					单位成本	在产品成本	完工半成品成本
		完工产量	在产品约当产量			合计			
			在产品产量	完工程度	约当产量				
半成品									
直接人工									
制造费用									
合计									

表 5-34　　　　　　　　　　第三车间完工产品和在产品成本计算单
产品：甲产品　　　　　　　　　　　　　　　　　　　　　　　　　　　单位：元

项目	累计生产费用	生产量					单位成本	在产品成本	完工产成品成本
		完工产量	在产品约当产量			合计			
			在产品产量	完工程度	约当产量				
半成品									
直接人工									
制造费用									
合计									

表 5-35　　　　　　　　　　甲产品成本还原计算表　　　　　　　　　　单位：元

项目	半成品 B	半成品 A	直接材料	直接人工	制造费用	合计
第三车间还原前产品成本						
第二车间生产完工的半成品成本						
自制半成品成本项目还原费用（还原率1）						
第一车间生产完工的半成品成本						
自制半成品成本项目还原费用（还原率2）						
还原后的产品总成本						

注：还原率1=　　　　　　　　　　　还原率2=

表 5-36 生产成本明细账
车间：一车间　　　　　产品名称：A 半成品　　　　　单位：元

年		凭证号数	摘要	直接材料	直接人工	制造费用	合计
月	日						

表 5-37 生产成本明细账
车间：二车间　　　　　产品名称：B 半成品　　　　　单位：元

年		凭证号数	摘要	直接材料	直接人工	制造费用	合计
月	日						

表 5-38 生产成本明细账
车间：三车间　　　　　产品名称：甲产成品　　　　　单位：元

年		凭证号数	摘要	直接材料	直接人工	制造费用	合计
月	日						

表 5-39　　　　　　　　第一车间完工产品和在产品成本计算单

产品：A 半成品　　　　　　　　　　　　　　　　　　　　　　　　　　　　　　单位：元

项目	累计生产费用	生产量					单位成本	在产品成本	完工半成品成本
		完工产量	在产品约当产量			合计			
			在产品产量	完工程度	约当产量				
直接材料									
直接人工									
制造费用									
合　计									

表 5-40　　　　　　　　第二车间完工产品和在产品成本计算单

产品：B 半成品　　　　　　　　　　　　　　　　　　　　　　　　　　　　　　单位：元

项目	累计生产费用	生产量					单位成本	在产品成本	完工半成品成本
		完工产量	在产品约当产量			合计			
			在产品产量	完工程度	约当产量				
直接材料									
直接人工									
制造费用									
合　计									

表 5-41　　　　　　　　第三车间完工产品和在产品成本计算单

产品：甲产品　　　　　　　　　　　　　　　　　　　　　　　　　　　　　　　单位：元

项目	累计生产费用	生产量					单位成本	在产品成本	完工半成品成本
		完工产量	在产品约当产量			合计			
			在产品产量	完工程度	约当产量				
直接材料									
直接人工									
制造费用									
合　计									

表 5-42　　　　　　　　　　　　基本生产成本明细账
车间：一车间　　　　　　　产品名称：A半成品　　　　　　　　　　单位：元

年		凭证号数	摘要	直接材料	直接人工	制造费用	合计
月	日						

表 5-43　　　　　　　　　　　　基本生产成本明细账
车间：二车间　　　　　　　产品名称：B半成品　　　　　　　　　　单位：元

年		凭证号数	摘要	直接材料	直接人工	制造费用	合计
月	日						

表 5-44　　　　　　　　　　　　基本生产成本明细账
车间：三车间　　　　　　　产品名称：甲产成品　　　　　　　　　　单位：元

年		凭证号数	摘要	直接材料	直接人工	制造费用	合计
月	日						

表 5-45　　　　　　　　　　　完工产品成本汇总表

产品名称：　　　　　　　　　　20××年5月　　　　　　　　　　单位：元

项　目	直接材料	直接人工	制造费用	合　计
一车间				
二车间				
三车间				
总成本				
单位成本				

模块六　编制成本会计报表

任务1　编制生产成本报表

任务引入

甲公司20××年9月完成了产品的生产任务,要求编制该公司20××年9月的生产成本表。

提出问题:该公司如何编制生产成本报表?

任务分析

该公司按成本项目编制产品生产成本表,汇总反映20××年9月发生的全部生产费用(按成本项目反映)和全部产品总成本。

相关知识

一、成本报表的概念

成本报表是指根据日常成本核算资料定期编制的,用于反映企业一定时期产品成本水平、考核产品成本计划和生产费用预算执行情况的书面报告。

产品成本是综合反映企业生产技术和经营管理工作水平的一项重要质量指标,编制和分析成本报表是成本会计工作的一项重要内容。

二、编制成本报表的意义

成本报表是为企业内部管理需要而编制,对加强成本管理,提高经济效益有着重要的作用。

（一）综合反映报告期内的产品成本

产品成本是反映企业生产经营各方面工作质量的一项综合性指标,也就是说,企业供、产、销的各个环节的经营管理水平,最终都直接、间接地反映到产品成本中来,通过成本报表资料,能够及时发现在生产、技术、质量和管理等方面取得的成绩和存在的问题。

（二）评价和考核各成本环节成本管理的业绩

利用成本报表上所提供的资料,经过有关指标计算、对比,可以明确各有关部门和人员

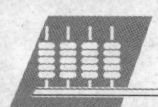

在执行成本计划、费用预算过程中的成绩和差距,以便总结工作经验和教训,奖励先进,鞭策后进,调动广大职工的积极性,为全面完成和超额完成企业成本费用计划预算而努力奋斗。

(三) 可利用成本资料进行成本分析

通过成本报表资料的分析,可以揭示成本差异对产品成本升降的影响程度以及发现产生差异的原因和责任,从而可以有针对性地采取措施,把注意力放在解决那些属于不正常的、对成本有重要影响的关键性差异上,这样对于加强日常成本的控制和管理就有了明确的目标。

(四) 成本报表资料为制定成本计划提供依据

企业要制定成本计划,必须明确成本计划目标。这个目标是建立在报告年度产品成本实际水平的基础上,结合报告年度成本计划执行的情况,考虑计划年度中可能变化的有利因素和不利因素,来制定新年度的成本计划。所以说,本期成本报表所提供的资料,是制定下期成本计划的重要参考资料。同时,管理部门也根据成本报表资料来对未来时期的成本进行预测,为企业制定正确的经营决策和加强成本控制与管理提供必要的依据。

三、成本报表的分类

(一) 按成本报表反映的内容分类

1. 反映产品成本情况的报表

这类报表有产品生产成本表、主要产品单位成本等。这类报表主要反映报告期内企业各种产品的实际成本水平。通过本期实际成本与前期平均成本、本期计划成本对比,可以了解企业成本发展变化趋势和成本计划的完成情况,找出差距,发现薄弱环节,进一步采取有效措施,为挖掘降低成本内部潜力提供有效的资料。

产品生产成本报表包括两种:一种是按产品类别编制而成的;另一种是按成本项目编制而成的。前者反映企业在报告期所生产全部产品的总成本和各种主要产品单位成本及总成本,利用此表可以定期、总括地考核和分析企业产品成本计划完成情况;后者汇总反映企业在报告期发生的全部生产费用(按成本项目反映)和全部产品总成本,利用此表可以定期、总括地考核和分析企业全部生产费用和全部产品总成本计划的完成情况。

2. 反映各种费用支出的报表

这类报表有制造费用明细表、管理费用明细表和销售费用明细表等。通过这类报表可以知道企业在一定时期内费用支出总额及其构成,了解费用支出的合理性,分析费用支出的变动趋势。通过各种费用支出报表,有利于企业和主管部门正确制定费用预算,控制费用支出,考核费用支出指标的合理性,明确有关部门和人员的经济责任,防止随意扩大费用开支范围。

(二) 按成本报表编制的时间分类

成本报表按编制的时间,可分为年报、季报、月报。成本报表根据管理上的要求一般可按月、按季、按年编报。同时,针对企业内部管理的特殊需要,也可以按旬、按周、按日甚至于按工作班来编报,以满足日常临时或特殊任务管理的需要,使成本报表及时服务于生产经营的全过程。

四、编制成本报表的依据

(1) 报告期的成本账簿资料。

(2) 本期成本计划及费用预算等资料。
(3) 以前年度的会计报表资料。
(4) 企业有关的统计资料和其他资料等。

五、编制成本报表的要求

为了提高成本信息的质量，充分发挥成本报表的作用，成本报表的编制应符合下列基本要求。

(一) 真实性

即成本报表的指标数字必须真实可靠，能如实地集中反映企业实际发生的成本费用。

(二) 重要性

即对于重要的项目(如重要的成本、费用项目)，在成本报表中应单独列示，以显示其重要性；对于次要的项目，可以合并反映。

(三) 正确性

即成本报表的指标数字要计算正确，各种成本报表之间、主表与附表之间、各项目之间，凡是有勾稽关系的数字，应相互一致；本期报表与上期报表之间有关的数字应相互衔接。

(四) 完整性

即应编制的各种成本报表必须齐全，应填列的指标和文字说明必须全面；表内项目和表外补充资料无论是根据账簿资料直接填列，还是分析计算填列，都应当准确无缺，不得随意取舍。

(五) 及时性

即按规定日期报送成本报表，保证成本报表的及时性，以便各方面利用和分析成本报表，充分发挥成本报表的应有作用。

任务实施

1. "上年实际数"根据上年 12 月的生产成本表"本年累计实际"一栏数据填列。
2. "本年计划"根据本期成本计划及费用预算等资料填列。
3. "本月实际"根据 20××年 9 月的成本账簿资料填列。

表 6-1 　　　　　　　　产品生产成本表(按成本项目反映)
编制单位：甲公司　　　　　20××年 9 月 30 日　　　　　　单位：元

项　　目	上年实际	本年计划	本月实际	本年累计实际
生产费用：				
直接材料费用	264 287	264 122	18 980	175 155
直接人工费用	94 856	94 737	6 054	64 843
制造费用	138 511	137 806	9 934	89 550

(续表)

项 目	上年实际	本年计划	本月实际	本年累计实际
生产费用合计	497 654	496 665	34 968	329 548
加:在产品、自制半成品期初余额	17 230	16 580	3 240	23 170
减:在产品、自制半成品期末余额	14 760	13 650	2 870	19 360
产品生产成本合计	500 124	499 595	35 338	333 358

思考与练习

1. 成本报表的分类有哪些？
2. 产品生产成本表包括哪几种？

任务2 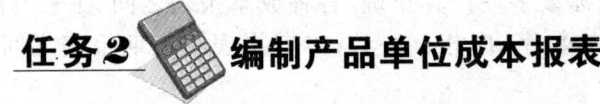 编制产品单位成本报表

 任务引入

甲公司20××年9月完成了产品的生产任务,要求编制该公司2011年9月A产品的单位成本报表。

提出问题:该公司如何编制单位生产成本报表？

任务分析

主要产品单位成本表是反映企业在报告期内生产的各种主要产品单位成本构成情况和各项主要技术经济指标报告情况的报表。该表按主要产品分别编制,是对商品产品成本表的有关单位成本作进一步补充说明的报表。

利用主要商品产品单位成本表,可以具体了解各种主要产品单位成本的结构和水平,并按成本项目考核和分析各种主要产品单位成本计划执行情况,分析单位成本构成变化及趋势,以便进一步寻找产生差距的原因,力求挖掘降低单位产品成本的潜力,提高企业的经济效益。该表通常每月编制。

 任务实施

1. "本月计划产量"和"本年累计计划产量"项目
根据本月和本年产品产量计划资料填列。
2. "本月实际产量"和"本年累计实际产量"项目
根据统计提供的产品产量资料,或产品入库单填列。

3. "主要技术经济指标"项目

反映主要产品每一单位产量所消耗的主要原材料、燃料、工时等的数量。应根据产品成本计算资料(包括领料单等凭证)以及统计资料整理填列。

4. "历史先进水平"项目

是指本企业历史上该种产品成本最低年度的实际平均单位成本和实际单位用量。应根据该年的成本资料填列。

5. "上年实际平均"项目

是指上年实际平均单位成本的单位用量。应根据上年度本表的本年累计实际平均单位成本和单位用量的资料填列。

6. "本年计划"项目

是指本年计划单位成本和单位用量,应根据年度成本计划中的资料填列。

7. "本月实际"项目

是指本月实际单位成本和单位用量。应根据本月完工的该种产品成本明细账上的有关数字计算后填列。

8. "本年累计实际平均"项目

是指本年年初至本月月末止该种产品的平均实际单位成本和单位用量。应根据年初至本月末止已完工产品成本计算单等有关资料,采用加权平均计算后填列。其计算公式如下:

$$某产品的实际平均单位成本 = \frac{该产品累计总成本}{该产品累计产量}$$

$$某产品的实际平均单位用量 = \frac{该产品累计总用量}{该产品累计产量}$$

主要产品单位成本表,如表6-2所示。

表6-2　　　　　　　　主要产品单位成本表

编制单位:甲公司　　　　20××年9月　　　　单位:元

产品名称		A产品		本月计划产量	6
规　格				本月实际产量	8
计量单位		台		本年累计计划产量	80
销售单价		150		本年累计实际产量	100
成本项目	历史先进水平	上年实际平均	本年计划	本月实际	本年累计实际平均
直接材料	98	108	100	121	120
直接人工	20	24	25	20	23
制造费用	12	18	15	14	13
生产成本	130	150	140	155	156
主要技术经济指标	单位	用量	用量	用量	用量	用量
1. 主要材料	千克	10	10.8	10	11	10.75
2. 生产工时	小时	8	9	8.5	8	8.2

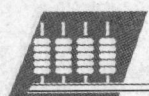

成本核算实务

思考与练习

产品单位成本报表中主要包括哪些指标？

任务3　编制制造费用明细表

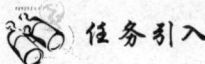

任务引入

甲公司20××年9月完成了产品的生产任务，要求编制该公司2011年9月的制造费用明细表。

任务分析

制造费用明细表是反映工业企业在报告期内发生的制造费用及其构成情况的报表。由于辅助生产车间的制造费用已通过辅助生产费用的分配转入基本生产车间的制造费用和管理费用等有关的成本费用账户，因而，本表只反映基本生产车间的制造费用，不包括辅助生产车间的制造费用，以免重复。

利用制造费用明细表所提供的资料，可以考核制造费用计划的执行情况，分析各项费用的构成情况和增减变动原因，以便进一步采取措施，节约开支，降低费用。制造费用明细表一般按月编制。

任务实施

1．"本年计划数"栏的各项数字

根据制造费用预算中的有关项目数字填列。

2．"上年实际数"栏的各项数字

应根据上年本表的"本年累计实际数"填列。如果表内所列费用项目和上年度的费用项目在名称或内容上不相一致的，应对上年的各项数字按照表内规定的项目进行调整。

3．"本月实际数"栏的各项数字

应根据制造费用明细账上本月发生数填列。

4．"本年累计实际数"栏的各项数字

填列自年初起至编报月末止的累计实际数，应根据制造费用明细账的记录计算填列，或根据本月实际数加上期本表的本年累计实际数填列。

制造费用明细表，如表6-3所示。

表 6-3　　　　　　　　　　　　制造费用明细表

编制单位：甲公司　　　　　　　　　20××年9月　　　　　　　　　　　　单位：元

费用项目	行次	本年计划数	上年实际数	本月实际数	本年累计实际数
工资	1	（略）	（略）	2 235	21 059
福利费	2			1 312	12 890
折旧费	3			918	9 630
修理费	4			2 275	20 160
办公费	5			674	4 583
水电费	6			96	937
运输费	7			1 225	8 993
保险费	8			376	3 747
租赁费	9			394	3 616
在产品盘亏与毁损	10			83	750
其他	11			346	3 185
合　计	12			9 934	89 550

思考与练习

制造费用明细表中包括哪些主要指标？

操作题

一、练习编制主要产品单位成本表

资料：宏运公司生产甲产品为该公司的主要产品，20××年12月，甲产品本月计划产量180件，实际产量200件，本月累计计划产量2 350件，累计实际产量2 450件，销售单价168元，甲产品单位成本表，如表6-4所示。

表 6-4　　　　　　　　　　　　甲产品单位成本表

成本项目	历史先进水平平均成本	上年实际平均成本	本年计划平均成本	本月实际成本	本年累计实际平均成本
直接材料	67.10	67.3	67	68	67
直接人工	29	29	30	29.6	30.1
制造费用	37.9	37.9	38	39.2	28.8
合　计	134	134.2	135	136.8	135.9

要求：根据提供的甲产品有关成本资料，编制甲产品单位成本表，如表6-5所示。

表6-5　　　　　　　　　　　　主要产品单位成本表

编制单位：　　　　　　　　　　　　年　月　日　　　　　　　　　　　　单位：元

产品名称			本月计划产量		
规　格			本月实际产量		
计量单位			本年累计计划产量		
销售单价			本年累计实际产量		
成本项目	历史先进水平	上年实际平均	本年计划	本月实际	本年累计实际平均
直接材料					
直接人工					
制造费用					
合　计					

二、练习编制制造费用明细表

资料：阳光公司20××年12月生产车间制造费用明细资料，如表6-6所示。

表6-6　　　　　　　　　　　　制造费用明细资料

　　　　　　　　　　　　　　　20××年12月　　　　　　　　　　　　单位：元

项　目	上年同期实际	本月计划	本月实际	1～11月实际累计
薪酬费	3 695	3 872	3 949	42 720
办公费	700	800	800	9 200
折旧费	3 000	3 300	3 350	36 860
运输费	1 380	1 500	1 300	15 700
租赁费	450	600	650	7 400
保险费	700	800	820	9 120
水电费	400	500	500	5 460
劳保费	300	400	430	4 880
机物料消耗	180	210	220	2 470
其他	127	153	170	1 400
合　计	10 932	12 135	12 189	135 210

要求：编制该公司20××年12月制造费用明细表，如表6-7所示。

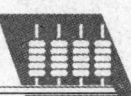

表 6-7　　　　　　　　　　　　制造费用明细表

编制单位：　　　　　　　　　　　20××年12月　　　　　　　　　　　单位：元

项　目	行次	本月计划	上年同期实际	本月实际	本年累计实际
薪酬费	1				
办公费	2				
折旧费	3				
运输费	4				
租赁费	5				
保险费	6				
水电费	7				
劳保费	8				
机物料消耗	9				
其他	10				
合　计	11				